A Ciência Económica em Portugal

A Ciência Económica em Portugal

UMA HISTÓRIA RECENTE

2019

Vítor Neves e José Reis
Coordenadores

ALMEDINA

A CIÊNCIA ECONÓMICA EM PORTUGAL
UMA HISTÓRIA RECENTE
COORDENADORES
Vítor Neves e José Reis
EDITOR
EDIÇÕES ALMEDINA, S.A.
Rua Fernandes Tomás, nºs 76-80
3000-167 Coimbra
Tel.: 239 851 904 · Fax: 239 851 901
www.almedina.net · editora@almedina.net
REVISÃO
Victor Ferreira
DESIGN DE CAPA
FBA.
PRÉ-IMPRESSÃO
João Jegundo
IMPRESSÃO E ACABAMENTO
DPS - Digital Printing Services

Novembro, 2019
DEPÓSITO LEGAL
463176/19

ALMEDINA | GRUPOALMEDINA

BIBLIOTECA NACIONAL DE PORTUGAL — CATALOGAÇÃO NA PUBLICAÇÃO

A CIÊNCIA ECONÓMICA EM PORTUGAL

A ciência económica em Portugal:
uma história recente / coord.
Vítor Neves, José Reis
ISBN 978-972-40-8155-7

I — NEVES, Vítor
II — REIS, José

CDU 330

À memória da Professora Manuela Silva, economista atenta aos problemas do seu tempo, uma mulher de valores e de causas, para quem a dignidade da pessoa, o bem comum e o desenvolvimento humano sustentável eram o fim último da economia.

AGRADECIMENTOS

Este livro é uma obra coletiva, um trabalho de equipa, com a singularidade das suas contribuições individuais mas pensado como um todo no contexto de muitas, ricas e frutuosas trocas de ideias.

O trabalho que realizámos não teria sido possível sem a preciosa colaboração de muitas personalidades que disponibilizaram o seu tempo para, em entrevistas ou por email, fornecerem muito do material com que este livro se teceu. Para todos eles, demasiado numerosos para serem aqui referidos mas cujos nomes o leitor identificará ao longo das páginas que se seguem, o nosso agradecimento. Uma palavra de agradecimento é também devida a Victor Ferreira pelo trabalho competente e pelo inexcedível cuidado na revisão de todo o manuscrito.

Este trabalho tem o apoio financeiro da Fundação para a Ciência e Tecnologia (FCT/MEC), através de fundos nacionais, e é cofinanciado pelo Fundo Europeu para o Desenvolvimento Regional — FEDER, através do Programa Operacional Competitividade e Inovação — COMPETE 2020, no âmbito do projeto RECON — *Que ciência económica se faz em Portugal? Um estudo da investigação portuguesa recente em Economia (1980 à atualidade)*, com a referência: PTDC/IVC-HFC/3826/2014 — POCI-01-0145-FEDER-016871.

As ideias económicas em debate

Vítor Neves e José Reis

A ideia popular de que o pensamento económico é um corpo monolítico e de que os economistas são uma "espécie" com uma mesma raiz "genética" é errada. Já a convicção de que a Economia corresponde a uma forma de racionalizar as coisas que paira sobre a vida das pessoas e a organização coletiva, impondo-lhes uma visão normativa e restritiva, porventura autoritária — aquilo a que comummente se chama *economicismo* —, é apenas uma maneira muito limitada e parcial, porventura injusta, de encarar o panorama desta disciplina. Na verdade, é possível demonstrar que, tanto nos dias que correm como no passado, a Economia tem sido sempre um universo diverso, complexo e conflitual composto por vários campos, com diferentes pressupostos, "visões do mundo" e representações muito díspares do que constitui a substância da vida material, as opções sobre a organização coletiva e a finalidade das ações humanas.

Nesse contexto, a noção de que um comportamento económico é aquele que se manifesta em ações individualistas, dotadas de uma racionalidade instrumental precisa, com o objetivo de satisfazer da melhor forma o interesse próprio, usando para isso mecanismos dos mercados e métricas quantitativas de valor e de utilidade (o indicador dos preços), é apenas uma das versões da Economia, certamente a que acabou por ter maior poder e influência. Do mesmo modo, o pressuposto de que a Economia assenta em leis "científicas", medidas e princípios preestabelecidos, alheios às relações sociais, que devem guiar teleologicamente as pessoas e as suas organizações, e a que estas têm de se sujeitar para agir adequadamente, é só uma construção mental, ideologicamente estabelecida, quiçá com propósitos de controlo social e político.

O que rapidamente se torna claro — e isso é bem compreendido pelas ideias populares — é que a perspetiva da Economia a que se pode chamar dominante, e que corresponde à visão acabada de referir, representa formas de poder e autoridade muito significativas, ocupa espaços centrais da vida pública e, de forma consentida ou de maneira apenas tácita, impõe-se aos cidadãos e às instituições, sendo um instrumento de domínio hierárquico. De facto, o argumento da diversidade e da complexidade histórica desta disciplina, sendo justo e pertinente, não quer significar que se esteja perante uma ecologia plana, em que as capacidades de ação de que cada campo dispõe estejam equitativamente repartidas, originando debates serenos. Os poderes e as influências de cada campo são, na realidade, muito diferentes e convidam frequentemente a que se identifiquem centros e periferias, domínios e resistências.

Quando se alarga o horizonte temporal e se recorre à história — tanto a das ideias como a das sociedades e das economias — percebe-se melhor que a redução de perspetivas a que o presente nos sujeita com frequência é o resultado da confluência elaborada e sistematizada para uma trajetória que se tornou preponderante, e não uma tendência "natural". E que, pelo contrário, são muitos e largos os momentos em que é plausível pensar que a ecologia das ideias económicas foi variada, em que se confrontaram alternativas e em que houve lugar a processos construtivos formados por muitas contribuições e finalidades.

Acontece que isto, que só uma cuidada observação retrospetiva revela, talvez não seja só uma característica do passado. O capitalismo não poderia ter-se consolidado como um sistema social longo e relativamente estável se se tivesse concentrado apenas nas transações e no interesse próprio e se a sua construção tivesse sido intelectualmente amparada por formas de pensar e de conceber a economia tão estreitas como muitas das que hoje predominam. Provavelmente, estas servem mais para interpretar e legitimar certas particularidades entretanto alcançadas e para as reforçar no seu poder do que para representar a totalidade de que fazem parte. Por exemplo, a vulgata contemporânea segundo a qual o mundo se tem de estruturar à volta dos mercados, e, especificamente, dos mercados financeiros, sendo por aí que passa a viabilidade da vida, não serviria para estabelecer e desenvolver a materialidade dos capitalismos, da qual a financeirização é uma expressão excessiva, viciosa e talvez mortal. Se o capitalismo não tivesse sido industrial, criador de valor material e gerador de emprego, certamente que a mercadoria "fictícia" que é a moeda, incluindo a sua dimensão de crédito, não poderia ter ganho a amplitude que hoje tem. Se tudo se tivesse reduzido aos mercados, certamente que não teria havido mercados, pois estes, como bem mostrou Polanyi (2012 [1944]), tiveram primeiro que ser construídos e "viabilizados" legal, institucional e politicamente. Sem Estados e um conjunto muito amplo de outras instituições sociais, seguramente não teria havido mercados tal como os conhecemos atualmente.

Ora, uma perspetiva estreita da Economia também não servirá para ajudar a resolver as crises, os dilemas e as perplexidades que se abateram sobre os capitalismos de hoje, constituindo o que alguém já designou "tragédia dos horizontes",[1] e que obviamente exigem capacidades de compreensão das economias que estão muito para lá do reducionismo que pulula na discussão pública e domina nas universidades.

Pense-se, pois, o que foram na construção da ciência económica e na criação dos contextos de desenvolvimento das sociedades ocidentais os contributos de Karl Marx, Karl Polanyi, Joseph Schumpeter, John Maynard Keynes, Gunnar Myrdal, John Kenneth Galbraith, Joan Robinson ou Albert Hirschman, para já não falar de autores mais encobertos nos redutos académicos ou no saber de especialistas, como todos os que formaram a tradição institucionalista e de que hoje vai havendo conhecimento público através de obras fundadoras como a de Thorstein Veblen. E assim se reparará que o panorama não ficaria completo se apenas se falasse de Adam Smith, Alfred Marshall, Friedrich Hayek ou Milton Friedman. Pense-se nisto e assim se verá como o pensamento económico foi rico e diverso. E o mesmo se deve fazer para os tempos presentes, em que os significados relevantes da escola francesa da regulação, das abordagens evolucionistas, das "capacitações", do pós-keynesianismo ou do marxismo contemporâneo, autorizam a que os espíritos informados possam falar de uma ciência

[1] Termo introduzido por Mark Carney, diretor do Banco de Inglaterra, num discurso em setembro de 2015, em que conjugava os problemas ambientais com os da instabilidade financeira <https://www.alternatives-economiques.fr/briser-tragedie-horizons-1112201782035.html>. Veja-se também <http://www.bsi-economics.org/organisation> e <http://tragedyofthehorizon.com/#about_project>.

económica realmente diversa e plural, em vez de monolítica, e construtivamente conflitual, em vez de consensual e indiscutível.

Portugal, nas suas óbvias particularidades, é um bom exemplo para se revisitar o processo de constituição e desenvolvimento das ideias económicas e para se procurar mapear, a partir de uma atitude analítica aberta e não pré-formatada, os diversos campos em presença, a sua pluralidade (conceptual, teórica e metodológica) e os termos explícitos ou implícitos da conflitualidade interna que é própria das ciências sociais. É também um importante estudo de caso acerca dos complexos processos de circulação das ideias económicas, à escala nacional e internacional, e dos canais pelos quais tal circulação se faz.

Antes de meados do século passado, havia apenas uma comunidade académica exígua, limitada ao Instituto Superior de Ciências Económicas e Financeiras, o ISCEF, da rua do Quelhas, em Lisboa, e à Faculdade de Direito da Universidade de Coimbra, em cujo grupo de finanças públicas pontificava Teixeira Ribeiro. Eram os engenheiros, mais do que os economistas, que cuidavam da organização material do país. Procurou-se então criar uma ciência económica moderna, que superasse o âmbito das finanças públicas ou se constituísse pela simples junção de disciplinas próximas, como a matemática, o direito ou a contabilidade e, sobretudo, que incorporasse o que a nível internacional era já um domínio científico com pergaminhos teóricos solidamente estabelecidos. No ISCEF, foi Pinto Barbosa quem liderou esse processo, com a reforma curricular de 1949. Estaria então a assistir-se, como notou Carlos Bastien, à «remissão da teoria económica corporativa a uma posição marginal», com o início de um «processo de renovação e recomposição dos saberes económicos», através da «recepção da síntese neo-clássica-keynesiana» (2000: 20) e da atenção dedicada às aproximações de índole microeconómica próprias da teoria do consumidor, do produtor e dos mercados e às questões da formação do rendimento nacional. A maior visibilidade e impacto da visão keynesiana, através da síntese operada com o raciocínio neoclássico, ocorreria pouco depois e expressar-se-ia na divulgação do modelo IS-LM. As teses de doutoramento de José Beleza (em 1955), Jacinto Nunes (em 1956) e Teixeira Pinto (em 1956) e os compêndios de Francisco Pereira de Moura (em 1964 e 1969) deram concretização e confirmaram a «hegemonia desta corrente», servindo também de «referencial fundamental para a generalidade dos ramos especializados em que a Economia deste período se veio progressivamente a diferenciar» (Bastien, 2000: 21).

A criação da Faculdade de Economia do Porto, em 1953, constituiu um primeiro passo para um alargamento de uma comunidade científica que não deixava de continuar a ser pequena. Mesmo 20 anos depois, quando a Faculdade de Economia da Universidade de Coimbra iniciou as suas atividades, ainda não se podia falar de mais do que um pequeno número de economistas. Só em 1991 é que se encontra um volume significativo, na ordem dos dez mil (Gonçalves, 2006: 410). Mas é desse período que vêm referências fundamentais de um pensamento económico estruturado, capaz de se pensar em relação com o país, e que exemplificam modos de formulação do "problema económico" muito amplos e incapazes de ficarem prisioneiros do reducionismo que veio a ter poder. Além dos já citados, os nomes de Mário Murteira, Armando Castro, João Cravinho, João Martins Pereira, Manuela Silva e António Simões Lopes têm de figurar numa lista (sempre incompleta) de figuras relevantes. Mas, exatamente porque o universo é composto por vários campos, outras figuras consolidaram perspetivas dissemelhantes e as referências a Alfredo de Sousa, Manuel Jacinto Nunes, Vítor Constâncio, Miguel Beleza, Jorge Braga de Macedo, António S. Pinto Barbosa e Manuel Pinto Barbosa são igualmente incontornáveis numa lista tão incompleta como a anterior.

Foi com a democracia que se deu uma transformação maior. Nas décadas de 1980 e 1990, a comunidade académica alargou-se, internacionalizou-se e desenvolveu agendas de investigação relevantes e de dimensão já apreciável. A Economia constitui-se nesta fase como uma disciplina essencialmente interessada na compreensão do sistema económico na sua globalidade — isto é, nas atividades que o formam, nas articulações que o estruturam e nas interdependências que inibem ou fomentam as suas dinâmicas. De par com isso, desenvolvem-se leituras sobre as políticas económicas e as lógicas que lhes presidem, com atenção às ideias e à história do pensamento e dos factos económicos. Os temas que emergem são os que dão atenção aos *processos* (de desenvolvimento, de crescimento e de industrialização), às *políticas* de base interna (políticas agrárias e de desenvolvimento agrícola, políticas de industrialização, modernização e infraestruturação do país) e às *relações* entre espaços económicos (integração económica pelo comércio internacional ou pelo investimento direto).[2]

[2] Tem-se presente o que foi defendido em Reis (2012: 31–40).

Contudo, não demorou muito para que a disciplina se "normalizasse", com o "problema económico" a reduzir-se agora à questão da afetação "eficiente" de recursos considerados escassos (e por isso económicos), e o esquema analítico adotado a centrar-se na otimização de funções-objetivo cada vez mais abstratas e descontextualizadas das condições concretas da vida real, colocando alguns saberes que antes assumiam uma natureza substantiva na condição de especificações marginais.

A lista de nomes a citar seria agora muito numerosa e compreenderia os que foram fazer os seus doutoramentos no exterior (com o predomínio da França, de Inglaterra e dos Estados Unidos) e os que, entretanto, tornaram a realização de provas de doutoramento nas universidades portuguesas num ato cada vez menos esporádico. As matérias seriam agora muitas e diversas.

É esta tensão entre uma ciência económica interessada na substância da vida material e uma outra mais abstrata e focada nos mercados e nas transações que constitui o ponto de partida deste livro. Trata-se de começar a fazer uma história que faltava, a dos tempos recentes, e de mostrar como se dá a passagem de formas de pensamento económico às quais interessavam as dimensões estruturais e sistémicas — que reconheciam a heterogeneidade e que procuravam identificar devidamente o país, tendo em vista, com frequência, a criação das condições mais adequadas ao "desenvolvimento" e à satisfação das necessidades da população — para conceções da Economia e do económico que privilegiam a aplicação de modelos analíticos formais e que, sobretudo, consideravam então prioritário governar a economia através de outros mecanismos: os da concorrência mercantil, da abertura internacional do país na sua condição de pequena economia e os da constrição das dimensões públicas pelo uso de esquemas financeiros e pela ampliação do poder dos mercados.

Sendo este um livro sobre a ciência económica que se faz em Portugal, nele se tratará de instituições concretas e de pessoas concretas. E nele se põem algumas dessas pessoas a falar, em discurso direto. Por isso, encontrar-se-á aqui o Grupo de Estudos Básicos de Economia Industrial (GEBEI), criado em 1973, no âmbito da Secretaria de Estado da Indústria, e que trabalhou até 1986 sob a tutela de diversos ministérios, e tratar-se-á do que fizeram João Cravinho, seu fundador e inspirador, Félix Ribeiro, Lino Fernandes, Manuel Brandão Alves e José Amado da Silva ou Eduardo Ferro Rodrigues. Encontrar-se-á também o Departamento de Estudos Económicos (DEE) do Banco de Portugal pelas vozes de Teodora Cardoso, Abel Mateus e Isabel Horta Correia. Estudar-se-á como a Faculdade de Economia da Universidade Nova de Lisboa (FEUNL), em articulação próxima com a Universidade Católica Portuguesa, representou a mais forte viragem na forma de pensar a Economia e a sua relação com a sociedade. António S. Pinto Barbosa e Manuel Pinto Barbosa representam aqui os caminhos por onde se estruturou, consolidou e passou a dominar uma forma de encarar a Economia, a economia vinda dos Estados Unidos e fortemente centrada em visões normativas decorrentes do que aqui se chamará "Nova Economia". Mostrar-se-á igualmente, através dos testemunhos dos coordenadores de cursos de mestrado e doutoramento, como se criou e desenvolveu uma visão para o ensino pós-graduado nas universidades portuguesas que é parte de uma lógica de afirmação da ciência económica que revela aquela mesma tensão a que aqui se tem estado a aludir, e como isso, finalmente, culmina num processo de convergência no sentido de uma formação cada vez mais homogénea, em linha com os cânones da Economia dominante. É certo, no entanto, que a contraposição nunca faltou, tanto no início, com mestrados que assumiam a interdisciplinaridade e se ligavam ao contexto institucional e político do país e da Europa, como atualmente, com programas de doutoramento em que a Economia Política e visões mais amplas da economia constituem o referencial principal (como o já antigo Doutoramento em Governação, Conhecimento e Inovação, da FEUC, o doutoramento em Estudos de Desenvolvimento, desde 2017/18, um doutoramento conjunto do ISEG, do ICS, do IGOT e da ISA da Universidade de Lisboa, ou o recente Doutoramento Interdisciplinar em Economia Política, do ISCTE, da FEUC e do ISEG, são disso exemplos). Confrontar-se-á, finalmente, o modo como os economistas portugueses têm vindo a pensar o papel dos valores na Economia e as relações entre Economia e Política. A este propósito, dar-se-á voz a um conjunto diversificado de economistas portugueses, considerados representativos das diferentes correntes do pensamento português contemporâneo nesta matéria.

Este livro e o projeto de investigação que lhe deu origem foram, eles próprios, resultado de um programa de trabalho de economistas que revelam com clareza as suas próprias ideias sobre o que é a Economia, a produção de conhecimento nesta disciplina e a razão de ser e os objetivos de tal conhecimento: Ana Costa no ISCTE, Manuel Branco na Universidade de Évora, João Rodrigues e os autores deste texto introdutório na Faculdade de Economia da Universidade de Coimbra, acompanhados por um bolseiro de investigação, Gonçalo Marçal, estudante do Doutoramento interdisciplinar em Economia Política, são, eles próprios, parte de comunidades universitárias que entendem a Economia como plural, substantiva e ligada à vida material concreta, assumindo-a como parte de um debate em que, noutro campo, estão visões muito diferentes, que privilegiam os mercados, a racionalidade individual ou o cálculo normalizador.

Este livro é, finalmente, um convite. Convite ao pluralismo e à interdisciplinaridade para que, quer quando se procura representar o panorama das ideias económicas em Portugal, quer quando se quer enfrentar as perplexidades das limitações do conhecimento perante os problemas contemporâneos, se assuma um mapa rigoroso, completo, capaz de não desperdiçar o que existe e de usar todas as forças. Convite a que se construa um espaço público de debate sobre a Economia enquanto conhecimento e a economia enquanto «sistema de produção, de emprego, de organização e de provisão de bem-estar». Mas sabendo que estas questões «não [são] atópicas nem atemporais» e que «não se pode saber tudo num ápice nem com um único par de lunetas», devendo reusar-se a «sofreguidão e a explicação taxativas», rápidas e totais, e que é sempre «uma boa atitude procurar encontrar espaço para um olhar detido, para juntarmos as várias dimensões que são próprias dos problemas complexos e para procurarmos ver debaixo do que anda à superfície» (Reis, 2018: 21–24). Convite, enfim, a que se aceite que, porventura de forma redobrada quando se estuda o que está próximo, os resultados são sempre incompletos e carecem de continuação. Este é um desafio que os autores deste livro assumem e para o qual contam com os esforços de outros, a começar pelos leitores.

Os capítulos que se seguem podem ser brevemente apresentados. No primeiro, José Reis convoca-nos a acompanhar, histórica e analiticamente, a rica experiência do GEBEI desde a sua criação em 1973 até à sua progressiva perda de influência e, finalmente, à sua extinção formal (já num quadro de integração no âmbito do IACEP) em 1986, reconstituindo e interpretando o seu significado e importância no quadro da evolução do pensamento económico português. É um percurso pelo que o autor considera ser «uma forma estruturada de pensamento económico» na periferia da Europa, centrada no objetivo de criar informação para uma "radiografia" da economia portuguesa — designadamente nos domínios industrial e institucional — com base numa «visão estrutural e sistémica» da vida material, atenta às especificidades e heterogeneidade dos processos económicos e às singularidades de uma economia europeia periférica como a portuguesa, tendo em vista alimentar um «ecossistema de planeamento» e alicerçar políticas conducentes ao desenvolvimento económico do país. Pelo meio, e porque os contextos contam, o autor vai deixando antever o que, em seu entender, eram os traços fundamentais da economia portuguesa à época (anos 1970 e 1980), sem os quais não é possível perceber a relevância efetiva do GEBEI. E porque, por detrás do discurso direto dos protagonistas está sempre um modo específico de olhar a realidade, Reis, como bem recomendava Myrdal (1969), não deixa de dar conta das "lentes" através das quais perceciona a história do Gabinete de Estudos Básicos de Economia Industrial, de tornar explícito o quadro analítico e os valores de que parte. A reflexão teórica sobre a formação e circulação das ideias económicas em termos de "afinidades eletivas" é, assim, uma peça-chave do seu texto. Com ela recupera os traços fundamentais do relacionamento internacional dos quadros do GEBEI precisamente como uma manifestação de "afinidades eletivas", essenciais para se perceber a realidade da Economia como um universo plural.

Uma ideia central a reter no quadro da narrativa proposta neste livro é que a história do Gabinete impulsionado por João Cravinho «não é um simples regresso ao passado», antes revela um «modo de ver», a Economia que é parte integrante da «ecologia compósita» de saberes que, ontem como hoje, caracterizam o mapa das ideias económicas, em Portugal como no resto do mundo.

No segundo capítulo, João Rodrigues propõe-se seguir os percursos intelectuais e profissionais, desde os finais dos anos 1970 até à atualidade, de dois economistas de grande significado no processo de transformação da Economia que se fazia e ensinava em Portugal no pós-25 de Abril, ilustrativos da importância crescente de uma nova geração de economistas formados nos Estados Unidos da América: os irmãos Manuel e António S. Pinto Barbosa, filhos gémeos de António Manuel Pinto Barbosa. Através destes dois percursos — o primeiro mais centrado na área da macroeconomia, da política monetária, dos modelos de crescimento e da análise dos problemas da balança de pagamentos numa "pequena economia aberta", o segundo no estudo da economia e finanças públicas, da teoria da escolha pública e da economia política constitucional, mas ambos profundamente influenciados por uma formação académica pós-graduada nos EUA —

acompanha-se a emergência e consolidação de um novo paradigma da Economia em Portugal, a chamada "Nova Economia", cujos principais traços João Rodrigues identifica, e dos quais aqui se destacam: (i) a convergência epistémica e de "visão" com o que eram cada vez mais os cânones da ciência económica dominante à escala internacional, num processo que tem vindo a ser descrito como de "americanização" da Economia; (ii) a defesa crescentemente assumida — embora cuidadosa em matéria de manifestações explícitas de algum enviesamento político-ideológico (contrário ao assumido valor da separação entre a Economia e a Política) — de uma "mudança do regime económico" no sentido da "liberalização" da economia e, finalmente, (iii) a afirmação da Faculdade de Economia da Universidade Nova de Lisboa (FEUNL) como escola representativa em Portugal desta forma cada vez mais hegemónica de entender a Economia.

No panorama das ideias económicas em Portugal, as inter-relações entre a investigação teórica e aplicada e o domínio da tomada de decisão e da política económica não podem ser ignoradas. No capítulo 3, Ana Costa faz uma incursão pela história do Departamento de Estudos Económicos (DEE) do Banco de Portugal e pelo papel que este Departamento desempenhou no âmbito do processo de internacionalização e integração europeia da economia portuguesa, no que a autora considera ser um «processo de normalização epistémica, estreitamento e homogeneização» da paisagem intelectual da Economia em Portugal. Partindo de uma perspetiva teórica que valoriza a ideia de «comunidades epistémicas» enquanto «comunidades de atores, que envolvem a academia, mas a extravasam largamente», Ana Costa defende que a influência das ideias económicas está dependente da sua transmutação em práticas e políticas dependentes de contextos temporais e espaciais específicos e, nesse quadro, procura mostrar a relevância do DEE como polo fundamental de uma intensa rede de relações onde, ao nível académico, a FEUNL e a Universidade Católica são parceiros fundamentais de um espaço de colaborações na esfera da economia dominante em que as grandes instituições internacionais, como o FMI, o Banco Mundial ou o BCE, têm também um papel não negligenciável.

No capítulo 4, Manuel Branco, Ana Costa e Gonçalo Marçal traçam a evolução do ensino pós-graduado em Economia em Portugal desde a sua origem nos finais dos anos 1970 até à atualidade. O seu texto evidencia a transformação que a FEUNL produziu, nomeadamente com o Programa de Mestrado e Doutoramento em Economia, criado em 1978, o qual importa o modelo norte-americano e com ele introduz um novo núcleo duro da Economia em Portugal ao mesmo tempo que incute no doutoramento uma nova orientação, com exames gerais e de especialização após a parte curricular do mestrado e a elaboração de teses no formato de ensaios, tendo em vista a publicação em revistas científicas. Com base em testemunhos de alguns dos protagonistas, os autores deste capítulo acompanham o processo de expansão do ensino pós-graduado no país — desde o programa da FEUNL, com a experiência do ISEG e da FEP, que também criam mestrados (em 1981 e 1983, respetivamente), passando pela FEUC, que, em 1989, criou um Mestrado em Economia Europeia — para vincar que havia outros modelos de formação pós-graduada, mais consentâneos com visões substantivas e interdisciplinares. Entre o princípio da década de 1990 e o Processo de Bolonha, a criação de pós-graduações generalizar-se-ia noutras faculdades. Fica claro, com este exercício, o processo de emulação mais ou menos generalizado relativamente ao cânone que se tornava dominante e a crescente "uniformização" dos diferentes cursos. O resultado é a enorme semelhança curricular atual na oferta dos cursos pós-graduados em Economia (o que dificulta a atribuição de um caráter distintivo a cada faculdade) e uma exaustiva repetição de conteúdos entre o mestrado e o doutoramento em todas as faculdades.

Finalmente, no capítulo 5, Vítor Neves procura mapear o modo como os economistas portugueses têm vindo a pensar a relação entre o seu trabalho enquanto ciência, os valores que perfilham e as recomendações de política que — enquanto "peritos" ou "consultores do Príncipe" — estão em condições de colocar à disposição da sociedade em que se inserem (a relação entre o "teórico", o "doutrinário" e o "político"). Recorrendo a entrevistas e a um questionário por email a um conjunto de economistas considerados representativos, Neves identifica uma pluralidade de pontos de vista, quer no que respeita à questão da possibilidade de uma ciência económica "positiva", neutra relativamente aos valores, quer sobre a relação entre a Economia como ciência e a Política. Também aqui fica claro, conclui o autor, que a Economia está longe de ser uma ciência monolítica.

Esta não é ainda a história detalhada e global que importa fazer do pensamento económico português no período mais recente. Mas é um contributo nesse sentido. Aqui o leitor irá encontrar um conjunto de "retratos", assentes no testemunho dos próprios protagonistas analisados, que, no seu conjunto, mostram, por um lado, as linhas fundamentais da "normalização" que foi empreendida na disciplina ao longo das últimas décadas em Portugal, como aliás no resto do mundo, marcada por efeitos de emulação do que se fazia no núcleo duro da disciplina, assim como por relações hierárquicas e de poder, quer no plano académico, quer no político; por outro lado, a persistência de formas alternativas plurais de pensar o económico que constituem, sem dúvida, uma marca da ecologia de saberes que continua a caracterizar a Economia como disciplina.

Referências bibliográficas

Bastien, Carlos (2000), "A divisão da história do pensamento económico português em períodos", *Documento de trabalho/Working paper nº 16*. Lisboa: Gabinete de História Económica e Social, ISEG. Disponível em http://hdl.handle.net/10400.5/888

Gonçalves, Carlos (2006), *Emergência e consolidação dos economistas em Portugal*. Porto: Afrontamento.

Myrdal, Gunnar (1969), *Objectivity in Social Research*. New York: Pantheon Books.

Polanyi, Karl (2012 [1944]), *A Grande Transformação: as origens políticas e económicas do nosso tempo*. Lisboa: Edições 70.

Reis, José (2012), "Economics: A social science under pressure", *Portuguese Journal of Social Science*, 11(1): 31–40. DOI: https://doi.org/10.1386/pjss.11.1.31_1

Reis, José (2018), *A Economia Portuguesa: Formas de economia política numa periferia persistente (1960–2017)*. Coimbra: Almedina.

Capítulo 1
O GEBEI: Um pensamento económico estruturado na periferia da Europa

José Reis

Na verdade, os casos mais complexos são também os mais interessantes. É somente através desses casos que aprendemos a conhecer os diversos graus de afinidade, as relações mais próximas e mais fortes, as mais distantes e mais frouxas. [....] E julgamo-nos no direito de empregar mesmo a expressão "afinidades eletivas".

Johann Wolfgang Goethe (1999 [1809]: 72–73)

Introdução

Este texto tem um objetivo preciso e imediato: reconstituir e interpretar o significado da atividade do GEBEI (Grupo de Estudos Básicos de Economia Industrial) em Portugal desde o início da década de 1970 até meados da de 1980. Mas tem ainda uma outra finalidade, indireta, que consiste em, através deste caso, discutir o panorama das ideias económicas em Portugal naquela altura, procurando ver como se formavam, o que é que as determinava, que problemas representavam, que conflitualidade se adivinhava e, enfim, de que ambiente intelectual faziam parte. Para lá do que possa dizer sobre as singularidades nacionais, tudo isto tem relação com uma discussão ainda mais ampla que é a que consiste em saber como se estruturam e circulam as ideias económicas num mundo que é composto por centros, periferias e situações intermédias.

O GEBEI foi criado no início da década de 1970[1] no âmbito da Secretaria de Estado da Indústria, conheceu diversas mutações a partir de 1977 e pode considerar-se encerrado em 1986, na sequência de atribulados processos de "transferência", "integração" "incorporação" e "afetação" dentro da administração pública.[2] Desenvolveu um vasto leque de trabalhos relacionados com as estruturas da economia portuguesa (especialização produtiva, setor exportador, heterogeneidade empresarial, *stocks* de capital, níveis tecnológicos e de proteção pautal, estruturas financeiras das empresas), como os seus principais fluxos (consumo energético, investimento, funções de consumo privado, contas de rendimento das famílias), com as inter-relações fundamentais em que tudo isto assentava (matrizes *input-output* e regionais, multiplicadores) e com as dinâmicas mais influentes (planeamento, internacionalização, integração europeia, competitividade, concorrência externa). Numa economia com particularidades muito pronunciadas,[3] tratava-se de identificar e compreender a espessura própria do país e, ao mesmo tempo, de criar informação que permitisse pensar a partir do que substantivamente o caracterizava, tendo em vista deliberar politicamente. Embora seja uma estrutura absolutamente singular, o GEBEI inseria-se numa "ecologia de planeamento" que já levava algumas

[1] Formalmente, o GEBEI foi criado por despacho do Secretário de Estado da Indústria, Hermes dos Santos, de 6 de julho de 1973. Mas, na realidade, já vinha de trás e corresponde à autonomização, dentro do Gabinete de Planeamento da mesma Secretaria de Estado, sob a direção de João Cravinho, de um "grupo de estudos". É esta circunstância que faz de Rogério Martins, Secretário de Estado da Indústria entre 1969 e 1972, o viabilizador político do GEBEI e do protagonismo de João Cravinho.

[2] Mais adiante descrevo as formalidades da sua constituição e evolução, até ao seu fim.

[3] Noto, no entanto, que há uma analogia curiosa, embora parcial, com organismos que se referirão mais adiante, o CEPREMAP e o CEPII, em França, com os quais o GEBEI manteve relações de trabalho muito próximas. O CEPREMAP foi criado em 1967, designava-se inicialmente *Centre d'Études Prospectives d'Économie Mathématique Appliquées à la Planification*, fazia parte do Ministério da Planificação e tinha como finalidade «iluminar a planificação francesa através da investigação económica». Hoje designa-se *Centre pour la Recherche Economique et ses Applications* e é uma associação com participação pública e governamental, bancária e universitária. O CEPII, *Centre d'Études Prospectives et d'Informations Internationales*, foi criado em 1978, por decreto do primeiro-ministro Raymond Barre. Hoje, faz parte da rede *France Stratégie*, administrativamente designada *Commissariat Général à la Stratégie et à la Prospective*, criada em 2013, e subordinada ao primeiro-ministro.

décadas e que esteve por detrás dos planos de fomento[4] e de alguns grandes projetos de infraestruturação do país.

O que vou defender é que o GEBEI foi uma instância de pensamento económico muito importante em Portugal naquele período e que um programa como o que desenvolveu assentava num conjunto amplo e robusto de ideias, isto é, representava uma forma estruturada de pensamento económico. Refiro-me ao modo como formulava o "problema económico" em toda a sua amplitude e complexidade,[5] como concebia a vida material do país e, muito especialmente, a economia, como encarava o Estado e o mercado ou como interpretava as principais mudanças em curso e se propunha intervir nelas. O seu ponto de vista era interdisciplinar, estrutural e sistémico e assim entendeu as condições da mudança que estava a ocorrer. Mas a perspetiva que construiu, sendo holística, tinha também de ser subdeterminada, isto é, formar-se a partir da situação contextual do país, dos seus factos característicos e do que lhe dava identidade e a diferenciava, tanto institucionalmente como materialmente, e fazendo disso uma condição para discutir as evoluções a que estivesse sujeita. Procurou, portanto, que o debate sobre a economia dispusesse de uma base informacional adequada e percebeu que isso é essencial em contextos em que a heterogeneidade prevalece. Para lá do que significou em si mesmo, o GEBEI pode também ser encarado como uma das sedes em que a Economia se revelou, em Portugal, como «uma disciplina plural, atenta às problemáticas do desenvolvimento», antes da «redução epistémica» que ocorreria depois da década de 1980, tal como sugeri num texto anterior (Reis, 2012: 36). É, portanto, um ponto nodal da história e da análise da formação e transformação das ideias económicas contemporâneas em Portugal.

[4] O I Plano de Fomento vigorou entre 1953 e 1958, o II Plano de Fomento, entre 1959 e 1964, o Plano Intercalar, entre 1965 e 1967, o III Plano de Fomento, entre 1968 e 1973, e o IV Plano de Fomento destinar-se-ia ao período 1974–1979, não tendo obviamente sido aplicado.

[5] Quer isto dizer, encarou a economia como um sistema de produção e provisão de bem-estar, em que a criação de riqueza tem de tomar em conta a heterogeneidade das estruturas, dos atores, das condições sociais e das interações, assim como as circunstâncias políticas, sabendo-se que a produção tem de ser analisada em simultâneo com a repartição do rendimento e que o mercado é uma construção social e política. O primeiro passo para assim encarar a economia é conhecê-la, dispor de informação sobre ela. Não se trata, por isso, de sobrepor à realidade material que constitui um país um modelo de condução geral e exterior, normativa, mas, sim, de a transformar a partir das próprias condições estruturais existentes.

Assumo ainda que o GEBEI constitui também um caso de estudo significativo para se discutir, a partir de Portugal, como o pensamento económico se forma e circula no plano internacional. Estou a pensar no que se passou num país periférico europeu num momento em que as ideias económicas não surgiram aqui por simples receção do que era dominante, sendo, pelo contrário, estabelecidas a partir de uma combinatória difícil entre o modo como se formula localmente o problema e se procede à articulação com outras esferas influentes. O mecanismo pelo qual se escolhem caminhos e se navega num mar que não é plano tanto pode ser o da assimilação que a relação hierárquica entre centros e periferias tende a estabelecer como pode resultar de escolhas intelectuais e metodológicas a que vou chamar "afinidades eletivas", por corresponderem a atos de vontade positivos e não a simples assimilação.[6] A atividade do GEBEI cabe nesta última condição e desencadeou, na verdade, um intenso relacionamento internacional e, por isso, representa também matéria para esta discussão, que é do interesse do projeto de investigação dentro do qual se realizou este estudo.

Opta-se neste texto por dar a voz a protagonistas, aos autores e atores do que se pretendeu estudar. É a alguns dos que fizeram parte do GEBEI que vou dar espaço, recorrendo ao material das entrevistas[7] que tive com João Cravinho (JC),[8] Félix Ribeiro (FR),[9] Lino Fernandes (LF),[10] Manuel

[6] Descrevo mais adiante a origem desta expressão e o significado que lhe atribuo.

[7] Na secção 3 faço um uso extensivo destas entrevistas, que realizei no decurso do projeto de que resultou este texto, estando em discurso direto as palavras dos entrevistados, a quem deixo aqui o meu agradecimento. Nalguns caso cito Cravinho (2018).

[8] João Cravinho (1936–) é engenheiro civil pelo Instituto Superior Técnico (1959), *Master of Arts (Economics)* pela Universidade de Yale (1969) e frequentou durante dois anos o Programa de Doutoramento (*D. Phill*) em Economia da Universidade de Oxford, que abandonou após o 25 de Abril. Iniciou a sua atividade profissional nos Serviços de Produtividade e Economia do Instituto Nacional de Investigação Industrial (INII), tendo transitado para o Secretariado Técnico da Presidência do Conselho (STPC). Foi Diretor-Geral do Planeamento da Indústria, membro da Comissão encarregada de negociar o primeiro Acordo Comercial entre Portugal e a CEE e fundador e diretor do Grupo de Estudos Básicos de Economia Industrial (GEBEI). Foi Ministro da Indústria e Tecnologia do IV governo provisório (1975), Deputado na Assembleia da República (1979–2007), representante de Portugal nas negociações preparatórias da Conferência de Ciência e Tecnologia da ONU (1979), tendo presidido à Delegação nacional a essa Conferência, Vice-Presidente do Parlamento Europeu e membro da sua Comissão de Assuntos Económicos e Monetários (1989–1994), Ministro do Equipamento, do Planeamento e da Administração do Território do XIII governo constitucional (1995–1994), membro do Conselho de Estado, Presidente do Centro Europeu de Empresas Públicas e de Interesse

Brandão Alves (MBA),[11] Adriano Pimpão (AP)[12] e José Amado da Silva (JAS).[13] Mas quem serve de intermediário, isto é, quem interpreta as palavras e a trajetória, não vai sem bagagem. Leva-a e usa-a na reprodução que

Geral (2001–2005), administrador do Banco Europeu de Reconstrução e Desenvolvimento (BERD) (2007–2011) e Presidente da Comissão Independente para a Descentralização criada pela Assembleia da República (2018–2019). Foi *Fellow* do Institute of Development Studies (IDS) da Universidade de Sussex e professor convidado do ISEG, do ISCTE e da Faculdade de Economia da Universidade de Coimbra. Em 2014, publicou *A Dívida Pública Portuguesa: O manifesto dos 74 e as propostas europeias para a reestruturação* (Lisboa: Lua de Papel).

[9] José Manuel Félix Ribeiro (1948–) é licenciado em Economia pelo ISCEF (1971) e Doutorado em Relações Internacionais pela Faculdade de Ciências Sociais e Humanas da Universidade Nova de Lisboa (2012). Trabalhou no Grupo de Estudos Básicos de Economia Industrial (GEBEI) (1972–1986), na Junta Nacional de Investigação Científica e Tecnológica (JNICT) (1986–1994), no Departamento de Prospectiva e Planeamento (DPP) (1995–2006), de que foi Diretor de Serviços, tendo sido Subdiretor Geral e Assessor no Departamento de Prospetiva e Planeamento e Relações Internacionais (DPP) (2007–2011). Em 2014, publicou *Portugal: A Economia de uma Nação Rebelde* (Lisboa: Guerra e Paz).

[10] Lino Fernandes (1949–) é licenciado em Economia pelo ISCEF (1974). Iniciou a sua atividade profissional em 1972, no Grupo de Estudos Básicos de Economia Industrial (GEBEI), integrou o Serviço de Estudos e Planeamento da JNICT, desde a sua criação, em 1986, e presidiu à Agência de Inovação (1996–2002 e 2005–2012). De 1983 a 1996, foi Professor Convidado do ISCTE. Em 2014, publicou *Portugal 2015: uma segunda oportunidade? Inovação e desenvolvimento* (Lisboa, Gradiva).

[11] Manuel Brandão Alves (1944–) é licenciado em Economia pela Faculdade de Economia da Universidade do Porto (1966) e doutorado pela Universidade Técnica de Lisboa (1987). Professor Catedrático de Economia do Instituto Superior de Economia e Gestão, da Universidade Técnica de Lisboa, da qual foi também Presidente do Conselho Diretivo. Trabalhou no GEBEI entre 1977 e o seu encerramento. Foi Diretor-Geral do Ensino Superior, Presidente do Fundo de Apoio ao Estudante e Presidente da Associação Nacional de Direito ao Crédito. Faz parte do Grupo Economia e Sociedade. Em 2019, participou na publicação *Economia e Sociedade: pensar o futuro* com o texto "Sobre o conceito de desenvolvimento".

[12] Adriano Pimpão (1948–) é licenciado em Finanças pelo ISCEF e Doutorado em Economia pela Universidade Técnica de Lisboa. Foi Secretário de Estado do Desenvolvimento Regional do XIII governo constitucional, Reitor da Universidade do Algarve, Presidente do Conselho de Reitores das Universidades Portuguesas e membro da Comissão Independente para a Descentralização criada pela Assembleia da República (2018–2019).

[13] José Manuel Amado da Silva (1944–), é licenciado em Engenharia Químico-Industrial pelo IST e Doutorado em Economia pela Universidade Católica Portuguesa. Foi Técnico Superior da Junta de Energia Nuclear (1968–1973), trabalhou no Grupo de Estudos Básicos de Economia Industrial (GEBEI) entre 1973 e 1980, foi diretor da Faculdade de Ciências Económicas e Empresariais da Universidade Católica Portuguesa (1995–1996) e Presidente do Conselho de Administração da Autoridade Nacional de Comunicações (ANACOM). É Reitor da Universidade Autónoma de Lisboa.

aqui faz. Por isso, abro previamente a mala para deixar ver o que vai lá dentro e explicitar os meus pressupostos gerais. Antes, porém, faço uma breve nota sobre os percursos que trouxeram a economia portuguesa até ao início da década de 1970 e que foi a primeira matéria com que os estudiosos se confrontaram. Depois, proponho em cinco pontos o meu próprio esboço do retrato do GEBEI. Numa economia periférica que não se conhecia a si mesma e tinha chegado a um momento convulso, a criação deste grupo representou uma enorme diferença. O GEBEI assumiu uma identidade própria enquanto *adviser* da decisão política. Adotou uma "visão estrutural e sistémica" e, ao arrepio do que domina na Economia, tomou a noção de heterogeneidade como central. Detenho-me nos temas que selecionou e no modo como construiu afinidades no plano internacional. Finalmente, registo o modo como o GEBEI acabou e o momento em que isso ocorreu. Foi quando o debate económico em Portugal revelou que outros vencedores emergiam, visto que a evolução das ideias não foi no passado, nem vai ser no futuro, linear.

Estudar o GEBEI era, por múltiplas razões,[14] um ponto incontornável da minha agenda de investigação. Vou, no entanto, preocupar-me em mostrar que estudá-lo não é uma mera curiosidade pessoal. Tem, pelo contrário, um enorme campo referencial. E também não é estudar o efémero nem tratar de assuntos que a evolução paradigmática da Economia remeteu para o passado, por ter "normalizado" a ciência. A "conflitualidade interna das ciências sociais" e a visão pluralista com que se deve encarar a Economia nunca foi nem será sujeita a nenhum processo de convergência epistemológica e continua a resultar da tensão entre diversas visões metodológicas e epistemológicas, geralmente assente em problemas que voltam recorrentemente à baila por reconstituírem os campos de um universo plural. Por isso, a Economia e as ideias económicas não se discutem sem escolhas e não se relacionam sem tensões. Umas vezes para revelar o próprio processo de escolha, outras vezes para apenas ilustrar como se exercem posições

[14] O GEBEI não tinha ainda sido estudado e isso constituía uma falha que não podia persistir para se compreender a formação do conhecimento económico contemporâneo em Portugal. Estava, portanto, em causa uma questão de informação básica e de justiça cognitiva. Além disso, este foi um referencial decisivo para muita da investigação feita nas últimas décadas, incluindo a minha, e, finalmente, o reconhecimento do papel público de João Cravinho no Portugal destas últimas seis décadas, que é de enorme relevo, precisa da reconstituição deste momento fundador para ser devidamente apreciado.

dominantes, do centro para a periferia. O estudo do GEBEI confirma que a ideia de heterogeneidade, sendo boa para estudar as economias, é também para conhecer o interior do próprio pensamento económico.

1. Breve nota sobre a economia portuguesa nos inícios da década de 1970

A economia portuguesa de finais da década de 1960 revelava exuberantemente a sua condição de semiperiferia no sistema mundial: a persistência de um papel de intermediação colonial que chegou até ao desencadear de uma guerra, uma industrialização tardia protegida pelo condicionamento industrial, por salários reprimidos e por uma cumplicidade orgânica entre o regime e uma reduzida elite económica, a ausência de democracia económica e política, uma superestrutura tecno-burocrática dotada de alguma autonomia e que gerou um sistema de planeamento, um difícil equilíbrio entre os interesses das oligarquias internas que dominavam a economia e o Estado e a necessidade de recursos que só a internacionalização protagonizada por outras esferas, que não as dominantes,[15] poderia garantir.

Estava-se num ciclo de crescimento a taxas elevadas (em média superiores a 6% ao ano), determinado pela acumulação de capital e por indústrias de base, mas incapaz de impulsionar a criação líquida de emprego e de desenvolver o mercado interno (entre 1960 e 1973 a população ativa terá caído 7% e o volume de mão-de-obra utilizada ainda mais, pois o número médio de horas por trabalhador terá sido reduzido). Por isso, exportou-se massivamente força de trabalho através de emigração. E houve quem compreendesse que, para se ser membro fundador da EFTA e alcançar um Acordo Comercial com o Mercado Comum, em 1972, a proteção de que o regime dependia, tanto a interna como a externa, pautal, ia ficando em causa.

Portugal, país da periferia geográfica, económica e social da Europa, confrontava-se assim com múltiplos dilemas e com a condição "intermédia" de uma economia que tinha dado apenas alguns passos de uma modernização incipiente. Sem, no entanto, ter realizado minimamente quaisquer das evoluções essenciais que se tinham já registado nas economias desenvolvidas

[15] Refiro-me à chamada viragem exportadora através das indústrias ligeiras e de pequena dimensão e de um escasso tecido empresarial que não era o do capital dono das indústrias siderúrgica, química, cimenteira ou da construção naval.

em matéria de inclusão económica, social ou territorial. Por isso, o país era pobre, segmentado e excludente. Bem se sabe que o limite principal e mais drástico que o coagia resultava da ausência de democracia política, condição basilar para as outras formas de democracia, incluindo a social e a económica. Também por isso, a forma de relação com os capitalismos europeus em desenvolvimento era na condição de "fornecedor" de força de trabalho.

Conjugavam-se assim dimensões muito diferentes. Por um lado, uma intermediação dependente no quadro europeu, fornecendo recursos sob a forma de trabalho migrante. Por outro, uma tentativa de modernização interna, limitada, usando a capacidade de financiamento que se ia gerando para uma industrialização confinada aos setores mais poderosos da burguesia, em aliança com o Estado. Houve uma forte intensidade de capital mas sem efeitos multiplicadores no emprego e nas relações interindustriais dentro do sistema produtivo nacional. Por isso, as indústrias pesadas e básicas — siderurgia, metalúrgicas, química, cimentos — concentraram o esforço de investimento e de acumulação de capital. Isso distinguia-as de outros ramos industriais, que subsistiam sem modernização e capacidade produtiva. Os efeitos de tal industrialização repercutiram-se no entanto na infraestruturação do país, designadamente, na produção hidroelétrica, com o programa de construção de barragens. Já no final da ditadura, a indústria de construção e reparação naval significaria a busca de uma inserção na divisão internacional do trabalho através de um setor mais qualificado e da exportação de serviços internacionais.

As periferias económicas da Europa começavam, entretanto, a ser integradas no processo comunitário desencadeado com o Tratado de Roma, assinado em 1957. Aconteceu com a Irlanda, em 1973, e com a Grécia, em 1981. A adesão de Portugal e da Espanha, em 1986, consagraria esse processo, que depois teve múltiplos desenvolvimentos.

Alguns viam no que se passou na década de 1960 o início do «desenvolvimento português», achando que era possível abandonar a literatura que se dedicava a «explicar o atraso» (Amaral, 1998: 741). Pressupôs-se que nesta altura se estaria perante uma «realidade única na cena económica do pós-guerra», pois «um país pequeno e periférico», com uma «estrutura sociopolítica diferente da europeia típica», «cresceu fortemente e transformou a sua economia numa economia industrial moderna», sendo «considerado um dos melhores exemplos do crescimento da "idade de ouro" (*golden age*) dos anos 50 e 60» (J. C. Neves, 1994: 1005–1006). Até se defende que o facto de as "turbulentas" décadas de 1930 e 1940 terem sido «governadas pela mesma estrutura institucional» (isto é, pelo salazarismo) «trouxe à economia portuguesa uma grande unidade de finalidade e consistência de orientação» (1994: 1006). O «último país industrial europeu», «a última nação industrial da Europa ocidental», aquela que só em 1963 viu o valor do produto industrial superar o da agricultura (Lains, 2003: 179),[16] teve no pós-guerra em Portugal, sob o Estado Novo,

> o período de mais forte crescimento económico registado em toda a História de Portugal, quase 30 anos de expansão ininterrupta, em que a economia não se limitou a acompanhar as mais desenvolvidas mas encurtou muito a distância em relação a elas. (Amaral, 2010: 23)

De cerca de um terço do PIB *per capita* «de um conjunto representativo de economias mais desenvolvidas» em 1950, «Portugal alcançou metade em 1973» (Amaral, 2010: 23). «Entre 1950 e 1973, Portugal apresentou das taxas de crescimento do PIB mais elevadas [...], tendo sido ultrapassado apenas pela Alemanha Ocidental e pela Espanha, provavelmente os países mais martirizados pelas guerras em que estiveram envolvidos» (Lains, 2003: 186).[17]

Mas é claro que merecia dúvidas que se estivesse perante um processo de "desenvolvimento" e perante uma "economia industrial moderna". Estava em causa a dimensão absolutamente limitada dessa industrialização, os seus escassos efeitos na constituição de uma economia e de uma sociedade modernas, a sua concentração inicial na acumulação de capital, sem repercussões essenciais no emprego e no mercado do trabalho, sendo, por essas razões, incapaz de estruturar um processo de crescimento capaz, de tal forma que ele haveria de carecer de uma reorientação essencial durante este mesmo período. E sabia-se que sem democracia política não haveria possibilidade de democracia económica, sendo essas as bases

[16] Com o «resultado curioso de em Portugal a indústria jamais ter sido o principal sector da economia» (Lains, 1994: 937), pois a aceleração industrial não bastou para ultrapassar o valor do produto dos serviços.

[17] Noutro contexto, Lains tinha salientado que «o crescimento económico em Portugal até 1973, apesar de rápido [...], foi até meados da década de 1960 mais lento do que outros países pobres da periferia europeia, nomeadamente a Jugoslávia, a Grécia e também a parte meridional da Itália» (1994: 937).

essenciais da modernidade industrial desencadeada noutros capitalismos europeus, questão mais importante do que as ideias de "grande unidade de finalidade" e de "consistência de orientação".

Por isso, José da Silva Lopes apontaria os limites deste crescimento e falaria da «perda de eficiência dos recursos produtivos» e da «protecção a posições monopolísticas e oligopolísticas e em desigualdades na repartição do rendimento» (Lopes, 1996: 17, 21). João Martins Pereira, no tempo concreto em que o debate se devia fazer, sabia que «se aproxima o dia em que a economia portuguesa se verá desamparada diante de uma Europa pouco dada a sentimentalismos» (Pereira, 1971: 40).

Portugal precisava, pois, de ser estudado e interpretado. Precisava, na verdade, de ser descoberto, sabendo que as proteções espúrias acabariam, que havia uma realidade a reconstituir e que se tinham de estabelecer nexos fundamentais, como o que liga produção e repartição, indústria e emprego, investimento e escolhas de especialização. E que, para isso, era preciso conhecimento, informação e instrumentos adequados. Estes são, pelo menos, alguns dos sentidos do surgimento do GEBEI. As ideias têm, de facto, os seus contextos.

2. A formação e a circulação das ideias económicas

Os trabalhos mais influentes sobre a circulação das ideias económicas têm-se dedicado sobretudo à análise da difusão dos campos que se tornam dominantes, segundo uma lógica de poder no quadro das relações centro-periferia (por exemplo, Fourcade, 2006, 2018; Backhouse, 2017). Tratam, portanto, de uma realidade incontornável. São, neste sentido, perspetivas excessivamente focadas. O que se analisa é a emergência, o domínio e a disseminação de um campo formado no centro, dando como garantida a assimilação progressiva do que possa ser diferente. A isto se junta a premissa de que a Economia pode ser definida como um campo único, unificado por uma metodologia universalista, «uma forma de *expertise* verdadeiramente generalista, definida por técnicas e processos epistemológicos próprios, mais do que pelas suas crenças acerca do modo como o mundo funciona» (Fourcade, 2018: 6), «um conhecimento centrado nos instrumentos, relativamente insensível às variações históricas e geográficas» (Fourcade, 2006: 160). As ideias sob análise são «desenvolvidas por uma comunidade comum e internacional» e correspondem à «transmissão de um *package* dos EUA para uma variedade de outros países»; «uma característica importante é que tais ideias são desenvolvidas em vários países» e, por isso, «ideias centrais importantes perdem toda a identidade nacional» (Backhouse, 2017: 5–6, 12). Finalmente, assume-se que, para lá de unitário, o campo se torna um ponto de convergência, tendo o poder de «incorporar vagas de ideias e conceitos periféricos, antes rejeitados»; «o centro torna-se múltiplo e fragmentado, mas pode declarar legitimamente que o seu domínio se faz pela fragmentação, e não contra ela» (Fourcade, 2018: 5).

Marion Fourcade, cuja perspetiva globalista é tributária da ideia de que a transformação e a metamorfose, isto é, a destruição e a criação, são inexoráveis, interpreta a «institucionalização da Economia através do mundo» através da constituição, tanto no centro como na periferia, de uma «profissão global» de economistas (ou uma profissão de economistas globais). Por isso, o que propõe é uma «tipologia de mecanismos que podem acelerar a globalização das profissões» (Fourcade, 2006: 147), tendo por base o conceito de isomorfismo (mimético, coercivo ou normativo). São três os "canais" de difusão pelos quais os «mecanismos concorrenciais que empurram os desenvolvimentos profissionais na Economia estão a tomar lugar no plano global»:

> 1) através da mobilização de recursos internacionais, num processo de competição intelectual dentro da ciência económica — tanto no centro como na periferia, (2) através da internacionalização do processo de destruição criativa de jurisdições e (3) através do uso das arenas internacionais para expandir o controlo jurisdicional da Economia para outras profissões. (Fourcade, 2006: 180)

Uma profissão que age no contexto de *free-trade* de competências a que cria e expande jurisdições no plano internacional através da "destruição criativa".

Esta perspetiva tem sido relativizada por trabalhos em que se assinala o pluralismo de certos períodos (Morgan e Rutherford, 1998; Fontaine, 2016). Haverá, no entanto, quem admita que eles representam uma identificação apenas retrospetiva. Hoje estaríamos perante a redução da variedade passada a uma perspetiva unitária, pelo que aquele interesse é o que é próprio dos estudos da história. Mas acontece que outros autores, alguns deles "insuspeitos", disputam os pressupostos normativos que convidam à visão unitarista, sublinhando as razões axiomáticas da diversidade e do "ecletismo". Robert Solow, por exemplo, encontra boas razões para se distanciar de «uma doutrina monolítica que tem uma resposta para tudo, e a mesma resposta para tudo» (2018: 424). Essa proposta de não deixar que «um único sistema formal e geral» se sobreponha a um «mundo real [que é] orgânico e não governado por leis universais» é o «fundamento do pluralismo» e está associado ao que, seguindo Keynes, na sua biografia de Newton, tem sido designado por modo de pensamento "babilónico", quer dizer, «um sistema aberto, sem axiomas, com diverso métodos e conclusões incertas» (Dow, 2003: 12, 14).[18] Quer isto dizer que o aplanamento do chão da Economia e a sua redução a um único ponto só é compatível com uma visão normativa exterior à realidade substantiva, que se lhe sobrepõe em qualquer circunstância.

Mais difícil é a resolução do problema da espacialização destas questões no mapa do mundo quando se quer identificar situações nacionais ou, mais genericamente, comunidades intelectuais relevantes mesmo que já de escala internacional. Quer como metáfora geográfica, quer como metáfora de poder, o binómico centro-periferia é incontornável e útil. É-o na segunda aceção porque há fortes relações hierárquicas no universo das ideias económicas e das suas instituições e o mapa não é, de facto, plano. É-o ainda porque as comunidades de ideias que é possível identificar podem ser elas próprias periféricas ou centrais, independentemente da geografia. Há perspetivas críticas no centro, nas periferias e envolvendo centros e periferias, e há comunidades irredutivelmente centrais, isto é, dominantes. A aceção geográfica é incontornável quando se coloca o problema do poder de atração, disseminação e absorção do centro e quando, a partir de uma periferia, se pretende ver de que autonomia esta goza e que estratégias de relacionamento intelectual usa quando não "adere" ao centro e navega num mar de escolhas, em busca de afinidades. John Davis defende que a "distinção centro-periferia" é «reflexo do sistema de organização socioeconómica mais amplo» e, assumindo que subsiste uma tensão entre "ortodoxia" e "heterodoxia", parece entender, apesar de *nuances*[19] subsequentes, que a primeira corresponde ao

[18] Foi neste mesmo sentido que Vítor Neves (2004) argumentou, sugerindo que uma "análise situacional" deve estar associada a modelos abertos de pensamento e de representação da realidade.

[19] Embora discutível, pois John Davis parece ficar preso a uma certa determinação geográfica que não parece adequada, ao considerar que a "ortodoxia" é uma questão do centro e a "heterodoxia", isto é, uma abordagem de economia política, um assunto da periferia: «Os economistas heterodoxos da periferia da Economia, qualquer que seja a sua localização no

centro e a segunda à periferia: «a Economia nos países desenvolvidos perdeu a sua identidade como Economia Política e as ideias e os conceitos associados a esta visão moveram-se para a periferia» (Davis, 2018: 10).

A minha convicção é que as questões de poder e de geografia económica são incontornáveis e que as relações entre campos de pensamento resultam de uma escolha prévia, sendo no quadro de uma comunidade epistémica concreta que têm de ser vistas. Não se está, portanto, perante um campo unitário de ideias económicas e uma *expertise* genérica e universalista para onde tudo converge. Sugiro, pelo contrário, que o que há é um "universo" das ideias económicas formado por uma pluralidade de "campos" epistemológicos autónomos, conflituais e não convergentes, em que alguns privilegiam a análise da vida material histórica e geograficamente situada, enquanto outros são insensíveis ao tempo e ao espaço, sendo também portadores de uma normatividade autossuficiente. Por simplificação distingo três campos, a que chamo "dominante", "crítico" e "eclético".

Esta ecologia compósita é hierárquica, quer dizer, as "posições" de cada campo são diferenciadas e correspondem a poderes, credenciações, rituais de legitimação e epistemologias, metodologias e linguagens distintas. Não entendo, pois, que a formação e circulação das ideias económicas ocorram num chão liso, igualitário, facilmente acessível pelas relações entre pares, podendo assim ser representadas como o espaço de uma única comunidade horizontal. Pelo contrário, há múltiplos planos, rugosos, dispersos e hierarquicamente distribuídos, indo para lá da simplificação que propus acima. Cada campo tem os seus "mecanismos de difusão": o dominante e hierárquico age pela "assimilação" a partir dos centros e dos axiomas prévios do individualismo metodológico e da visão de que os atores coordenam as suas ações através dos incentivos do mercado, outros estruturam um contexto metodológico e epistemológico próprio e diferenciado a partir dos problemas que formulam substantivamente e de modo subdeterminado. A opção por cada campo consiste, em geral, no estabelecimento de "afinidades eletivas".[20] Contudo, enquanto no primeiro campo

mundo, mantêm um entendimento da Economia como Economia Política e fazem usos de outras disciplinas das ciências sociais para a investigação e a explicação das questões do desenvolvimento nas economias em desenvolvimento e nas desenvolvidas» (2018: 15).

[20] As raízes do conceito são longínquas e encontram-se na alquimia medieval e na química moderna. Nas humanidades, o termo foi cunhado por Goethe como título da sua novela de 1809. Nas ciências sociais, foi Max Weber que o adotou para se referir à relação entre a ética

essa determinação só é acionada na escolha do campo, funcionando depois o "isomorfismo", nos outros ela vale ainda dentro do próprio campo, contribuindo para o seu pluralismo. É aqui, e a meu ver só aqui, que faz sentido «a ideia de que a Economia é uma rede de conversações institucionalmente situadas» defendida por Vítor Neves (2017: 63).

As afinidades eletivas correspondem, portanto, e em primeiro lugar, a uma "escolha" relacional entre várias escolhas possíveis. Mas a uma escolha com diferentes razões: pode ser a uma adesão liminar, estabelecida à partida, a um campo com poder emergente e institucionalizado ou pode ser uma migração de um campo prévio; pode ser uma escolha num quadro de poder e assimilação; pode ser uma ação comandada por opções de divergência e dissensão relativamente ao campo dominante e determinada pela consciência da existência e da reprodução de um quadro plural e pluralista. Isto é, não reduzo as afinidades eletivas ao que se passa nos campos "crítico" ou "eclético", considero que estão também presentes no "dominante". Mas enquanto neste é o poder e o mimetismo institucionalizado que prevalecem, naqueles são as próprias afinidades eletivas que imperam (existindo também uma forma de mimetismo crítico). Suponho ainda que a espessura de cada campo é formada de modo diferente: é axiomática e universalista num caso, subdeterminada e referenciada historicamente no outro. Deve, contudo, sublinhar-se que esta discussão não tem que ver com uma hipotética distinção entre Economia teórica e Economia aplicada, pensando-se que aquela é necessariamente geral e universal e que só à segunda é que cabe uma adequação à diversidade. Não, é no próprio âmbito das escolhas teóricas que o debate se faz, as escolhas se estabelecem e as perspetivas se desenvolvem.

O GEBEI constitui um exemplo disto mesmo: relacionou-se intensamente no plano internacional, estabeleceu afinidades e elegeu-as a partir do que tinha como essencial para a visão que criou e que procurou aprofundar e que era própria de uma periferia e do quadro português naquele momento.

Ressalvando as questões idiossincráticas da economia portuguesa que não podem ser desligadas desta análise, o que se segue centra-se no que me parecem ser os pilares essenciais da construção da visão do GEBEI,

protestante e o espírito do capitalismo, o movimento religioso e o desenvolvimento da cultura material (Löwy: 2011).

sabendo-se que ela foi norteada pela noção de que tem de haver uma base informacional que reconstitua a vida material em que se quer intervir e que ela é substantivamente formada, quer dizer, assenta na heterogeneidade e não admite o parcelamento dos problemas pois a produção "rebate-se" na repartição e o económico no social e no político.

3. Cinco tópicos para uma história e uma análise do GEBEI

A atividade do GEBEI foi intensa, assentou em vários pilares, relacionou-se com a conjuntura do fim da ditadura e com as transformações desencadeadas pela revolução democrática do 25 de Abril e terminou quando a integração na CEE estava a concretizar-se. Já se sabe que se está perante uma estrutura dotada de especificidades dentro da administração pública e que, por isso mesmo, desenvolveu uma identidade própria. Pressuponho que é possível reconstituir tudo isto em pouco tópicos. Proponho cinco, para salientar o papel que representou relativamente à decisão política, para enfatizar os dilemas e os condicionalismos da economia nesses diferentes momentos, para mostrar o empenho que mais o definiu, e que foi criar informação sobre o país e apreciá-lo substantivamente, para deixar claro que prosseguiu sempre uma visão estrutural e sistémica e, enfim, para mostrar como foi intenso e diversificado o seu relacionamento internacional.

A finalidade do GEBEI estava de certa forma definida pelo seu processo de constituição, pela autonomia de que "os estudos" foram dotados dentro da Secretaria de Estado da Indústria e por uma convicção muito forte acerca do défice de conhecimento que era preciso superar. Era claro que não se tratava de prefigurar um modelo de economia trazido já formatado nem de lhe sobrepor um *corpus* teórico exógeno que a sobredeterminasse. Esta identidade revela-se sucessivamente, em períodos posteriores, e persistia ainda no início da década de 1980, quando estão em cima da mesa questões cruciais da economia portuguesa, como uma especialização industrial que era preciso debater desenvolvendo estudos comparativos, se falava de uma "terceira revolução industrial" e era preciso saber o que era mais relevante no quadro mundial, seguindo lógicas prospetivas. Fora do GEBEI, na academia, na investigação e nos projetos de formação de muitos economistas, este ambiente e esta forma de ver eram partilhados de várias formas.

3.1. O "ecossistema de planeamento" e o surgimento de um *adviser* da decisão política: a identidade do GEBEI

Neste primeiro ponto de análise relembra-se o quadro institucional relacionado com a economia que existia em Portugal no momento da criação do GEBEI. Vale a pena ter presente que este foi, ao ser criado, uma instância de estudo, investigação e elaboração do problema económico do país dentro da administração pública. Surgiu como uma identidade muito própria e com uma finalidade precisa, diferenciou-se significativamente do que existia, mas não surgiu do nada.

«O primeiro fator crítico que deu sentido à criação do GEBEI no início dos anos 70 foi o desenvolvimento na década anterior de um ecossistema político e administrativo do planeamento em Portugal bastante extenso e proactivo» (Cravinho, 2018: 93).

De facto, tinha-se estabelecido desde o início da década de 1950 uma esfera da administração pública que visava coordenar e programar a ação do Estado em matéria económica. Inicialmente de forma incipiente, pois, por exemplo, o I Plano de Fomento (1953–1958) «não foi mais do que uma lista *ad hoc* de projetos» (JC), o sistema de planeamento foi-se adensando e ganhando alguma autonomia. É aí, nessa tendência e nos seus dilemas, que tem de ser inserido o GEBEI.

> O ecossistema de planeamento avançou muito e ganhou considerável influência em menos de uma década. Sobretudo a partir da crise de orientação da política económica que se saldou pela sua decisiva afirmação na preparação do Plano Intercalar de Fomento (1965–1967). (JC)

Aquele ambiente gerou novos protagonistas e viabilizou uma compreensão da economia portuguesa diferente da que até então dominava.

> Com o III Plano de Fomento [1968–1973], consagrou-se o poder e influência dos economistas, como Francisco Pereira de Moura, Jacinto Nunes, Teixeira Pinto, João Salgueiro, Manuela Silva, já com explicações sociais, das quais Marcelo Caetano gostava moderadamente. (JC)

Estes exercícios de planeamento e os estudos setoriais[21] que os foram acompanhando originaram um conhecimento fraturante que não podia

[21] Na indústria, foi relevante o papel do Instituto de Investigação Industrial, dirigido pelo Eng. António Magalhães Ramalho (1907–1972), onde havia uma Divisão de Produtividade e

deixar de ter consequências interpretativas que convulsionavam o debate, mesmo que apenas de forma implícita e subliminar. Tornava-se necessário um exercício de aprofundamento da informação e a construção de uma perspetiva subdeterminada pela aproximação à vida material do país e havia quem dispusesse de conhecimento e convicções para isso.

> O lançamento do GEBEI visava introduzir nesse ecossistema um novo recurso de perfil técnico mais elevado e orientado para o apoio consultivo à decisão político-administrativa bem como para o municiamento do debate aberto e tecnicamente fundamentado das políticas estruturais do desenvolvimento industrial. (Cravinho, 2018: 96)

Quem pensou, pôs em marcha e deu conteúdo ao GEBEI foi João Cravinho. Quem o viabilizou politicamente foi Rogério Martins, Secretário de Estado da Indústria do primeiro governo de Marcelo Caetano. É bem claro que, perante o quadro formal de organização das estruturas administrativas de planeamento numa situação política em que só intersticialmente podia haver inovações significativas, o GEBEI tinha de ser uma entidade que levasse ao extremo a informalidade possível e que tinha, ela própria, de se resguardar numa identidade própria.

> Há quase 50 anos, a criação do GEBEI no âmbito da Secretaria de Estado da Indústria foi uma tentativa inusitadamente singular de pôr à disposição dos decisores políticos e da Administração Pública um conjunto de investigações e de instrumentos quantitativos destinados a preparar e avaliar políticas públicas do ponto de vista económico numa perspectiva estrutural sistémica. (Cravinho, 2018: 93)

> O GEBEI não foi concebido como uma célula da orgânica de planeamento. Era visto como um *think-tank* às ordens dos titulares de soberania. Rogério Martins aceitou que, enquanto instituição, se enquadrasse formalmente na administração como *adviser*, com o objetivo de desenvolver e apoiar o debate "público". Em primeiro lugar, proporcionando-o dentro da própria administração e, em segundo lugar, nas universidades e no espaço público. Rogério Martins também sentia que o debate público em Portugal era muito pouco informado. (JC)

Gestão e onde se fazia sentir a influência das missões da Agência Europeia de Produtividade, da OCDE.

Em conclusão: na base do aparecimento do GEBEI está a convergência de dois factores críticos essenciais, um institucional, o desenvolvimento de um extenso e pró-activo ecossistema de planeamento e outro político, a visão e a vontade de um governante [Rogério Martins]. (Cravinho, 2018: 96)

A natureza informal e tática do surgimento do GEBEI tem várias exemplificações. Por isso, indo à proximidade mais imediata, vale a pena recordar que, à época, os ministérios começaram a ter gabinetes de planeamento relevantes. Isso mesmo acontecia na indústria e foi a partir dessa estrutura que se deu a evolução.

Dentro do gabinete de planeamento, de que era Diretor-Geral o Eng. Cravinho, havia a parte dos estudos. Quando os secretários de Estado da ala liberal viram que a sua presença política no governo não estava a correr bem e se demitiram, os "estudos", que começaram com Rogério Martins, autonomizaram-se e deram o GEBEI. (AP)

O GEBEI foi o herdeiro do Gabinete de Planeamento da Secretaria de Estado da Indústria e o Eng. Cravinho quis autonomizar uma unidade de investigação que estivesse inserida dentro do ministério mas que tivesse maior capacidade de estudar coisas com maior liberdade. (FR)

3.2. Uma economia sujeita a novos condicionalismos e a precisar de superar impasses: Portugal nas décadas de 1970 e 1980

Importa agora refletir um pouco sobre as circunstâncias materiais e contextuais da economia portuguesa relacionáveis com o papel do GEBEI. Aquilo que pode caracterizar esta economia de finais da década de 1960 já foi referido anteriormente: era uma semiperiferia no sistema mundial ainda com um papel colonial; conheceu um crescimento elevado e uma industrialização tardia, muito protegida, sem democracia e com uma forte insularidade dos setores da indústria pesada relativamente ao resto da economia e à sociedade; não criava emprego nem aumentava a população; relacionava-se com o quadro europeu através da emigração, mais do que pelos mercados de bens e serviços ou de capitais; apresentava um difícil equilíbrio entre os interesses das oligarquias internas que dominavam a economia e o Estado.

Embora tudo isto tenha formado uma "continuidade pesada" (Reis, 2019) que, na verdade, atravessou toda a década de 1960 e chegou mesmo à revolução democrática de 25 de Abril, houve problemas que se foram adensando e impasses que foram surgindo. Tudo começava no protecionismo. Tornava-se claro que a pertença à EFTA, de que Portugal foi membro fundador em 1961, assim como o acordo comercial que se negociava com o Mercado Comum, e que foi celebrado em 1972, punham em causa as bases em que o regime e a sua economia assentavam e em particular a proteção pautal de que dependiam, tanto a interna como a externa.

> O Acordo iria mudar muito a estrutura da economia, [cujo] processo regulatório assentava em duas peças fundamentais: o condicionamento industrial e os salários. (JC)

> A primeira tarefa que nós tivemos, dada pelo Eng. Cravinho, foi avaliar as políticas de apoio à industrialização que tinham sido seguidas pelo regime até então: o condicionamento industrial, os sistemas de incentivos no sentido da participação do Estado em empresas, a proteção efetiva à economia portuguesa ao longo do tempo através do regime aduaneiro. (FR)

Ao mesmo tempo, era claro que o financiamento dos grandes projetos, para o qual a presença estatal tinha sido sempre decisiva, deixava de ter as condições até aí comuns. O apoio público ao tipo de industrialização seguido fazia-se pela proteção e pelo financiamento, mobilizando designadamente as instituições de previdência, então em formação e que, por isso, dispunham de mais recursos do que de obrigações. Mas o Estado começava a precisar de meios para outros fins, principalmente para custear a guerra colonial. Por tal razão, «a previdência vai passar a comprar dívida pública para financiar a guerra» (FR).

Além disso, a necessidade de abertura para a entrada de capitais estrangeiros torna-se também ponto relevante da agenda, assim como emergem novos setores industriais, objeto de disputa entre grupos nacionais e a carecerem de alianças com a banca (que conhece enorme dinamismo com o afluxo de remessas dos emigrantes) para aceder ao crédito externo. Emergiam Sines e a petroquímica, em vez da eletrificação sonhada e realizada por Ferreira Dias, a construção e reparação naval, a indústria automóvel.

Tudo isto dependia e correspondia a um quadro institucional que se pretendia mudar e a um conjunto de laços materiais com que se queria colocar no terreno alterações muito significativas.

> A eletrificação nacional, o desenvolvimento da ferrovia e do setor elétrico era tudo baseado nas hidroelétricas e na autarcia, e Teixeira Pinto[22] muda completamente e põe fuelóleo em termoelétricas, que são muito menos capital intensivas; a comida do povo deixa de ser o bacalhau e passa a ser o frango e o frango é pecuária sem terra, é milho e soja importada. (FR)

É neste contexto que, já no final da década de 1960, surge a figura de Rogério Martins, Secretário de Estado da Indústria. Ele representou no contexto governamental da época a tentativa de alteração de um quadro pesado, o que carecia de voluntarismo mas também de ação sistemática. E, evidentemente, de uma orientação substantiva e política.

> A nova política industrial [de Rogério Martins] tinha três grandes componentes: a revisão do condicionamento industrial; a abertura de setores que até então eram objeto de condicionamento e que passaram a ser livres; uma vaga de investimento em setores que há muito eram disputados pelos grupos industriais portugueses e financeiros — a celulose, as cervejas, os adubos, a refinação de petróleo, tudo isso. O GEBEI nasce a meio disto, quando isto está já em curso, estes trabalhos todos orientados para a nova política industrial. (FR)

Mais tarde, já depois do 25 de Abril, a questão era saber como se podiam seguir outros caminhos. Discutia-se, por exemplo, como desenvolver «um setor de bens de equipamento, com capacidade para produzir máquinas, [sabendo-se que] isso seria feito à volta daquilo que nós fôssemos capazes de fazer noutros setores» (FR).

No entanto, tornava-se claro que o quadro em que a economia passaria rapidamente a funcionar ia ter acelerações muito fortes. Houve as urgências a que o 25 de Abril deu resposta pronta, criando emprego, construindo soluções sociais estruturadas e juntando as condições que proporcionariam um ciclo de crescimento tão significativo como o que depois ocorreria com a integração europeia. E houve o caminhar rápido — demasiado rápido? — para as circunstâncias em que passaram a prevalecer mais os propósitos de encarar o país como uma "pequena economia aberta" do que para o pensar de forma "estrutural e sistémica", identificando o que internamente poderia assegura uma transformação substantiva. Na ver-

[22] Luís Teixeira Pinto (1927–2012) foi Ministro da Economia entre 1962 e 1965, substituindo nessas funções José Ferreira Dias Júnior. Até 1964, acumulou o cargo com o de Secretário de Estado da Indústria.

dade, os tempos iniciais do GEBEI ficariam velozmente distantes daqueles em que acabaria.

3.3. Criar informação e compreender substantivamente a economia portuguesa: a identidade do GEBEI

Foram muitas as razões que determinaram a construção e desenvolvimento de um programa de trabalhos próximo de uma realidade substantiva que se pretendia identificar devidamente, criando informação que auxiliasse as políticas. Tanto era necessário convocar os saberes específicos da economia, sabendo que eles incluem visões rivais de outros, como outros saberes, formados noutras profissões, todos unificados pelo objeto de estudo.

> Produziu-se uma espécie de radiografia do país. Passei meses no norte do país a visitar fábricas. Eram intervenções [que] assumiam frequentemente um caráter interdisciplinar e transversal nunca antes experimentado pela Administração Pública nacional e escolhiam influências entre as melhores experiências internacionais. [Era uma] investigação aplicada em economia e gestão [que permitiu] perceber realidades muito importantes. Em primeiro lugar, o que era o mercado ou o conceito de mercado naquelas circunstâncias. Em segundo lugar, qual era a capacidade de decisão própria de interesses articulados com a administração. Em terceiro lugar, o rebatimento social de tudo isto. (JC)

Construir e, sobretudo, desenvolver uma agenda destas não contava apenas com os condicionalismos inerentes aos circunstancialismos da administração pública e da política. Havia, evidentemente, o viés das ideias.

> Há uma visão da Economia que se traduziu na ideia de que a Microeconomia é que conta. O resto faz-se a partir desse pressuposto. E isso tornou-se dominante. Tem que ver com a sofisticação dos modelos, não tem que ver propriamente com a adesão à realidade. Nós éramos uma geração — pelo menos a minha geração — em que a Economia era uma ciência social. (LR)

A estratégia argumentativa e as ações de persuasão tinham que ser robustas e, em certo sentido, irrecusáveis.

> O que ali se preparava tinha robustez, claro. Mas depois também era necessário mostrar que era indispensável para a realização de quaisquer exercícios do planeamento. O Eng. Cravinho queria que as várias instâncias do planeamento sentissem que o GEBEI lhes era indispensável. (MBA)

Aquela identidade seria mais do que uma mera salvaguarda. Um grupo de estudos, com tarefas anteriores à própria decisão política e às suas formalizações, encontrava razão de ser naquilo que faltava e era preciso fazer em ambiente próprio e certamente singular — conhecer a economia, dispor de informação, assegurar uma interpretação global, estrutural e sintética de uma economia e de um país que, na verdade, se desconhecia e, portanto, se ficcionava. Ontem como hoje, o "problema económico" não era uma questão disciplinar ou previamente formulada em termos exteriores, abstratos e radicalmente normativos, como haveria de ser mais tarde.

> O que me interessava realmente era o fundamento da preparação da decisão. O problema chave era a base informacional das decisões. (JC)

Por junto vinha a perspetiva interdisciplinar:

> Uma unidade desta natureza não podia ser composta apenas por economistas, apenas por engenheiros ou por matemáticos. Todos eram necessários. (JC)
>
> O GEBEI era uma equipa relativamente pequena, mas que abarcou muitas áreas, muitas áreas... Era um grande avanço em relação ao que se fazia em Economia em Portugal. Era uma Economia muito descritiva, não tinha muita sofisticação em termos de planeamento. João Cravinho trouxe para o GEBEI o instrumental todo mais moderno de Economia. A matriz, no fundo, era a base fundamental porque tinha séries coerentes. (LF)

Ao contrário da microeconomia, dos grandes projetos ou da economia centrada na racionalidade individual, interessavam as inter-relações:

> a ideia que houve desde o princípio no GEBEI foi fornecer um conjunto de dados organizados em termos de produtos, que eram periodicamente atualizados, sobre a estrutura e a dinâmica da economia portuguesa, daí as matrizes de relações interindustriais terem sido, desde o início, um pilar fundamental em torno do qual se organizou uma parte da equipa do GEBEI. A ideia do Engenheiro Cravinho era fornecer uma análise, compreender a estrutura da economia portuguesa e para isso havia os métodos quantitativos, havia as matrizes de relações industriais. (FR)
>
> Pela primeira vez pôde pegar-se nas empresas uma a uma e começar a trabalhá-las cruzando dados e bases de dados, que era uma coisa que não havia, ninguém sabia. No GEBEI sabia-se quem eram as empresas e tivemos opor-

tunidade de trabalhar de uma outra forma, baseada em dados. Trabalhámos com montes de informação. Era uma abordagem mais descritiva mas muito fundamentada em hipóteses procuradas nos estudos da história: percebia-se que o Grupo CUF tem uma evolução que não é a mesma do grupo Quina. Não é indiferente a gente fazer Economia estando a olhar para os agentes. (FR)

A ideia que houve desde o princípio no GEBEI, tanto quanto eu pude perceber, foi fornecer um conjunto de dados organizados em termos de produtos, que eram periodicamente atualizados, sobre a estrutura e a dinâmica da economia portuguesa, daí as matrizes de relações interindustriais terem sido, desde o início, um pilar fundamental em torno do qual se organizou uma parte da equipa do GEBEI. (FR)

Com a base e a visão de que se dispunha, outras "declinações" ou especificações teriam de surgir, reforçando a complexidade e a interdisciplinaridade, e prosseguindo no objetivo de conhecer as diferentes dimensões da nossa economia.

Nós tínhamos o detalhe, fizemos entrevistas com várias empresas: bens de equipamento, química pesada, siderurgia, têxteis... A estratégia podia desmultiplicar-se em bens. Estudámos o que podia acontecer à economia portuguesa. Como é que se pode posicionar no que pode acontecer, definir a margem de diferença. Trabalhámos sobre a microeletrónica e a terceira revolução industrial, como é que Portugal podia apanhar isso. Fizemos os estudos sobre a especialização portuguesa. Depois fizemos foi um outro trabalho completamente diferente que foi um trabalho sobre Portugal nas suas regiões e como é que a industrialização se casou de maneira diferente com o mundo da agricultura e deu origem a tecidos industriais completamente diferentes ao norte e ao sul. (FR)

Este vínculo aos problemas, aos debates e à produção de informação é intertemporal na vida do GEBEI. O mesmo acontece quando já caminha para o fim, na década de 1980, quando, em vista de todas as mudanças ocorridas, se tratava de saber a que é que o lugar do país no mundo estaria sujeito.

Então, era conhecer as grandes tendências, como é que ia haver investimento no mundo e em que sítios é que Portugal, com a política industrial que estava a ser seguida podia inserir-se e que impactos é que isso tinha no investimento; tratava-se de fazer um estudo, de futuro, onde é que vai haver investimento na economia portuguesa nos próximos 5/6 anos, pelo menos, e que tipo de bens de equipamento é que isso vai originar. Ou estudar a microeletrónica e a terceira revolução industrial e como é que Portugal podia apanhar isso. (FR)

3.4. "Uma visão estrutural e sistémica": o problema da heterogeneidade e o objetivo da industrialização nos trabalhos do GEBEI

Já se sabe que são muitas as circunstâncias impulsionadoras que deram origem ao GEBEI. Momentos fortuitos, como a presença pouco mais do que fugaz de Rogério Martins no governo de Marcelo Caetano, um contexto já longo, como o que foi criado pela "ecologia de planeamento" da época, uma convulsão indisfarçável e não resolvida no conjunto da economia e, sobretudo, no país. Mas também os limites de um tempo preciso. Estamos antes da revolução democrática. A atenção às estruturas era um programa, mas também um sinal dos tempos.

> Não me interessava muito pela conjuntura. Porque parti do princípio de que a liberdade para pensar era muito limitada. O que me interessava eram as transformações estruturais, o planeamento de médio e longo prazo, o investimento e a produtividade, enquanto referencial para avaliar o sucesso das políticas. A questão fundamental era a transformação estrutural. Preparar e avaliar políticas públicas do ponto de vista económico numa perspetiva estrutural sistémica. (FR)

> Fazia-se economia industrial, estudava-se as indústrias, as questões de base e havia, obviamente, a preocupação da integração, através da matriz das relações interindustriais. Essa era a grande produção de todo o GEBEI, com uma publicação específica. Era uma matriz de relações interindustriais que hoje não temos. Fazia-se essa matriz, fazia-se a das importações, a das exportações nacionais. (JAS)

A questão não é apenas metodológica. Está para lá da aproximação escolhida ou da representação formal. Tratava-se de desencadear um processo, quer dizer, de estabelecer os termos de uma economia política.

> Do ponto de vista estrutural, o processo de produção deve ser encarado conjuntamente com a distribuição. A questão derradeira consistia em compreender o processo de formação e distribuição do rendimento. (JC)

Havia uma estrutura de pensamento. Falava-se da estrutura, do comportamento e dos resultados e acrescentava-se duas coisas essenciais — as chamadas condições básicas que dão a estrutura de contexto, e, depois, as políticas públicas. Nesta lógica de economia industrial, além de analisarmos estruturas de mercados — e a lógica de *input-output* ia muito nesse sentido — levantávamos informação de base para que depois se pudesse fazer economia aplicada. (JAS)

Por mais densos que fossem os temas ou os contextos intelectuais partilhados, por mais que a formalização quantitativa fosse necessária naqueles períodos de carência de informação, havia uma "irredutibilidade": estava a estudar-se e a procurar conhecer-se uma economia singular, a portuguesa, com todos as suas características. Ela impunha-se como coisa prática, mas a tarefa era ajudada pela vitalidade da teoria, sobretudo quando a seleção era a adequada.

Além disto, havia um problema essencial que a teoria e a prática da época arrasavam por completo: o problema da heterogeneidade. Por exemplo, a identificação da empresa média representativa de um setor. Nos têxteis, aprendi que não existem empresas médias. Foi uma das coisas que aprendi bem nos têxteis. Se fizer um gráfico para representar a empresa média verifica que não está lá nenhuma. Contudo, isto não me preocupava. O que interessa são as distribuições e os atributos; as estratificações segundo as características e os atributos. De igual modo, o que interessa são os *clusters*, os sistemas. De facto, a ideia de heterogeneidade é muito importante. (JC)

Por isso, o problema inicial, sendo também o mais determinante, precisava de declinações sucessivas, novas escalas de análise e representações mais finas da estrutura da economia e, já agora, da sociedade.

O desenvolvimento industrial ocupava o lugar central da estratégia de desenvolvimento nacional. Se estávamos a trabalhar em matrizes nacionais, era oportuno que se trabalhasse também em matrizes regionais. (MBA)

E, evidentemente, havia um ponto culminante que era de nível institucional.

Havia várias áreas com pessoas diferentes que se ocupavam mais do quadro institucional com que a economia portuguesa trabalhava e que, no fundo, tinha muito que ver depois mais tarde com as orientações quer para a regulação, quer para, digamos assim, o enquadramento institucional do desenvolvimento. (FR)

A amplitude dos temas era grande, sendo certo que a motivação essencial de interpretar e conhecer as questões de base nunca foi perdida. Vejam-se alguns exemplos dos trabalhos que foi produzindo:[23] "Consumo de combustíveis na indústria transformadora", de 1973 (Lopes Matias), "Consumo de combustíveis por ramo industrial: 1972/3", 1973 (GEBEI), "Estruturas financeiras da indústria: 1968–1972", de 1975 (Álvaro Martins), "Economia industrial: comentários aos inquéritos de investimento", de 1975 (GEBEI), "Níveis tecnológicos na indústria têxtil algodoeira portuguesa", de 1976 (Roger Haour), "O capital fixo na indústria transformadora portuguesa (1947–1974): medida e análise do seu crescimento, estrutura e contributo para a produção", de 1977 (Vasco Oliveira e Aníbal Santos), "Sistema de matrizes multi-sectoriais para o Continente Português, 1974–1978 (Estudos Input-Output)" e "O sector exportador português e a internacionalização da produção", ambos de 1977 (Eduardo Ferro Rodrigues, José Félix Ribeiro e Lino Gomes Fernandes), "Planeamento industrial e decisões de investimento: aplicação ao sector petroquímico", de 1979 (Amado Silva e Aníbal Santos), "Dimensão e competitividade da indústria portuguesa face à CEE", de 1985 (Aníbal Santos), "A especialização de Portugal em questão: um estudo", de 1985 (Eduardo Ferro Rodrigues, José Félix Ribeiro e Lino Gomes Fernandes). Se se admitir, como sugeri, que a economia portuguesa haveria, mais tarde, de entrar num «excesso de desindustrialização e de terciarização» (Reis, 2018: 18), compreende-se que esta perspetiva

[23] Os trabalhos que se indicam são apenas ilustrativos, não cabendo aqui uma apreciação sistemática. A descrição mais autorizada do programa do GEBEI está em Cravinho (2018: 98–103), que considerou as seguintes categorias: construção de sistemas de matrizes, segundo diversas óticas; elaboração de modelos de apoio à decisão (modelo multissetorial de programação linear, modelo regional-nacional, modelos de oferta e procura de energia, modelos de programação linear de investimento e exploração em indústrias pesadas de processo, modelo econométrico de impacto macroeconómico, modelos de análise multicritério), outros estudos quantitativos (funções de consumo, *stock* de capital, estruturas financeiras das empresas, proteção efetiva tarifária, inquéritos de conjuntura, critérios simplificados de investimento); especialização da indústria portuguesa; organização industrial e regulação e base de dados de empresas industriais a nível micro. Acrescentou a esta lista a colaboração com a Faculdade de Economia da Universidade de Coimbra, onde o GEBEI foi responsável por uma das disciplinas do 4º ano do primeiro curso.

estrutural e sistémica que se interessava pela capacidade produtiva tinha sido depois substituída por outras visões e objetivos.

Aquela centralidade da indústria e do seu papel nas economias capitalistas modernas não dispensava, dada a forma como era encarada, os elementos contextuais. Na verdade, a perspetiva era de economia política e não apenas setorial, isto é, interessava-se pelo conjunto das deliberações, pelas relações a estabelecer e pelas finalidades das ações. Daí que se encontrem trabalhos noutros domínios: "Funções de consumo para Portugal: uma análise sobre orçamentos familiares", de 1976 (Aníbal Santos), "Developing investment programming systems", de 1976 (João Cravinho), "Contas de rendimento de famílias no continente, distritos, sub-regiões e regiões", de 1977 (GEBEI), "O consumo privado em Portugal: modelos e projecções", de 1979 (Vasco Oliveira e Aníbal Santos), "Perfis dos consumos domésticos de energia", de 1981 (GEBEI), "Projectos matrizes regionais intersectoriais: estrutura regional das despesas dos serviços de Educação e Saúde em 1977", 1983 (GEBEI), "Séries regionalizadas do produto, remunerações e excedente para 1977 e 1979 e do emprego para 1977", de 1983 (Francisco Cordovil), "Séries de stocks de capital regional (1971–80)", de 1984 (Carlos Figueiredo), "O reordenamento espacial da economia portuguesa nos anos 70 e perspectivas actuais", de 1985 (António Natalino Martins).

Já se sabe qual era a finalidade maior: identificar as questões mais estruturais da economia portuguesa, produzir informação de base sobre elas e sobre as suas inter-relações e, como *adviser*, sugerir políticas. Também já se notou que esses temas, tendo sido muitos, foram evoluindo. Um dos traços de tal evolução é, porventura, o que mostra a passagem de uma economia fechada, condicionada por uma férrea armadura interna, para uma economia mais aberta, que, por várias razões, a maior das quais a democracia, se reposiciona no mundo e, muito particularmente, na Europa. Mas o que é importante sublinhar é que subsiste uma questão que é intrínseca ao GEBEI e ao seu contexto: assume-se sempre que há determinações de que o país pode ser protagonista e que estas têm que ver com a sua condição estrutural, com a vida material que se pretende organizar e com as suas escolas.

3.5. O relacionamento internacional e a circulação de ideias: as "afinidades eletivas"

O instrumental teórico e analítico para a compreensão da economia é diverso e é interdisciplinar. Não preexiste aos problemas. Forma-se em vista deles e a compreensão que se vai acumulando é desenvolvida em função do que a vida suscita. Mas a escolha não é ocasional ou errática. Corresponde a prioridades e estabelece-se segundo uma problemática. Pode também desencadear-se uma trajetória sequencial, pois há "fertilizações cruzadas" entre as técnicas ou instrumentos usados, o conhecimento que vai sendo produzido e aquilo com que nos confrontamos. Num campo aberto, não sujeito a sujeições hierárquicas nem a determinações conceptuais prévias, há, portanto, escolhas — "escolhas eletivas". O GEBEI selecionou os seus problemas, definiu prioridades e fez escolhas. Foram escolhas diversificadas e complementares. Nalguns casos, procuraram-se ligações institucionais, noutros, o caminho fazia-se junto de personalidades académicas e de contributos inovadores.

O início e as primeiras bases de relacionamento são fáceis de identificar e correspondem aos contactos que a pertença ao Estado e à administração pública pode, com mais facilidades, desencadear.

> O GEBEI teve, desde a origem, um bom relacionamento internacional, que se agenciava através da OCDE. O GEBEI foi um bom "cliente" da OCDE, que tinha um programa de assistência técnica a Portugal: pagava as viagens, contratava os consultores, etc. Numa certa fase também tivemos boas relações com o Banco Mundial. Portugal ainda não era considerado um país desenvolvido, pois só o viria a ser depois da adesão à CEE. Estava por isso sob alçada, digamos assim, do Banco Mundial. Tínhamos uma boa ligação ao departamento de investigação. (JC)

Mas também é claro que o adensamento da inserção internacional vai envolver múltiplas instâncias e várias lógicas de trabalho, incluindo as mais individualizadas.

> No caso das ligações internacionais resultantes de escolhas pessoais, indicava-se a pessoa e não tanto a área. Por exemplo, estiveram cá: Richard Eckaus, do MIT,[24] Bela Balassa, do Banco Mundial, e outros especialistas do departamento de investigação do Banco Mundial ligados à programação matemática de modelos industriais e de seleção de investimentos. (JC)

[24] Richard Eckaus (1926–), Professor Emérito do MIT, recebeu em 2006 a Grã-Cruz da Ordem do Infante D. Henrique atribuída pela República Portuguesa.

Os contactos eram múltiplos e passaram a envolver aqueles que iam constituindo a equipa do GEBEI, tornando claro que o programa de trabalhos se desenvolvia colegialmente

> Jean Paelinck, focado nas questões regionais, e Raymond Courbis vieram por intermédio de Brandão Alves. Por outro lado, elementos do GEBEI iam para vários centros através de um programa de intercâmbio da OCDE. Quem realmente foi importante neste processo foi um professor na Universidade de Frankfurt, Gerard Gherig, responsável por um sistema de construção de matrizes em computador. (JC)

Nestas ligações contam os percursos universitários e de investigação, em vários planos e segundo relações de diversos tipos, tal como contavam as relações formais de nível institucional.

> Courbis[25] tinha sido meu colega no curso de doutoramento em Paris. Conhecemo-nos pessoalmente nesta altura, ficou-me aquela referência e depois começaram os trabalhos de preparação do modelo nacional-regional. Entretanto, Courbis já dirigia um grupo de investigação que se chamava GAMA [Groupe d'Analyse Macroéconomique Appliquée] e destacou pessoas para virem com alguma periodicidade acompanhar os nossos trabalhos para vermos quais eram as variáveis que deveriam ser tratadas, as séries de *stock* de capitais, as séries de investimento, as séries de consumo, por aí fora. E chegámos a montar uma versão experimental. (MBA)

É desnecessário sublinhar que o percurso intelectual de João Cravinho, as suas opções e as suas intuições foram fundadoras. Isso começou cedo, quando esteve em França, e, depois, nos Estados Unidos e em Inglaterra. Há, pois, um autor claro. E a matriz era ampla: «O Engenheiro Cravinho tinha realmente uma agenda internacional bastante larga. Ele fazia o *networking*» (LF).

> Quando eu estive em Yale, o Scitovsky [Tibor, 1910–2002] referia-se muito à questão tarifária e à proteção efetiva, na lógica de interpretação dos jogos de interesses. Tomei também contacto com os dois grandes teóricos da proteção

[25] Raymond Courbis (1937–) haveria de vir a ser Doutor *Honoris Causa* pela Universidade Técnica de Lisboa, em 1991, quando já era Professor Emérito de Economia da Universidade de Paris-Nanterre. Foi Diretor do GAMA, Groupe d'Analyse Macroéconomique Appliquée.

efetiva: o Max Corden [1927–], responsável por um seminário em Oxford que eu frequentei, e o Bela Balassa [1928–1991], que conheci no Banco Mundial. Este último veio a Portugal. Uma máquina a produzir estudos. (JC)

A seleção dos contextos intelectuais de referência, as sequências que se iam estabelecendo, a busca da pluralidade de métodos e a capacidade para captar a complexidade resultavam, insiste-se, da forma que o trabalho ia ganhando e da maneira como os problemas suscitavam desenvolvimentos. E isso conduzia as escolhas. É claro que, no GEBEI, as perspetivas em construção não se reduziram a uma única dimensão, muito menos a um método.

> Não se faz análise quantitativa e de estrutura sem se ter alguma ideia de sistema do ponto de vista da motivação ou da organização económico-social. Em dado momento comecei a ter contacto com a escola de regulação francesa, que tinha uma visão bastante interessante. Começavam a emergir com bastante força Boyer, Lipietz e Aglietta. Estamos a falar dos inícios da década de 1970, portanto os primórdios desta linha de pensamento. (JC)

Esta ligação a centros similares, por serem parte da administração pública e por partilharem uma mesma visão do que é substantivo nas economias, teria realmente uma "frente francesa" bastante significativa, ela própria já muito internacionalizada.

> A escola da regulação passou a ter um papel muito importante, pois tratava do papel das instituições. Isso já foi uma coisa que cada um assimilou por si, as últimas coisas que nós fizemos, eu e o Eduardo [Ferro Rodrigues],[26] foi ir ao CEPREMAP para começar a montar um projeto sobre a acumulação, sobre, digamos, a dinâmica da acumulação na economia portuguesa, mas aí já estava um machado por cima do GEBEI e não se fez. (FR)

Mas o contexto, isto é, os campos intelectuais que se partilhavam, eram realmente amplos e muito bem estruturados e pensados. Não deixaram de entrar no raciocínio argumentos de oportunidade e mesmo uma avaliação do que era possível, no momento inicial.

[26] Eduardo Ferro Rodrigues (1949–), é licenciado em Economia pelo ISCEF. Iniciou a sua atividade profissional no GEBEI em 1972 e foi professor convidado do ISCTE. Deputado, Ministro da Solidariedade e Segurança Social e Ministro do Trabalho e da Solidariedade, é atualmente Presidente da Assembleia da República.

Antes disso, houve três personalidades muito diferentes que me influenciaram: [Paul A.] Baran [Paul M.], Sweezy e [John Kenneth] Galbraith. Entraram na minha vida nos EUA, visto que aí, quando se tratava de organização industrial, isso fazia-se em sentido lato e incentivavam a formação de ideias próprias. Ao regressar a Portugal com essa base e aproveitando os estudos de especialização industrial, ponderei se deveria ou não fazer uma espécie de híbrido a partir desse triângulo: Baran, Sweezy, Galbraith e a escola de regulação. Acabei por abdicar dessa ideia, que cada um poderia ter como interesse pessoal mas não institucional. Porquê? Por duas razões: em primeiro lugar, porque criava um novo foco para o qual não tínhamos suficiente experiência nem garantia de continuidade de recursos; em segundo lugar, porque pensámos que isso nos levaria para uma situação em que a produção de um trabalho sério nesse campo suscitaria imensas objeções políticas. Se eu decidi não começar logo com a distribuição dos rendimentos muito menos entraria por este campo, mais acessível à crítica. (JC)

Parece ter havido sempre uma consciência clara de que os motivos eram encaminhar os problemas que aqui se tinham formado, dar-lhes a melhor forma, e partilhar objetivos. É notório que a simbiose entre os problemas a estudar e a interlocução externa com os melhores centros de pensamento foi um dado fundador do GEBEI e isso tinha um autor claro, mesmo que a colegialidade seja também evidente.

Quando tínhamos um assunto a tratar havia a preocupação de saber qual era a melhor universidade que estivesse ao nosso alcance. Era para aí que nós mandávamos as pessoas. E não nos movíamos por "modismos". (JAS).

O Eng. Cravinho definia as coisas e havia a preocupação de se aprenderem novos métodos para explorar problemas relevantes. Várias vezes estivemos em estágios na OCDE. Os da parte internacional fomos logo para o CEPII estudar as coisas com metodologias novas, com abordagens novas, porque nesta altura o CEPII era para nós uma coisa muito interessante. Era um anexo do comissariado do Plano. O próprio Comissariado do Plano francês tinha evoluído para a necessidade de compreender o mundo e tinha o CEPII. (FR)

O relacionamento internacional do GEBEI, através do qual as escolhas se concretizavam, foi, como se vê, intenso e aberto. E determinado pelo problema que se tinha em mãos.

> Nós no GEBEI estávamos sempre a sair. Os colegas dos métodos quantitativos iam para uns sítios, nós íamos muito para a OCDE. A OCDE foi a nossa escola, de todos nós, o Lino [Fernandes], eu, porque no fundo era o sítio onde também se aprendia mais sobre a economia mundial, era uma janela sobre o mundo. Depois fomos trabalhar muito para o CEPII. O CEPII não tinha uma abordagem grandemente inovadora, do ponto de vista conceptual, da competitividade internacional; mas era o tema da competitividade. (FR)

> No caso do CEPII, nós íamos buscar um instrumento que achávamos que era interessante e que correspondia àquilo que a gente pensava; o trabalho ali era bastante de igual para igual. (LF)

Também se foi tornando clara a densidade cada vez maior do que se queria estudar: havia uma sequência e, dentro dela, havia aprofundamentos importantes. Não será, pois, de ecletismo que se deve aqui falar. Talvez se tenha tratado de uma adicionalidade crítica e consciente.

> Havia muitos estudos da UNIDO, a agência das Nações Unidas para a indústria. Aprendi muito com as coisas da UNIDO[27] em termos setoriais. O CEPII o que tinha de muito bom era uma base de dados do comércio internacional por grupos, países e por setores e isso permitia fazer trabalhos de comparação. Íamos lá buscar dados, trabalhámos muitas bases com dados internacionais. Lembro-me que, a certa altura, uma das últimas coisas que fizemos, já de colaboração com o CEPII, era para a revista deles e era a comparação das economias europeias. Era uma coisa muito interessante. Nós nunca tínhamos trabalhado com dados internacionais comparáveis. No ambiente cultural do CEPII, havia uma grande curiosidade pelo mundo. Tinha um ponto de partida quase ideológico, quer dizer, a França está a perder peso no mundo e está a atrasar-se em relação à grande mudança que está a acontecer e, portanto, é preciso fazer um grande esforço. Toda a atenção era para a competitividade. Foi muito bom, ao mesmo tempo, termos conhecido o CEPREMAP. (LF)

Não será exagero constatar que, havendo uma "escola" e um pensamento estruturado, havendo uma linha determinada pelo desafio do conhecimento de Portugal, a diversidade dos relacionamentos e as motivações de cada investigador eram, elas próprias, parte do que se ia construindo.

[27] Organização das Nações Unidas para o Desenvolvimento Industrial.

Talvez esta seja uma das melhores formas de realizar um "programa" e de estabelecer os termos do pluralismo em Economia.

> Fui fazer um estágio interessantíssimo, sobre a transferência de tecnologia e sobretudo a evolução que se pretendia na inovação, no Bureau d'Informations et de Prévisions Économiques (BIPE), em Paris, e no ano seguinte, em 1974, fui para a [Universidade] Erasmus [em Roterdão] fazer um sobre planeamento regional. Nós tínhamos a preocupação de apanhar muitas áreas e depois procurávamos perceber qual era a sua articulação, não do ponto de vista empresarial, mas do ponto de vista do efeito sobre a sociedade. E, aí, nasceu a minha costela de Economia Industrial. Foi assim que eu descobri Jacques De Bandt, o meu orientador de tese, de Economia Industrial. Foi assim que eu li *The New Industrial State*, de alguém que nunca foi devidamente tido em atenção que era o John Kenneth Galbraith. Tenho aqui um trabalho último dele quando ele já estava quase para morrer, em 2004, que é *A Economia da Fraude Inocente*, que eu aconselho toda a gente a ler, que é uma coisa fantástica. (JAS)

> Lembro-me de outra coisa que, já mesmo no fim, fizemos em Sesimbra com pessoas de Sussex, com o Chris Freeman e com os outros, e isso também nos deu uma perspetiva muito interessante, mais histórica. (FR)

Eu próprio participei, em 28 e 29 de janeiro de 1986, em Toulouse, já com o GEBEI a caminhar para uma situação de "gestão corrente", numas Jornadas Luso-Francesas de Economia Industrial, organizadas conjuntamente por João Cravinho e Jacques De Bandt, em que investigadores portugueses e franceses apresentaram as suas linhas de investigação. Não era só a equipa do GEBEI que compunha a parte portuguesa. Convidaram-se outros segundo um critério que me pareceu claro: eram académicos a elaborar as suas teses de doutoramento e estas dirigiam-se a aspetos substantivos da economia portuguesa.[28] Na verdade, o GEBEI assumiu-se como um ponto de apoio para os que, estando noutros campos, trabalhavam sobre assuntos convergentes que pudessem ajudar a conhecer as

[28] No meu caso, o Eng. João Cravinho interessou-se pelo que eu estava a estudar sobre os contextos territoriais do desenvolvimento industrial em Portugal e convidou-me a apresentar essa investigação. Em 1989, defendi a tese de doutoramento que haveria de publicar em livro sob o título *Os Espaços da Indústria: a regulação económica e o desenvolvimento local em Portugal* (Reis, 1991).

características estruturais, as especificidades e o relacionamento externo da nossa economia.

Este ponto é, claro está, aquele que mais diretamente se liga à temática da circulação internacional de ideias económicas e à demonstração de que existe um contexto de relações que é plural e não hierárquico, está associado a problemáticas próprias, construídas com autonomia. Corresponde, portanto, a escolhas, não sendo redutível à «transmissão de um *package*» (Backhouse, 2017: 12), muito menos a uma «forma de *expertise* generalista» (Fourcade, 2018: 5) visto que, ao contrário do que aludem as referências que fiz na secção 3,[29] «ideias cruciais importantes [não tinham] perdido identidade nacional» (Backhouse, 2017: 6). A Economia não era um «conhecimento centrado nos instrumentos e relativamente insensível às variações históricas e geográficas» (Fourcade, 2006: 160).

4. O "longo" percurso do GEBEI entre o nascimento, a transformação e o desaparecimento (1973-1986)

Sabe-se quem criou o GEBEI, pois ele foi "individualizado" no âmbito da Secretaria de Estado da Indústria por despacho de 6 de julho de 1973 de Hermes dos Santos, sendo claro que foi Rogério Martins que criou o espaço político para a sua existência e que foi João Cravinho quem o conceptualizou e concretizou.

É mais difícil identificar quem o fez terminar. Porque, formalmente, nunca foi extinto: foi "transferido", "integrado" "incorporado" e, finalmente, os seus técnicos "afetados" a outros serviços públicos quando já faziam parte de outro organismo. A "transferência" da tutela do Ministério da Indústria para a do Ministério do Plano deu-se em 1977 pelo Despacho Normativo nº 69/77, de 24 de março. No texto do DL 526/80, refere-se que,

> em 1977, reconhecendo-se o interesse dos trabalhos desenvolvidos no GEBEI para as tarefas de planeamento foi tomada a decisão [...] de o transferir [...] da tutela do Ministério da Indústria para a [...] do Ministério do Plano, apontando-se a directriz de o integrar no CEP [Centro de Estudo de Planeamento].[30]

[29] Revejam-se as citações de Fourcade (2006, 2018) e Backhouse (2017).

[30] Decreto-Lei nº 526/80, de 5 de novembro. Disponível em <https://dre.pt/application/conteudo/457463>.

Constatava-se no referido DL 526/80, de 5 de novembro, que «dificuldades de vária ordem impediram que essa integração se operasse totalmente». Acrescentava-se ainda que, em 1979, «pelo Decreto-Lei nº 513-N/79, de 26 de Dezembro», tinha sido «criado na Secretaria de Estado do Plano o Instituto Nacional de Economia Quantitativa, cujo núcleo central incorporava o GEBEI». Como este diploma

> não chegou a ser objecto da indispensável regulamentação [e por] não fazer sentido, por ferir princípios básicos de racionalidade, a existência na mesma Secretaria de Estado [a do Planeamento], de dois institutos de investigação aplicada [o GEBEI e o CEP], ainda que orientados para domínios não totalmente coincidentes[,...] reestrutura-se o CEP, reforçando-o como instituto de investigação aplicada da orgânica de planeamento e procede-se à integração do GEBEI nesse mesmo instituto, a que se dá a designação de Instituto de Análise da Conjuntura e Estudos de Planeamento — abreviadamente IACEP.[31]
>
> O GEBEI não foi dissolvido mas, sim, integrado no IACEP. A partir desse momento perdeu-se, em certa medida, a bússola. Foi durante o governo de Sá Carneiro [VI Governo Constitucional, 1980–1981]. (JC)

É o IACEP, e já não o GEBEI, que será "extinto" em 1986, por força do DL 41/86, «optando-se pela integração do respectivo pessoal no quadro de efectivos interdepartamentais do Ministério do Plano e da Administração do Território», estabelecendo o artigo 3º o modo de "colocação dos excedentes" constituídos. A Assembleia da República avoca o assunto e, através da Lei 18/86, de 18 de julho, altera o referido Decreto-Lei. Não para se opor à extinção, que confirma, mas para estabelecer, de forma diferente, que «os seus núcleos técnicos e os respectivos conteúdos funcionais [devem] ser afectados, sem ruptura de funcionamento, a organismos de estatística, investigação e planeamento da Administração Pública». Elimina-se aquele artigo 3º e diz-se que «os processos de integração do pessoal e de transferência do património deverão estar concluídos até 1 de Setembro de 1986». Acrescenta-se que «enquanto não se [aprovarem, por despacho conjunto do Ministro do Plano e da Administração do Território, as listas nominativas] o pessoal manter-se-á afecto ao quadro do IACEP e os seus órgãos e serviços continuarão a assegurar a gestão corrente».[32]

[31] DL 526/80.

[32] Lei 18/86, de 18 de julho. Disponível em <https://dre.pt/application/conteudo/228027>.

Já diluído no IACEP e em processo de "afetação" a outros serviços, o remanescente do GEBEI termina, portanto, em gestão corrente. Na verdade, os seus quadros continuaram a desempenhar posições públicas relevantes na Junta Nacional de Investigação Científica e Tecnológica (JNICT), no Departamento de Prospetiva e Planeamento (DPP), em várias universidades, noutros lugares da administração e, em geral, ao serviço da República.

Mais do que o circunstancialismo e a linguagem dos textos legais, o que é relevante é que estes, na sua linguagem obscura, são um reflexo em imagem tremida dos tempos a que correspondem. O ano de 1986 é já outro tempo, quase outra era, bem diferente das que a precederam. Não é apenas o ganho de causa de uma visão autoritária de governo e da supremacia da ideia de que Portugal é, e sobretudo deve ser, apenas "uma pequena economia aberta". É certo que na economia ainda subsistem algumas das condições e dos objetivos que a fizeram dar «prioridade aos mecanismos da [sua] estruturação interna e [estabeleceram uma] economia política da democracia» (Reis, 2017: 51). Mas, na esfera universitária e na luta pelo domínio das ideias económicas, o passo ia mais adiantado. A esta luz, a visão estrutural e sistémica, uma forma de ligar positivamente com a questão difícil da heterogeneidade, a primazia à adequada formulação dos problemas e a subsequente (apenas subsequente) escolha dos métodos e das teorias começava a ser excrescente em vista dos ares do tempo. O GEBEI não fazia sentido, evidentemente. A matéria que houvesse para ele estava longe da ribalta...

Não é este o momento para se discutir com profundidade em que medida a relação estimada entre conhecimento, informação e visão estrutural e sistémica do país, por um lado, e deliberação política, por outro, foi ou não realmente alcançada e realizada. Entre análise e decisão, entre planeamento e execução de políticas públicas, há sempre, como é sabido, hiatos, traduções e convulsões. Ou simples silêncios. Também não vem ao caso fazer aqui a apreciação justa de como este propósito, independentemente do seu grau de pertinência, sofreu mutações ao longo de momentos tão distintos como o da fundação do GEBEI, possibilitada pelas ilusões da "ala liberal" dentro do regime que o 25 de Abril depôs, o dos tempos iniciais da democracia (em que as urgências de cada dia tornavam certamente difíceis visões mais detidas) ou com as circunstâncias, afinal tão próximas de 1974, em que se deram duas intervenções do FMI. A ilação mais acessível é a do parágrafo anterior: em meados da década de 1980 este centro de pensamento económico estruturado acabou e percebe-se a lógica...

Conclusão

O pensamento económico contemporâneo em Portugal formou-se a partir de diversas sedes e de vários protagonistas e filiações. As décadas de 1970 a 1980 representam, porventura, o período em que isso foi mais significativo, correspondendo a

> uma fase de expansão e consolidação da disciplina, [com] um assinalável pluralismo das opções teóricas e metodológicas. A Economia constitui-se nesta fase como uma disciplina essencialmente interessada na compreensão do sistema económico, na sua globalidade — isto é, nas atividades que o formam, nas articulações que o estruturam e nas interdependências que inibem ou fomentam as suas dinâmicas. (Reis, 2012)

O GEBEI representa um caso muito significativo disto mesmo, naquele período. Estudá-lo e oferecer uma perspetiva que contribua para reconstituir a sua história e o seu papel é também, pela importância que teve, um ato de justiça cognitiva. Este exercício não pode, no entanto, ser reduzido a um estudo do efémero. Na verdade, está-se perante uma instância muito relevante nas trajetórias intelectuais da Economia em Portugal na última etapa do século XX, sabendo-se que, posteriormente, se veio a verificar uma transição muito forte na forma de conceber a Economia, que, formalizando-a, ao mesmo tempo a desligou da vida material concreta, da condição estrutural do país, reduzindo o seu campo epistémico e sobrepondo o novo cânone à sociedade e aos seus destinos.

O GEBEI é relevante, em primeiro lugar, por ter estabelecido uma visão e por, a partir daí, ter realizado um amplo programa de trabalho sobre questões essenciais da economia portuguesa e da análise económica. Com os pontos da secção 3 pretendi mostrar isto mesmo. Mostrei ainda que, além do que significou internamente, o GEBEI fez escolhas muito precisas em matéria de relacionamento à escala internacional com outros centros de pensamento. Em contextos em que tendem a prevalecer lógicas hierárquicas, isso contraria-se através de afinidades relevantes que possibilitam a persistência de comunidades diferenciadas que reconstituem o pluralismo. A noção de "afinidades eletivas", que aqui sugeri, é particularmente exemplificada neste caso.

O GEBEI começou no início da década de 1970 e acabou «por hostilidade do poder político em meados da década de 1980» (JC). Falou-se atrás de "destruição de jurisdições". De facto, foi também pela forma poderosa como se constituíram entre nós novas jurisdições (estudadas neste trabalho por João Rodrigues e Ana Costa) que este fim se deu. O que resta saber é se isso é definitivo. Ou se há na Economia, tanto internacionalmente como em Portugal, um quadro plural que permita perceber que o estudo do GEBEI é, afinal, um estudo sobre as diferentes formas e momentos de expressão desse pluralismo, retomando-se assim a ideia já expressa que este não é um simples regresso ao passado. Não se ignorando as características do presente e do processo que o formou, onde se incluem posições institucionais de poder muito fortes e dominantes, a verdade é que são demasiado simplistas as explicações que convertem um mecanismo em totalidade. A controvérsia em Economia é uma circunstância permanente e, hoje como ontem, o mapa apropriado é o de uma ecologia compósita e de um universo plural.

Referências bibliográficas

Amaral, Luciano (1998), "Convergência e crescimento económico em Portugal no pós-guerra", *Análise Social*, 148: 741–776. Disponível em http://analisesocial.ics.ul.pt/documentos/1221844102D2vWI8rh2Vh99VR7.pdf

Amaral, Luciano (2010), *Economia portuguesa. As últimas décadas*. Lisboa: Fundação Francisco Manuel dos Santos.

Backhouse, Roger (2017), "The internationalisation of economics: some conceptual problems", comunicação apresentada no *7th CES International Seminar on the Foundations of Economics*, Coimbra, 29–30 de setembro.

Cravinho, João (2018), "O ecossistema de planeamento emergente nos anos 60 e a criação do GEBEI", *in* Jorge Braga de Macedo (org.), *Macroeconomia Aberta: Ensino e prática depois de Abril*. Lisboa: Academia de Ciências, 93–106.

Davis, John (2018), "Economics and Economic Methodology in a Core-Periphery Economic World", *Economics Working Papers*, 64. Disponível em https://epublications.marquette.edu/econ_workingpapers/64

Dow, Sheila (2003), "Babylonian Mode of Thought", *in* J. E. King (org.), *The Elgar Companion to Post Keynesian Economics*. Cheltenham: Edward Elgar, 11–14.

Fontaine, Philippe (2016), "Other Histories of Recent Economics: A Survey", *History of Political Economy*, 48(3): 373–421. DOI: https://doi.org/10.1215/00182702-3638607

Fourcade, Marion (2006), "The Construction of a Global Profession: The Transnationalization of Economics", *American Journal of Sociology*, 112(1), 145–194. DOI: https://doi.org/10.1086/502693

Fourcade, Marion (2018), "Economics: the view from below", *Swiss Journal of Economics and Statistics*, 154: 5. DOI: https://doi.org/10.1186/s41937-017-0019-2

Goethe, Johann Wolfgang (1999 [1809]), *As Afinidades Eletivas: Um romance*. Lisboa: Relógio D'Água.

Lains, Pedro (1994), "O Estado e a industrialização em Portugal, 1945–1990", *Análise Social*, 128: 923–958. Disponível em http://analisesocial.ics.ul.pt/documentos/1223378018L3yZD2mf6Tb49RB6.pdf

Lains, Pedro (2003), *Os progressos do atraso: Uma nova história económica de Portugal*. Lisboa: Imprensa de Ciências Sociais.

Lopes, José da Silva (1996), *A Economia portuguesa desde 1960*. Lisboa: Gradiva.

Löwy, Michael, (2011), "Sobre o conceito de 'afinidade eletiva' em Max Weber", *Plural*, 17(2): 129–142. DOI: https://doi.org/10.11606/issn.2176-8099.pcso.2010.74543

Morgan, Mary S.; Rutherford, Malcolm (orgs.) (1998), *From Interwar Pluralism to Postwar Neoclassicism*. Supplemental issue to vol. 30 of *History of Political Economy*. Durham, NC: Duke University Press.

Neves, João César (1994), O crescimento económico português no pós-guerra: um quadro global", *Análise Social*, 128: 1005–1034. Disponível em http://analisesocial.ics.ul.pt/documentos/1223378178X8sYF6cn2Bl69AP4.pdf

Neves, Vítor (2004), "Situational analysis beyond 'single-exit' modelling", *Cambridge Journal of Economics*, 28(6): 921–936. DOI: https://doi.org/10.1093/cje/beh037

Neves, Vítor (2017), "The internationalization of economic ideas. A search for connecting principles", *Iberian Journal of the History of Economic Thought*, 4(1): 63–73. DOI: https://doi.org/10.5209/IJHE.56516

Pereira, João Martins (1971), *Pensar Portugal Hoje*. Lisboa: Dom Quixote.

Reis, José (1991), *Os Espaços da Indústria: a regulação económica e o desenvolvimento local em Portugal*. Porto: Afrontamento.

Reis, José (2012), "Economics: A social science under pressure", *Portuguese Journal of Social Science*, 11(1): 31–40. DOI: https://doi.org/10.1386/pjss.11.1.31_1

Reis, José (2018), *A economia portuguesa: formas de economia política numa periferia persistente (1960–2017)*. Coimbra: Almedina.

Reis, José (2019), "A economia portuguesa dos anos sessenta: uma pesada continuidade", *in* José Maria Brandão de Brito e Paula Borges Santos (coords.), *Uma década, duas formas de autoritarismo. Os anos de 1960 em Portugal*. Lisboa: Instituto de História Contemporânea, Faculdade de Ciências Sociais e Humanas, Universidade Nova de Lisboa.

Solow, Robert (2018), "A theory is a sometime thing", *Review of Keynesian Economics*, 6(4): 421–424. DOI: https://doi.org/10.4337/roke.2018.04.02

Capítulo 2
Novas Economias em Portugal: os economistas Pinto Barbosa*

João Rodrigues

Uma homenagem

Há trinta anos, em 1989, era publicado o livro *Nova Economia em Portugal*, com o subtítulo *Estudos em Homenagem a António Manuel Pinto Barbosa*. A Comissão Organizadora era composta por professores da Faculdade de

* Este capítulo não podia ter sido escrito se António Soares Pinto Barbosa e Manuel Pinto Barbosa não tivessem gentilmente acedido ao pedido para duas relativamente longas entrevistas, que tiveram lugar a 4 de abril de 2018 (Manuel Pinto Barbosa) e a 5 de abril de 2018 (António S. Pinto Barbosa), seguidas, já na reta final deste trabalho, de dois encontros para discutir as suas conclusões. Pela sua disponibilidade, e ainda pelos detalhados comentários a uma primeira versão deste capítulo, estou-lhes muito grato. Todas as citações dos dois académicos não referenciadas dizem respeito às entrevistas. As duas entrevistas têm naturalmente áreas de sobreposição com uma entrevista conjunta publicada previamente (Canha, A. S. Pinto Barbosa e M. Pinto Barbosa, 2006). Agradeço a Jorge Braga de Macedo o convite para participar num *workshop* realizado na Academia das Ciências de Lisboa, em 2017, onde tive a oportunidade de comentar várias intervenções de professores da Faculdade de Economia da Universidade Nova de Lisboa, posteriormente publicado em livro (Rodrigues, 2018a), e de conhecer pessoalmente os irmãos Pinto Barbosa. Este capítulo foi escrito no âmbito do projeto *Que ciência económica se faz em Portugal? Um estudo da investigação portuguesa recente em Economia (1980 à atualidade)*. No âmbito do projeto, agradeço todo o apoio de Vítor Neves, seu coordenador, bem como os comentários de Ana Costa e de José Reis. Álvaro Garrido leu e comentou este capítulo, para lá de ter partilhado a sua ampla experiência de investigação na área da história recente da economia portuguesa, incluindo a realização de entrevistas. Obviamente, todos os erros e omissões que este trabalho ainda possa conter são da minha inteira responsabilidade.

Economia da Universidade Nova de Lisboa (FEUNL) — Alfredo de Sousa, Jaime Reis, Jorge Braga de Macedo e Miguel Beleza —, do então Instituto Superior de Economia da Universidade Técnica de Lisboa (ISE-UTL), atual Instituto Superior de Economia e Gestão da Universidade de Lisboa (ISEG-UL) — Francisco Pereira de Moura, Manuel Jacinto Nunes e Vítor Constâncio — e da Faculdade de Direito da Universidade de Coimbra — José Joaquim Teixeira Ribeiro. Na "nota prévia" de introdução à obra, a dita Comissão indicava que a jubilação, em 1987, de António Manuel Pinto Barbosa (1917–2006) pela FEUNL tinha sido "um pretexto" para «mostrar ao amigo e mestre a profunda gratidão pelo serviço que prestou ao ensino e à investigação em Portugal» (Sousa *et al.*, 1989: 7).

Começando por destacar, entre os 35 ensaios, a presença do contributo de James Tobin — galardoado em 1981 (e não em 1983, como se afirma na nota) com o Prémio do Banco da Suécia para as Ciências Económicas em Memória de Alfred Nobel (doravante designado pela forma como é normalmente referido: Prémio Nobel da Economia) —, «cujo doutoramento *honoris causa* pela Universidade Nova de Lisboa, o homenageado patrocinara no ano anterior», ou seja, em 1980, Sousa *et al.* (1987) assinalam que desta forma «se terá conseguido dar à economia keynesiana, tão querida do homenageado, o tributo merecido» (1987: 7). A par de Tobin, outro contributo estrangeiro para o livro, também sublinhado na nota prévia, é o do "amigo de sempre" Robert Mundell, que viria a ser Prémio Nobel em 1999, embora o teor anti-keynesiano do seu ensaio não seja assinalado: de facto, este debruçou-se sobre o funcionamento do sistema monetário internacional, tema de resto caro ao homenageado, propondo uma coordenação monetária ancorada no ouro e em outras mercadorias, como "terceira joia", a par da desregulação e da redução de impostos, da política neoliberal de Reagan (Mundell, 1989: 426).

A "Nova Economia" reivindicava desta forma a plena integração nos circuitos, predominantemente anglo-saxónicos, da ciência económica, dominada pela economia então convencional, da síntese neoclássica às crescentemente hegemónicas propostas neoliberais, não redutíveis à Escola de Chicago e seus derivados.

Quarenta anos antes desta homenagem, António Manuel Pinto Barbosa — na altura Professor Catedrático interino no Instituto Superior de Ciências Económicas e Financeiras (ISCEF) (atual ISEG-UL), instituição onde se formou (1940) e doutorou (1941) — tinha sido o autor da famosa reforma modernizadora do currículo ao nível da licenciatura. Nas suas palavras, «a economia passa a ser Economia com E grande» (*apud* Neves e Silva, 1999: 7), ou seja, passa a estar alinhada com uma abordagem centrada na articulação entre teoria económica, métodos quantitativos e política económica (Cardoso, 2001). Teixeira Ribeiro, a partir da Faculdade de Direito da Universidade de Coimbra, onde ensinava teoria económica, teria sido um dos principais apoios, em particular no plano institucional, da iniciativa reformadora levado a cabo por Pinto Barbosa (Neves e Silva, 1999).

Ocupando, já nestes anos de reforma curricular, cargos técnico-políticos no Estado Novo — de diretor do Gabinete de Estudos do Conselho Técnico Corporativo (1948–1950) a Delegado de Portugal, em 1949, nos trabalhos da Organização Europeia de Cooperação Económica (OECE), criada no âmbito do chamado Plano Marshall —, Pinto Barbosa viria a assumir nas décadas seguintes, e até à revolução democrática de 1974, cargos políticos de topo na área económico-financeira: subsecretário de Estado do Tesouro, entre 1950 e 1955, ministro das Finanças, entre 1955 e 1965, e governador do Banco de Portugal, entre 1966 e 1974, tendo-se demitido deste último cargo na sequência do 25 de Abril de 1974.

No quadro da valorização que tem sido feita da integração económica internacional de Portugal antes de 1974, contra o mito do "orgulhosamente sós", Pinto Barbosa emerge como um defensor e participante da linha política que levou o Estado Novo a aderir a organizações como a OECE, a Associação Europeia de Livre Comércio (EFTA), o Fundo Monetário Internacional (FMI) ou o Banco Mundial, tendo sido governador por parte de Portugal nestas duas últimas organizações internacionais e chegado a declarar, mais tarde e em modo retrospetivo, que «a minha preocupação fundamental não só como governador, mas antes como ministro das Finanças, foi sempre na questão da internacionalização da economia» (*apud* Canha, A. S. Pinto Barbosa e M. Pinto Barbosa, 2006: 256).

A relação entre internacionalização da economia portuguesa e internacionalização da ciência económica feita em Portugal está longe de ser óbvia, embora seja aliciante formular uma hipótese de conexão entre estes dois processos (Fernandes, 2006). No caso de António Manuel Pinto Barbosa é claro que os cargos políticos de topo o afastaram por longos períodos do ensino e da investigação, o que deixou marcas no seu currículo científico. Quando regressa ao ensino no ISCEF, em 1965, acumula o cargo de Diretor do Gabinete de Investigações Económicas do ISCEF com o cargo de governador do Banco de Portugal num período, o início da década de 1970, de enormes mudanças no sistema monetário internacional, sobre as quais de resto deixará reflexão. Esta reflexão teve na intervenção no Simpósio de Estudos Keynesianos, realizado ao longo do ano de 1977, um dos seus principais momentos, eventualmente beneficiando do "exílio autoimposto", a expressão é dos seus biógrafos, no Banco de Pagamentos Internacionais, entre 1975 e 1978, como "consultor especial" (Neves e Silva, 1999: 238): num contexto de crise do sistema monetário internacional, Pinto Barbosa recupera "o Plano Keynes de 1943", em grande parte derrotado em Bretton Woods, em 1944, defendendo um ajustamento simétrico entre credores e devedores num quadro institucional internacional único, que acabe com o ajustamento assimétrico imposto pelo FMI apenas aos devedores (A. M. Pinto Barbosa, 1981).

Quando António Manuel Pinto Barbosa decide regressar a Portugal, assume particular significado intelectual e político que tenha pedido para ser transferido do ISE-UTL, onde, segundo Neves e Silva (1999: 236), lhe teria sido "vedado o ensino" a seguir à revolução democrática, para a recém-criada FEUNL, aceitando o convite de Alfredo de Sousa, unanimemente visto como o seu fundador e principal dinamizador.[1] Na FEUNL, como Professor Catedrático, Pinto Barbosa seria o primeiro Presidente do Conselho Científico, entre 1981 e 1987. Ainda segundo Neves e Silva (1999: 238), entre as várias razões para a transferência estaria também a presença na FEUNL dos seus dois filhos, os irmãos gémeos António Soares Pinto Barbosa e Manuel Pinto Barbosa, que haviam recentemente concluído os seus doutoramentos nos EUA.

E é precisamente sobre estes dois últimos economistas académicos que se debruça o resto deste capítulo, procurando sublinhar como os seus dois percursos são representativos da emergência de uma realmente "Nova Economia" em Portugal, com declinações científicas e políticas mais amplas e com diferenças significativas em relação às tradições académicas existentes em Portugal, incluindo as encarnadas pelo seu pai. Estas diferenças, que neste capítulo se começam a explorar a partir do contributo destes

[1] Segundo Manuel Pinto Barbosa, no quadro dos «processos de avaliação e de saneamento», em curso na altura, «a assembleia que avaliou o meu pai pronunciou-se no sentido da sua continuidade», «aconteceu, porém, que no fim do mês, quando ia receber o seu salário, viu recusado o pagamento, por obstrução administrativa de uma funcionária», criando-se uma «situação insustentável» (Canha, A. S. Pinto Barbosa e M. Pinto Barbosa, 2006: 263–264).

dois economistas, são, em grande medida, geradas pelos efeitos da mais intensa internacionalização dos percursos académicos, pela sua confluência numa nova instituição nacional de ensino da Economia, a FEUNL, e pela influência de novas ideias económicas oriundas do mundo anglo-saxónico, superando quer uma certa influência keynesiana, quer a breve irrupção de ideias económicas mais radicais no Portugal democrático dos turbulentos anos 1970. Para lá do campo científico, estavam também em jogo as formas de economia política, com expressão constitucional, que haveriam de marcar Portugal nas décadas vindouras.

Duas homenagens

Vistos de forma conjunta, os contributos de António S. Pinto Barbosa e de Manuel Pinto Barbosa para o livro de homenagem ao seu pai dão algumas primeiras pistas para a avaliação da natureza dessa "Nova Economia" em 1989, o final de uma década que se revelou fundamental para a sua afirmação.[2]

De facto, António S. Pinto Barbosa apresenta um breve capítulo sobre "investimento público e *crowding-out*", onde expõe a que era há muito uma das principais linhas de crítica às políticas de estabilização macroeconómica de inspiração keynesiana: o chamado *crowding-out,* fenómeno que assinala a diminuição da despesa privada que adviria do aumento da despesa pública, ou seja, das dificuldades em aumentar a despesa total através de políticas de estimulação macroeconómica (A. S. Pinto Barbosa, 1989). A questão que coloca neste contexto é a da identificação da natureza dos mecanismos capazes de gerar tal efeito. Para reduzir a complexidade da discussão, propõe-se mobilizar «o paradigma mais simples e convencional na formalização macroeconómica: o modelo IS-LM de economia fechada» (A. S. Pinto Barbosa, 1989: 335). Através dele, acaba por distinguir dois mecanismos que configuram dois tipos de efeito: «o convencional *crowding-out* de transacções — que opera através das condições de custo do investimento» (1989: 335) e um outro tipo, que decorre da potencial substituibilidade entre despesa pública e privada.

[2] Por coincidência, um "ano global" de grandes transformações internacionais, que em Portugal se manifestaram, por exemplo, numa revisão constitucional de grande alcance na alteração do regime económico no sentido defendido há muito pela "Nova Economia" (Rodrigues, 2018b).

Em linha com a teoria da escolha pública de James Buchanan, seu orientador de doutoramento e uma das influências centrais no seu pensamento económico, faz depender a relevâncias dos dois mecanismos apresentados da «filosofia de intervenção estatal que existia na economia» (A. S. Pinto Barbosa, 1989: 340). Desde cedo que António. S. Pinto Barbosa procurou articular na sua investigação uma certa macroeconomia com uma certa economia pública, através da análise das formas institucionais que o Estado assume e das escolhas de política económica desta forma disponíveis: «Procurei, de facto, apurar a confluência dessas duas linhas: a da escolha pública com a vertente mais analítica da macroeconomia nomeadamente da linha de Mineápolis, Chicago».

Na conclusão do referido capítulo, encontra-se este impulso intelectual: baseando-se em Buchanan (1975), começa por distinguir o «Estado Protectivo», cuja função é a de proteger os direitos de propriedade, e o «Estado Produtivo», que fornece bens ditos públicos, acrescentando em seguida a categoria de «Estado Empresário», provavelmente por referência à situação em Portugal, em que o Estado concorreria com o setor privado na provisão de bens privados. A sua tese central surge neste contexto: quanto maior é a importância do Estado Empresário, maior será a importância do segundo tipo de *crowding-out*, ou seja, maior será a probabilidade de substituição de despesa privada por despesa pública; o *crowding-out* dito de transações, por sua vez, seria mais importante para formas de ação pública mais limitadas.

Por sua vez, o contributo de Manuel Pinto Barbosa, publicado em inglês, subordina-se ao tema dos "limites de crédito e política monetária em Portugal" (1989). Apresentado como parte de um projeto mais vasto sobre "estabilização em contexto de repressão financeira" em Portugal, financiado internacionalmente pela *Tinker Foundation*, o capítulo aborda um aspeto particular de um leque de temas que lhe eram caros desde os anos 1970: a relação entre os instrumentos de política económica, a estabilização macroeconómica e o quadro regulatório da economia portuguesa, em particular o que se prende com a inserção liberalizadora nos circuitos económico-financeiros internacionais.

O seu ponto de partida é claro: num sistema financeiro como o português, em que o crédito bancário é a principal forma de financiamento de empresas e de famílias, os limites de crédito haviam constituído um dos mais relevantes instrumentos de política económica nacional:

> Nos períodos de dificuldade económica, como os que ocorreram em 1976–1978 e em 1981–1982, quando foi necessário recorrer a receitas duras para restaurar o equilíbrio interno e externo, não surpreendeu que o FMI fizesse dos limites de crédito mais apertados um dos elementos centrais da sua estratégia de estabilização. (M. Pinto Barbosa, 1989: 595)

No entanto, este instrumento de política era considerado parte, conjuntamente, por exemplo, com as taxas de juro administradas, de um sistema de controlo monetário e financeiro gerador de distorções na alocação dos recursos (nomeadamente por via de mecanismos de seleção adversa do crédito) e que estaria em vias de ser superado pelo Banco de Portugal, alinhando-se desta forma Portugal com «meios de gestão monetária mais eficientes», de resto consistentes «com o novo estatuto de país-membro da CEE [Comunidade Económica Europeia]» (M. Pinto Barbosa, 1989: 596). No fundo, está-se aqui perante a crítica aos sistemas financeiros ditos reprimidos, em voga num contexto de novos consensos liberalizadores, na linha do Consenso de Washington, expressão que surge de resto nesse mesmo ano (Rodrigues, 2018b). Ainda assim, seria necessário proceder a uma avaliação qualitativa e quantitativa dos efeitos macroeconómicos da transição em curso para um novo regime de política monetária mais conforme com os mecanismos de mercado em construção, de que a remoção dos limites de crédito faria parte. Reconhecendo estar-se perante um processo de ajustamento complexo e com várias variáveis, os resultados de experiências de simulação efetuadas, usando um modelo econométrico de equilibro geral para Portugal, apenas são capazes de fornecer «uma indicação grosseira» do comportamento do sistema e das principais variáveis que o compõem, tendo ainda em conta as limitações dos dados e o facto de a remoção dos limites de crédito fazer parte de um pacote mais vasto de liberalização financeira e de adoção de «instrumentos de política de mercado sofisticados» (M. Pinto Barbosa, 1989: 602).

Ambos os capítulos dos dois irmãos partilham assim uma crítica a certas formas de intervenção do Estado e uma defesa de um novo regime económico emergente, em contraste com o que emergiu depois do 25 de Abril e que foi vertido na Constituição de 1976, e do qual ambos tinham sido críticos.

Dois doutoramentos

Quando publicam os dois contributos para o livro de homenagem ao seu pai, Manuel Pinto Barbosa e António S. Pinto Barbosa eram já Professores

Catedráticos da FEUNL, respetivamente, desde 1984 e 1986, tendo ambos sido doutorados em Economia nos EUA, respetivamente, na Universidade de Yale, em 1977, e no Virginia Polytechnic Institute and State University (informalmente conhecido por Virginia Tech), em 1978. Se a formação ao nível do doutoramento é sempre um momento fundamental do percurso de um economista académico, importa compreender as razões que os terão levado a optar por um doutoramento nos EUA, em geral, e nas universidades acima mencionadas, em particular, bem como o impacto que tal formação teve nos seus percursos posteriores de investigação e de lecionação.

No caso de Manuel Pinto Barbosa, depois da licenciatura em Economia, em 1966, do cumprimento do serviço militar obrigatório e de uma experiência como assistente no ISCEF, a decisão de rumar aos EUA beneficiou de "contactos prévios" com José António Girão, engenheiro agrónomo, com doutoramento em Economia pela Universidade de Cornell, obtido em 1972, e com Jorge Braga de Macedo, já a estudar na Universidade de Yale, em 1972. Ambos o terão entusiasmado com a perspetiva de uma formação pós-graduada nesse país. Conjugado com um ambiente de "efervescência política" que se vivia na academia, Manuel Pinto Barbosa decidiu candidatar-se a várias universidades nos EUA, beneficiando de uma bolsa do Instituto para a Alta Cultura (antecessor do Instituto Nacional de Investigação Científica — INIC[3]). Obteve uma resposta positiva da Universidade de Yale para fazer o mestrado, dado que já havia passado o prazo para se candidatar ao doutoramento. Sendo obviamente uma das mais prestigiadas universidades, Yale destacava-se, à época, mais na área da Macroeconomia e Sistema Financeiro do que na área de Economia Internacional em que estava interessado, pelo menos quando comparada com outras alternativas disponíveis, segundo afirmou. O prestígio da Universidade de Yale levou-o a optar pelo mestrado em *International and Foreign Economic Administration*, no ano letivo de 1972/73, que abriria a porta ao doutoramento em Economia, se as coisas corressem bem do ponto de vista escolar, o que acabou por acontecer, tendo-lhe sido creditadas unidades curriculares do programa de mestrado no programa de doutoramento. Sublinhando o "choque cul-

[3] O INIC foi criado em 1976 e, aquando a da sua extinção, em 1992, parte das suas competências e atribuições viriam a ser transferidas para a Junta Nacional de Investigação Científica e Tecnológica (JNICT), que tinha sido criada em 1967 e que, em 1997, viria a dar lugar à atual Fundação para a Ciência e a Tecnologia (FCT).

tural" multidimensional com a realidade, incluindo académica, dos EUA, olhando retrospetivamente, Manuel Pinto Barbosa assinala que «enquanto nas disciplinas da área quantitativa — matemática, econometria, estatística, sobretudo — a minha preparação ombreava com a dos meus colegas, na parte de teoria económica, realmente, estava abaixo, tornando necessário um esforço adicional de recuperação».

O trabalho exigido nas unidades curriculares da parte escolar do programa doutoral em Economia impôs-lhe «um ritmo de trabalho intenso», incluindo em várias áreas de teoria económica de matriz neoclássica, durante dois anos, funcionando os exames gerais no fim dessa fase como um filtro de seleção. O trabalho de investigação, entre 1974 e 1976, sob orientação de James Tobin, ocupar-lhe-ia o resto do tempo, culminando na dissertação — *Growth, Migration and the Balance of Payments in a Small Open Economy: Portugal* —, graças à qual obteve o grau de doutor em 1977. Os membros do júri foram, além de James Tobin (orientador), os conhecidos Richard Cooper e Gary Smith. Na dissertação, agradece a economistas centrais na história da macroeconomia internacional como Robert Triffin ou Carlos Diaz Alejandro.

Neste trabalho, que seria publicado em livro nos EUA em 1984, constrói um modelo de crescimento de equilíbrio geral de longo prazo, cujos pressupostos principais — reduzida (ou nula) mobilidade de capital e grande mobilidade de mão-de-obra — se destinam a replicar o que considera serem alguns factos estilizados da economia portuguesa da época, que designa por «pequena economia aberta», confrontada, por um lado, com forte emigração e, por outro, com influxos financeiros sob a forma de remessas. Assim, procura integrar a questão da balança de pagamentos e da emigração num quadro único de análise, "real" e financeiro, do ajustamento macroeconómico, convertendo o modelo de equilíbrio num «modelo dinâmico de desequilíbrio», com o pretexto de que o «decisor de política» tem de ter informação sobre as «propriedades de estabilidade do sistema, a sua estrutura de desfasamentos e a natureza e tempo do ajustamento» (M. Pinto Barbosa, 1984 [1977]: 49); de seguida, na segunda parte da dissertação, estima um modelo econométrico e aplica-o à economia portuguesa.

Esta parte do trabalho de economia aplicada pressupôs, entre outras, recolha de dados em Portugal, no Instituto Nacional de Estatística (INE), em «pleno Verão Quente», «num ambiente de grande turbulência política e social. A cidade incendiada e eu tentando concentrar-me, a procurar ali os dados para um trabalho de natureza académica, numa situação um pouco surreal...». Se em Portugal os problemas eram de turbulência política, já nos EUA os problemas de estimação econométrica do modelo confrontavam-se, entre outras, com as limitações técnicas, computacionais, inerentes ao funcionamento de um centro de cálculo nos anos 1970, mesmo em Yale:

> O meu trabalho ali começava pela perfuração dos cartões. O pacote com os cartões perfurados era depois depositado junto a uma pequena janela na sala, de acesso restrito, onde estava instalado o computador. Um funcionário autorizado recolhia regularmente desse local de depósito, por ordem de entrada, os pacotes submetidos pelos diversos utentes, procedendo à sua inserção no computador, para processamento. Seguia-se então uma longa espera, numa sala onde, juntamente com muitos outros estudantes e investigadores dos vários departamentos da universidade, em situação análoga, aguardávamos a entrega dos resultados. Ao fim desse tempo, que parecia uma eternidade, lá chegava finalmente o ansiado *print-out*. As mais das vezes, este inculcava a necessidade de correções e alterações, o que implicava revisão do trabalho analítico e voltar ao princípio: nova perfuração de cartões e repetição daquela demorada (para os padrões atuais) rotina computacional.

No final, está-se então perante uma dissertação de macroeconomia neoclássica, centrada na balança de pagamentos de uma "pequena economia aberta", marcada pela parcimónia dos modelos e pela economia da palavra, aspetos que declara ter aprendido em Yale, em especial com James Tobin. Sendo influenciado pela abordagem da escolha de carteira de Tobin, no quadro de um modelo de equilíbrio geral, e o papel que a moeda e um leque mais ou menos diversificado de ativos financeiros aí podem desempenhar, Manuel Pinto Barbosa reconheceu que a «análise de Tobin é sobretudo centrada numa economia fechada». Isto levou-o a incorporar outras contribuições, nomeadamente a abordagem monetária à teoria de balança de pagamentos desenvolvida por Robert Mundell e os modelos de macroeconomia aberta desenvolvidos por Rudiger Dornbusch, referências igualmente centrais na sua dissertação.

Já em Portugal, e pouco antes de obter o grau de doutor, Manuel Pinto Barbosa participa como orador, em 1976, na importante e pioneira Conferência Internacional sobre Economia Portuguesa. Realizada, entre 10 e 13 de outubro desse ano, na Fundação Calouste Gulbenkian, e com o significativo apoio do German Marshall Fund of the United States, é um momento em que diferentes perspetivas, mais ou menos liberais, mais ou menos desenvolvimentistas, se confrontam. Isto num contexto em que os setores mais comprometidos com a economia política saída das transformações de 1974/1975, representados na conferência por exemplo por Francisco Pereira de Moura, acusam os EUA de ingerência intelectual e política (Moura, 1977). A conferência ficou marcada pela apresentação de mais um estudo sobre a economia portuguesa realizado por doutorandos do Massachusetts Institute of Technology (MIT), do qual faziam parte Paul Krugman e Miguel Beleza, futuro professor da FEUNL (Abel *et al.*, 1977). Estes integravam um grupo do MIT onde pontificavam professores como Richard Eckaus, Rudiger Dornbusch ou Lance Taylor. Vinham desde 1975, a pedido de instituições como o Banco de Portugal, a elaborar análises e prescrições para a economia portuguesa.

Manuel Pinto Barbosa partilha a sessão sobre Balança de Pagamentos precisamente com Lance Taylor, sendo ambas as intervenções comentadas pelo economista keynesiano João Ferreira do Amaral e por um conhecido economista internacional com inclinações liberais, Bela Balassa, o que assinala o grau de reconhecimento já granjeado por Manuel Pinto Barbosa, facto certamente não alheio ao seu iminente doutoramento em Economia na Universidade de Yale. Nessa sessão, apresenta o que retrospetivamente designou como um "resumo" do seu trabalho de doutoramento, analisando «a balança de pagamentos em países de emigração» como Portugal, e apresentando um modelo de equilíbrio geral, com pressupostos que permitiriam analisar o ajustamento de longo prazo de uma «pequena economia aberta», com mobilidade internacional da força de trabalho, mas sem mobilidade de capital, como a portuguesa. Reconhecendo na altura que a sua perspetiva «deixa em aberto muitas questões importantes de política económica, as quais a maior parte das vezes surgem num contexto de curto prazo e de desequilíbrio» (M. Pinto Barbosa, 1977a: 347), precisamente a preocupação da comunicação de Taylor (1977), não deixa ainda assim de defender a utilidade do modelo «para averiguar as consequências finais de determinadas medidas de política económica» (M. Pinto Barbosa, 1977a: 347). Nos seus comentários críticos, João Ferreira do Amaral assinala a necessidade de «introduzir um pouco de keynesianismo na sua filosofia», o que dá uma indicação de alguns dos termos do debate, para lá da dificuldade em «analisar as forças impulsionadoras do sistema económico português a partir de uma solução de equilíbrio como a que é postulada pelo modelo» (Amaral, 1977: 353–354). Este mesmo ponto de vista é de alguma forma sublinhado por Balassa, que, no seu comentário, compara a abordagem "keynesiana" de curto prazo de Taylor com a "abordagem monetária" de equilibro geral de longo prazo de Barbosa, sublinhando em relação a esta última que a «aplicabilidade do modelo é limitada pelo facto de indicar o ajustamento que teria lugar em resposta a mudanças de variáveis de política entre duas posições de equilíbrio, num momento em que a economia portuguesa se encontra num severo desequilíbrio» (Balassa, 1977: 358). Considerando retrospetivamente que a sua comunicação «teve, apesar de tudo, um razoável acolhimento», Manuel Pinto Barbosa não deixou de notar um confronto com «o curto-prazismo dos que, mais interessados nas prementes questões da atualidade conjuntural de então do que na problemática de longo prazo que era perspetivada no seu trabalho», consideravam que o modelo não era adequado à realidade turbulenta do período.

O percurso académico de António S. Pinto Barbosa, por sua vez, passou também pelo ISCEF. Dado o seu interesse precoce pela área das finanças públicas, licenciou-se, em 1966, em Finanças, onde «essa área estava um pouco mais reforçada». Finanças era na altura a opção alternativa à Economia, tendo ambas as licenciaturas um tronco comum nos dois primeiros anos. Esta divisão era de resto produto da já referida reforma do ensino realizada por António Manuel Pinto Barbosa. Depois da licenciatura, faz o serviço militar, concorrendo à Marinha, o ramo mais disputado, onde entra graças às boas notas da licenciatura, atestadas por vários prémios, incluindo o Prémio Zeferino de Oliveira para a mais elevada classificação na cadeira de Finanças Públicas: «fui colega, na Marinha, não só do meu irmão como também do Vítor Constâncio», todos integrando o "quadro de honra" dos alunos com média igual ou superior a dezasseis valores no ISCEF.

Foi precisamente no quadro de uma cadeira do curso de formação de oficiais da Marinha, curso onde obteria, em 1969, o Prémio Reserva Naval *ex-aequo* de melhor aluno — «um curso muito levado a sério porque conforme a classificação nós conseguíamos ficar cá ou ir para o Ultramar» —, que tem oportunidade de fazer um trabalho sobre "financiamento ótimo das despesas militares". Neste contexto, entra "na análise dos bens públicos": «paralelamente aos trabalhos de Paul Samuelson, comecei a ler artigos de James Buchanan» e «a ter um grande interesse pela sua abordagem».

Dado que a teoria da escolha pública e, no quadro desta, a abordagem da economia neoclássica às regras, incluindo constitucionais, virão a estar no centro dos seus interesses doutorais, vale a pena transcrever um excerto mais longo da entrevista, onde emerge um problema que merecerá a sua atenção analítica:

> Portanto, foi por via dos estudos dos bens públicos que cheguei aos trabalhos de James Buchanan. Há um problema nos bens públicos, que é a questão da eficiência — descobrir uma solução eficiente no sentido de Pareto — mas há, por outro lado, a questão do seu financiamento, que tem que ver com o lado redistributivo, com a distribuição de utilidades. E surge aqui o problema do *free-riding*: como é que, em bens com impossibilidade de exclusão (como sucede no caso dos bens públicos) se consegue que as pessoas manifestem as suas verdadeiras preferências sabendo elas que estas iriam servir de base aos impostos a serem-lhes cobrados? Tenderiam, naturalmente, a um *understatement, a* camuflar o seu verdadeiro interesse nos bens. Este era um problema central que Samuelson reconhece e achei-o um tema muito interessante. E Buchanan, já naquela altura, vinha com uma sugestão num livro seu — *Public Finance in Democratic Process*. Nesse livro, sugeria que houvesse uma separação da decisão de financiamento dos impostos — a repartição dos impostos — da decisão sobre o volume da despesa com bens públicos. Era uma concretização da ideia mais geral que tinha de distinguir e separar dois momentos. O momento constitucional, o primeiro, em que os indivíduos escolhem os impactos redistributivos num contexto de incerteza, de tipo, digamos, rawlsiano. Isto é, decidem e escolhem sob o véu da ignorância, sem conhecerem bem a sua posição no contexto futuro em que a decisão será posteriormente implementada. E como se poderia operacionalizar este conceito? Introduzindo, por exemplo, um afastamento temporal entre o momento da escolha e o da subsequente implementação... «vamos decidir hoje sobre como é que vai ser o pagamento e a divisão de encargos, daqui a 15 anos, por exemplo. Hoje sei onde estou e a posição que ocupo..., mas daqui a 15 anos já não tenho a mesma certeza». No fundo, é aquela ideia rawlsiana de que no limite, no futuro longínquo, há que admitir poder estar em qualquer posição. Esta ideia, achei-a muito interessante porque através deste mecanismo constitucional, e da introdução da incerteza, aquela dificuldade central da revelação das verdadeiras preferências poderia solucionar-se. Em suma, é mais fácil chegar a

um acordo sobre a divisão dos encargos do financiamento dos bens públicos em contexto de incerteza do que se tivermos de decidir hoje sobre a divisão de encargos a aplicar hoje.

Dada a falta de estímulos em Portugal para prosseguir esta agenda de investigação, quando saiu da Marinha escreveu a James Buchanan «a dizer que estava interessado neste tema por ele abordado e indagando se haveria alguma possibilidade de estabelecer algum contacto... E, contra os meus receios, ele respondeu logo a dizer: "Sim, senhor, quando quiser..."». Apesar de ser naquela altura «muito difícil obter apoio financeiro para os EUA», consegue, em 1972, uma bolsa de um ano da Gulbenkian para frequentar, com *non-degree status*, o Virginia Tech, onde James Buchanan lecionava, começando aí «a lançar as bases de uma ideia para a tese». No caso de António S. Pinto Barbosa, a escolha da universidade foi claramente determinada pela localização do orientador e pela sua abordagem, dada a escassa projeção da instituição universitária onde Buchanan estava na altura.[4]

A ideia inicial passava por concluir o doutoramento em Portugal, no ISCEF. Entretanto, ocorre o 25 de Abril, que gerou sucessivos atrasos no desenvolvimento do projeto. Além disso, como era importante um enquadramento institucional para o futuro desenvolvimento do programa doutoral, assume, no ano letivo de 1975/1976, a regência da cadeira de Economia Política no ISE, «baseada na abordagem marxista», portanto nos antípodas da extensão das hipóteses da teoria económica neoclássica, tal como interpretada a partir da chamada Escola de Chicago, em cuja Universidade Buchanan se havia doutorado, para as áreas político-institucionais: «lá fiz das tripas coração» para lecionar a economia política então dominante no ISE. Porém, perante o panorama de sucessivos atrasos no progresso dos trabalhos, resolve regressar ao Virginia Tech, agora com a ideia de levar a

[4] James Buchanan era já o nome central da chamada Escola de Virgínia da Economia Política, ou seja, da teoria da escolha pública, primeiro na Universidade de Virgínia, entre 1956 e 1968, depois no Virginia Tech, entre 1969 e 1983, e depois dessa data na Universidade de George Mason, até à sua jubilação. Na primeira, Buchanan fundou, em 1957, o The Thomas Jefferson Center for Studies in Political Economy. Em 1969, o centro muda para o Virginia Tech, sendo rebatizado de Center for Study of Public Choice, nome que manterá até aos dias de hoje, mesmo quando, em 1983, Buchanan o transferiu para a Universidade George Mason, onde permanece até agora <https://publicchoice.gmu.edu/about>.

cabo formalmente o Doutoramento, sob a orientação de James Buchanan. Para isso beneficia também do apoio financeiro, sob a forma de bolsas, da Scaiffe Foundation, por via do Centre for Study of Public Choice, e da Eahart Foundation.[5] Em 1977 e 1978, António S. Pinto Barbosa conclui a parte escolar do doutoramento, realizando, como é típico dos programas doutorais em Economia nos EUA, os exames gerais. Depois redige a dissertação — *The Constitutional Aproach to the Fiscal Process: An Inquiry into some Logical Foundations* — obtendo o grau de doutor em Economia em 1978 (A. S. Pinto Barbosa, 1978).

Trata-se de uma dissertação teórica, explorando, com recurso a modelização matemática, "as propriedades lógicas" do chamado paradigma da "separação de decisões" na política orçamental, ou seja, uma situação em que as decisões sobre a repartição dos custos de financiamento são tomadas antes, e separadamente, das decisões sobre a despesa, tal como foi atrás descrito pelo próprio. Neste contexto, explora analiticamente alguns mecanismos que tendem a reduzir os custos de transação das decisões sobre fiscalidade.

Antes da redação da dissertação, que nunca publicará em livro, António S. Pinto Barbosa tinha já conseguido publicar um artigo numa revista académica norte-americana, precisamente a *Public Choice* (A. S. Pinto Barbosa, 1974). Virá ainda a publicar um segundo artigo no *Journal of Monetary Economics* (A. S. Pinto Barbosa, 1979). O primeiro resulta da sua estadia inicial nos EUA e está alinhado com os temas que desenvolverá posteriormente no doutoramento. O segundo, de economia monetária, decorre de uma vigorosa sugestão e estímulo à publicação recebidos numa cadeira de teoria monetária regida pelo seu professor Allen Hess. É um artigo curto, de crítica a um modelo que não teria tomado em consideração variações da riqueza nas funções de procura de moeda, indicando o cruzamento entre

[5] Estas e outras fundações privadas foram importantes no apoio material ao tipo de abordagens ditas neoliberais, associadas, por exemplo, à teoria da escolha pública ou à análise económica do direito, ao grupo de intelectuais, como Hayek, Friedman ou Buchanan, pertencentes à chamada *Mont Pelerin Society*, criada em 1947 (Mirowski e Plehwe, 2009). James Buchanan foi aliás presidente desta última sociedade, entre 1984 e 1986. Neste último ano, obteve o Prémio Nobel de Economia devido ao seu trabalho de articulação das bases institucionais da decisão económica e política. Para uma perspetiva histórica controversa sobre as relações entre fundações privadas de inclinação "libertária", para usar o termo norte-americano, e o trabalho coletivo liderado por James Buchanan, veja-se MacLean (2017).

o interesse pelas questões de escolha pública e de macroeconomia, já atrás referidos. Ambos os artigos ilustram a cultura académica norte-americana de incentivo precoce à publicação científica em revistas especializadas como forma de reconhecimento pelos pares do trabalho de investigação desenvolvido, incluindo a mais elevada probabilidade de se obter uma posição académica após o doutoramento; e isto num ambiente intelectual descrito, particularmente por referência a James Buchanan, como de grande «abertura e incentivo à criatividade»: «sentimos que estamos ali, no ambiente de universidade, a participar num barco com várias pessoas muito motivadas». De resto, tal como Manuel Pinto Barbosa em relação a James Tobin, também António S. Pinto Barbosa valoriza o exemplo de James Buchanan em termos «da eficácia da sua comunicação escrita e da enorme clareza dos seus textos».

Nos anos 1970, a cultura de publicação em revistas científicas anglo-saxónicas, hoje tão difundida na ciência económica que se faz em Portugal, estava só nos seus primórdios. De facto, se se atentar na primeira década para a qual existem registos, a de 1970, dois dos oito artigos são da autoria de António S. Pinto Barbosa.[6] Existe uma relação entre os doutoramentos em Economia obtidos em universidades norte-americanas e a subsequente agenda de investigação, em particular a que se refletiu em publicações académicas em revistas anglo-saxónicas, ditas "internacionais", inaugurando, ainda que de forma inicialmente muito tímida, uma tendência que só se irá generalizar a partir da segunda metade dos anos 1990 (Mata, 1995).

Dois percursos pós-doutorais

Tanto Manuel Pinto Barbosa como António S. Pinto Barbosa decidem regressar a Portugal depois dos trabalhos doutorais, mesmo quando confrontados com a possibilidade de permanência na academia norte-americana. Os seus percursos desligam-se ambos institucionalmente do então ISCEF e vão passar a estar ligados, por via de Alfredo de Sousa, a duas instituições com uma assinalável fluidez institucional entre si, pelo menos nestes primeiros tempos: a Faculdade de Ciências Humanas, incluindo Gestão e Economia, da Universidade Católica Portuguesa, criada em Lisboa no ano de 1972, onde Alfredo de Sousa foi Professor Catedrático entre 1973

[6] Ver <http://cefup-nipe-rank.eeg.uminho.pt>.

e 1977, tendo mantido colaboração posterior; e a Universidade Nova de Lisboa, de cuja comissão instaladora Alfredo de Sousa foi membro, entre 1973 e 1976, até que, em final de 1977, se criou uma estrutura de faculdades, incluindo a Faculdade de Economia da Universidade Nova de Lisboa, a cuja comissão instaladora presidiu, sendo aliás o único Professor Catedrático no momento da fundação e no início do primeiro ano letivo — 1978/1979.

Regressado em 1976, Manuel Pinto Barbosa é convidado por Alfredo de Sousa a pedir transferência do ISCEF, saindo desta instituição, de resto como o segundo havia feito em 1973, para se juntar a «um novo projeto, a uma nova faculdade». «O ambiente académico no ISCEF continuava muito conturbado, crescentemente enfeudado a uma ideologia de pendor marxista, pouco recetivo a outras visões mais *mainstream* da Economia». Aceita, portanto, o convite, e Alfredo de Sousa convida-o também para lecionar na Universidade Católica, instituição com a qual acabará por colaborar durante um longo período.

Por sua vez, António S. Pinto Barbosa regressa a Portugal em 1978: «éramos poucos os que tínhamos Doutoramentos nos EUA e o Professor Alfredo de Sousa, à coca [risos], mostrou logo empenho em que pudesse fazer parte do projeto dele». Tal como o seu irmão, começa por lecionar na Universidade Católica Portuguesa, uma colaboração que também se prolongaria por muitos anos.[7]

Neste contexto, vale a pena notar que a fluidez institucional entre a Nova e a Católica na área de Economia se dá também no plano científico. Exemplo disso é a revista *Economia*, criada em 1977 e extinta em 2003, propriedade da Universidade Católica Portuguesa, que é a expressão nacional de uma nova forma de entender a ciência económica, em moldes miméticos com o que se passava predominantemente no mundo anglo-saxónico (aceitação de artigos em inglês, modelização económica, etc.). No seu primeiro número, três dos quatro artigos são escritos por futuros membros da Comissão Instaladora da FEUNL (Alfredo de Sousa, José António Girão e Aníbal Cavaco Silva), que, de resto, ocupam o cargo de primeiros diretores

[7] Correia e Neves (2018) sublinham que Manuel Pinto Barbosa, apesar de lecionar na Universidade Católica Portuguesa sobretudo economia internacional, teve «um papel central, ao reger as cadeiras de Análise Económica II de 1976 e 1979, mudando decisivamente o ensino da macroeconomia, e mais tarde da cadeira de Macroeconomia II de 1984 a 1989»; por sua vez, «aquilo que Manuel Pinto Barbosa fez às bases da teoria macroeconómica, António Soares Pinto Barbosa fez às Finanças Públicas» (2018: 31).

da revista (em conjunto com Manuel Jacinto Nunes do então ISE). Manuel Pinto Barbosa será seu "consultor" entre 1977 e 1979, publicando de resto os seus principais artigos na revista.[8] António S. Pinto Barbosa, por sua vez, será consultor entre 1984 e 1992, publicando dois artigos na revista.[9]

Para lá desta fluidez institucional, importa não perder de vista que ambos fizeram parte de um grupo de doutorados em Economia, na esmagadora maioria por universidades norte-americanas, e que, a partir de 1978, ingressam, como professores auxiliares, nos quadros da FEUNL sob a liderança de Alfredo de Sousa, o que permitiu, nesta época, introduzir relevantes inovações no panorama académico nacional ao nível do ensino e da investigação em Economia, bem como na intervenção dos economistas no debate público, aspetos de resto já aflorados na escassa literatura que menciona este tema (Bastien, 2000; Araújo, 2016).[10] Como sublinhou Manuel Pinto Barbosa, um dos membros da Comissão Instaladora da FEUNL, que reúne pela primeira vez em 1979:

[8] Por exemplo, logo em 1977, no terceiro número da revista, faz um extenso comentário, em inglês, a um artigo saído no primeiro número, também em inglês, de Jorge Braga de Macedo, primeiro secretário executivo da revista e então doutorando na Universidade de Yale (Macedo, 1977; M. Pinto Barbosa, 1977b). Tratava-se então de avaliar as dinâmicas da emigração e das remessas num modelo neoclássico de equilíbrio, sublinhando-se a importância, entre outros aspetos, da "flexibilidade do sistema financeiro", um exercício em linha com o seu trabalho de doutoramento. Este trabalho será aprofundado nas suas provas de agregação, em 1982, cuja síntese é publicada nesse ano na revista *Economia* (M. Pinto Barbosa, 1982).

[9] Para lá de um artigo de "elogio científico" a James Buchanan, aquando do seu Doutoramento *Honoris Causa* pela FEUNL em dezembro de 1987, a que mais à frente se fará referência (A. S. Pinto Barbosa, 1988), escreveu um artigo empírico, em português, usando métodos econométricos, «fazendo o menor apelo possível a juízos apriorísticos em matéria de teoria económica», sobre a relação entre inflação e produção, de 1953 a 1980 (A. S. Pinto Barbosa, 1985a: 207). Nele conclui que a «produção real se comportou como exógena em relação à inflação» (1985a: 214).

[10] Se se atentar nos membros iniciais da Comissão Instaladora da Faculdade de Economia da Universidade Nova de Lisboa, de que Manuel Pinto Barbosa faz parte desde o seu início, em 1979, até ao seu fim, em 1982, constata-se que todos eles tinham obtido doutoramentos em Economia no estrangeiro: Alfredo de Sousa (Universidade de Paris, Sorbonne, 1968), José António Girão (Universidade de Cornell, 1972), Aníbal Cavaco Silva (Universidade de York, 1975), Abel Mateus (Universidade da Pensilvânia, 1977). Além disso, o resto do corpo docente original, com a exceção de António Manuel Pinto Barbosa (doutorado pelo ISCEF em 1941), é dominado por doutorados em universidades estrangeiras, incluindo: Jorge Campinos (Poitiers, 1968), Jaime Reis (Oxford, 1975), Diogo Lucena (Stanford, 1978), Miguel Beleza (MIT, 1979), Maria Emília Freire (Berkeley, 1979), Jorge Braga de Macedo (Yale, 1979) ou António Borges (Stanford, 1980).

Uma das qualidades de Alfredo de Sousa foi ter sabido, de modo exemplar, enquadrar, estimular, enfim, perceber que era importante reunir pessoas com determinado perfil, para tentar dar um outro impulso ao ensino e investigação em Economia, alternativo ao ISCEF.

Criou-se assim «uma certa comunidade de visão de como se deveria organizar um departamento de Economia ou um programa de Economia», comunidade essa que foi fruto de «uma experiência internacional comum». Ainda segundo Manuel Pinto Barbosa:

> Essa experiência foi obtida numa diversidade de universidades estrangeiras, predominantemente dos EUA, Reino Unido e França, cada uma das quais com a sua singularidade institucional própria. Daí que, no desenvolvimento do projeto, apesar da importância do referido denominador comum, não tenham deixado de se manifestar também divergências, designadamente sobre aspetos de organização curricular e pedagógica, e de progressão na carreira. Estas divergências ocasionais iam sendo ultrapassadas, não impedindo a formação relativamente fácil de consensos, em que por via de regra acabava por prevalecer a influência do modelo organizacional norte-americano.

Apesar das eventuais divergências internas, a que se aludirá mais à frente, a "Nova Economia", que em 1979 dava os primeiros passos institucionais, estava já a granjear alguma projeção pública, ancorada também numa comunidade de visão, para usar a expressão anterior num outro plano, o da política económica e das transformações institucionais requeridas. Isto pressupôs uma certa convergência epistémica em torno dos métodos e teorias mobilizadas para dar conta dos problemas conjunturais e estruturais de uma "pequena economia aberta". Este conceito é mobilizado, explícita ou implicitamente, sendo simultaneamente descritivo, ou seja, referindo-se a uma economia de dimensão reduzida e cujas dinâmicas económicas internas não podiam ser compreendidas sem uma articulação com o enquadramento externo determinante, e prescritivo, ou seja, referindo-se a uma economia que deveria abrir-se progressivamente ao exterior, eliminando entraves institucionais existentes e com efeitos ditos perversos.

Um primeiro exemplo desta projeção pública é a 2ª Conferência Internacional sobre Economia Portuguesa, realizada entre 26 e 28 de setembro de 1979 na Fundação Calouste Gulbenkian e, uma vez mais, com o significativo apoio do German Marshall Fund of the United States. Aí verifica-se o peso assinalável dos economistas da FEUNL, a instituição académica mais representada, incluindo Manuel Pinto Barbosa e António S. Pinto Barbosa.

O primeiro apresenta uma comunicação, em coautoria com Miguel Beleza,[11] centrada nos desequilíbrios externos nacionais entre 1975 e 1978, comentada por Rudiger Dornbusch, que havia feito parte do Grupo do MIT e que tanta influência estava a ter no desenho da política cambial dita de desvalorização deslizante desde 1977. Esta comunicação ocorre pouco mais de um ano após a formalização do programa dito de estabilização acordado entre o Governo português e o FMI, declarando os autores que «o programa de austeridade tem estado sob forte ataque, a maior parte do qual não está ancorado em argumentos válidos» (M. Pinto Barbosa e Beleza, 1980: 47).[12] Concordando com o programa, que consideram a única forma de fazer com que as autoridades enfrentem "a batata quente" dos défices da balança de pagamentos, através de uma estratégia de contração do crédito e de redução da despesa pública, e logo dos salários, sugerem que o inevitável custo na economia real do ajustamento poderia ser atenuado. Para tal, tratar-se-ia de complementar o enfoque na redução do défice externo corrente com melhorias na conta de capital, aprofundando elementos já em curso: estabilidade política e cambial para aumentar a confiança dos

[11] Miguel Beleza havia integrado o Grupo do MIT, em 1976, e obtido o seu doutoramento em Economia nessa instituição, em 1979, ingressando na FEUNL, primeiro como assistente, no ano letivo de 1978/1979, e depois como professor auxiliar no ano seguinte, ao mesmo tempo que, a partir de 1979, colaborava com o Banco de Portugal como técnico.

[12] Antes mesmo de apresentarem a sua comunicação na Gulbenkian, Manuel Pinto Barbosa e Miguel Beleza tinham-na já apresentado no II Encontro de New Hampshire, realizado em junho de 1979, na Universidade de Yale, sob os auspícios de Jorge Braga de Macedo, que era então aí "Leitor" no Departamento de Economia. Tratava-se do segundo encontro da área interdisciplinar de estudos portugueses, desta vez mais dedicado à economia portuguesa, e que refletia o interesse pela experiência portuguesa nesta época: «assistiu-se nos últimos anos ao florescer de estudos, encontros e conferências internacionais acerca do nosso país» (Macedo, 1979: 421). Jorge Braga de Macedo é muito claro num dos propósitos do painel sobre economia portuguesa, cujos textos são publicados na revista *Economia*, a maioria em inglês: contrariar as «doutrinas "dependentistas"» sobre a economia portuguesa divulgadas no estrangeiro, entre outros, por Mário Murteira. As correntes de economia política de pendor socialista eram claramente o adversário intelectual. Na síntese que faz do artigo de Manuel Pinto Barbosa e de Miguel Beleza, Braga de Macedo oferece um bom resumo da forma como a "Nova Economia" encarava o seu trabalho: «os autores demonstram convincentemente tanto a força dos incentivos económicos como a necessidade de políticas económicas que, tendo-os em conta, saibam coordenar a racionalidade económica individual para um objectivo socialmente desejável, dentro das oportunidades que aquelas tornam viáveis» (Macedo, 1979: 424–425).

investidores, aumento das taxas de juro e aprofundamento de «medidas institucionais tendentes a criar as condições para o aparecimento de mercados de capital e financeiros internos» (M. Pinto Barbosa e Beleza, 1980: 47–48), inseridos nos circuitos internacionais.[13]

Esta intervenção já foi considerada um momento importante da formação do neoliberalismo em Portugal, até porque as mudanças institucionais sugeridas apontariam já baterias à mudança constitucional almejada (Noronha, 2018). No entanto, os autores são muito cuidadosos nas suas formulações mais prescritivas, evitando usar termos que pudessem sugerir enviesamentos político-ideológicos explícitos, sendo que nenhuma referência é feita a mudanças na Constituição. No primeiro número da revista *Economia*, os seus diretores, referindo-se à 1ª Conferência Internacional sobre Economia Portuguesa, declaram que Portugal carece de um plano, que terá de ser encontrado «nem que seja por tacteamento» (Nunes *et al.*, 1977: 174). Em 1979, a análise dos desequilíbrios externos permite começar a pensar em mudanças institucionais de forma um pouco menos tateante, usando métodos e teorias aprendidos nas formações doutorais nos EUA.

Por sua vez, António S. Pinto Barbosa tem a oportunidade de intervir, realizando um dos comentários a uma intervenção do seu colega da FEUNL Aníbal Cavaco Silva sobre "a política orçamental portuguesa em 1974–1978" (Silva, 1980), pouco tempo antes deste último prestar provas públicas para se tornar Professor Extraordinário e pouco tempo depois Professor Catedrático. Declarando não encontrar «divergências substantivas fundamentais» em relação a uma análise que sublinhava o aumento do peso e progressividade dos impostos, o aumento superior das despesas e os correspondentes défices entre 1974 e 1978, com um papel eventualmente estabilizador em 1974–1976, o papel central da inflação, bem como os fatores de "rigidez" induzidos na despesa pela expansão da segurança social ou pelas empresas públicas, António S. Pinto Barbosa sublinha a «existência potencial de importantes perdas de eficiência» associadas ao aumento da progressividade fiscal induzida pela inflação (A. S. Pinto

[13] No seu comentário, Dornbusch declara: «tenho poucas razões para partilhar o que no artigo parece ser um entusiasmo por políticas monetárias e orçamentais restritivas, mas reconheço que posso estar a ir demasiado longe na interpretação do artigo» (1980: 67). Dornbusch afirma preferir neste contexto "políticas *ad hoc*" temporárias, como restrições às importações e subsídios às exportações, mas tal opção era precisamente contrária às intenções implicitamente liberalizadoras da "Nova Economia" emergente (1980: 68–69).

Barbosa, 1980: 227). Para lá de Cavaco Silva, lembra os dois «impostos de inflação» — o que incide sobre os saldos monetários dos particulares e o que incide sobre os detentores de dívida publica —, concluindo com uma referência à «política de estabilização óptima» e com uma questão dissonante, certamente inspirada pela teoria da escolha pública e pelo seu ceticismo em relação às políticas de estabilização keynesianas:

> a de saber até que ponto é, numa óptica de estabilização, adequado apreciar de maneira positiva o crescimento da despesa pública na fase inicial do período em estudo quando [...] se criaram [...] certos tipos de rigidez político-institucional que vieram a impedir ou a dificultar largamente o ajustamento subsequente da sua magnitude. (A. S. Pinto Barbosa, 1980: 229)

Alguns anos depois, em 1984, em pleno segundo programa de ajustamento com o FMI e pouco antes da entrada na CEE, António S. Pinto Barbosa sintetizaria na perfeição a teoria da escolha pública e da análise económica da Constituição, tributárias dos trabalhos pioneiros do seu orientador de doutoramento, para propor, de forma absolutamente clara, mudanças constitucionais radicais em Portugal, antecipando muitas das tendências que se efetivariam, de várias formas institucionais, no futuro dos planos crescentemente imbricados: interno e externo, nacional e europeu:

> Muito se tem falado das excessivas restrições que a presente Constituição vem impondo à nossa actividade económica. Pouco ou nada se tem dito, todavia, sobre a ideia que o texto constitucional possa nessa mesma matéria pecar simultaneamente por omissão. Isto é, por não incluir suficiente disciplina normativa. Refiro-me concretamente à protecção que se afigura devida ao cidadão contra a irresponsabilidade financeira do Estado. Quem de facto observar o descontrolo no crescimento do sector público da nossa economia e, sobretudo, quem atentar na forma de tributação disfarçada (financiamento monetário e recurso ao crédito) que lhe tem estado tipicamente associada, poderá com legitimidade interrogar-se sobre a possibilidade de existência de uma lacuna grave nesta matéria [...]. Os ciclos quer político-eleitorais, quer de miopia fiscal e outras manifestações de conjunturalismo constituem a regra mais do que a excepção. E não surpreende que assim seja pois que reflectem a reacção natural dos governantes à estrutura de estímulos e penalizações que como tais defrontam. [...] O instrumento constitucional ou uma lei-quadro

> para a qual remeta, se bem estruturado, pode aqui oferecer maior protecção. Só alterável por maioria qualificada não estaria em princípio tão facilmente à mercê do impulso de curto prazo. Poderá nessa medida trazer um contributo significativo à sociedade civil e à confiança dos agentes económicos no regime. Por exemplo, se criar adequadas limitações ao financiamento monetário dos défices, se acautelar devidamente a independência do banco emissor [...]. Em suma, muito se ganharia se Ulisses, reconhecendo uma vez por todas o poder sedutor do canto das sereias, agisse em conformidade. (A. S. Pinto Barbosa, 1985b: 9–10)

Por sua vez, também Manuel Pinto Barbosa se mostrava igualmente preocupado com a «confiança do cidadão no regime económico», que seria função da «confiança na respectiva moeda nacional» (1985: 21). A desconfiança manifestar-se-ia na fuga de capitais para o estrangeiro, em busca da estabilidade dada por moedas fortes por comparação com uma moeda presa «no corrente sistema do deslizamento» por uma lógica institucional perversa. Neste contexto, que é também de intervenção do FMI, afirmava de forma igualmente clara e presciente:

> Nas actuais condições estruturais de uma pequena economia aberta como a nossa, amplamente exposta à inflação internacional, seria absurdo pretender a estabilização absoluta do valor da moeda nacional, isto é, a redução a zero da inflação interna. Mas já se afigura possível e desejável a estabilização progressiva do escudo relativamente às moedas dos nossos principais parceiros comerciais. É em larga medida com referência aos produtos trocados com esses países que se define a liquidez da moeda nacional — não esqueçamos este facto, sobretudo numa altura em que avoluma a ideia de uma próxima adesão à CEE [...]. Parece no entanto reunirem-se hoje condições favoráveis à implementação da estratégia indicada: relativa moderação salarial; baixo perfil das expectativas quanto à evolução do emprego; recuperação apreciável da balança de transacções correntes; relativo equilíbrio da taxa de câmbio oficial com a taxa de mercado paralelo; declarada determinação do governo em restabelecer equilíbrios fundamentais da economia. Se o objectivo tem mérito e se existem condições porque não aproveitá-las sem guardar para amanhã o que deve começar a ser feito hoje. (Manuel Pinto Barbosa, 1985: 21–22)

Está-se aqui perante dois artigos publicados numa coluna do jornal *Semanário*, sintomaticamente intitulada "A Mão Invisível", e que seriam republicados num livro, em 1985, compilando 29 textos de 24 novembro de 1983 a 29 de dezembro de 1984.[14] A coluna durará até 15 de julho de 1989, num total de 138 artigos escritos por treze economistas, todos ligados à FEUNL.[15] Este é, assim, o segundo exemplo de projeção pública da FEUNL, num jornal dirigido por Vítor Cunha Rego e que integrava figuras como José Miguel Júdice ou Marcelo Rebelo de Sousa, de quem aliás terá partido o convite. A clareza a que acima se aludiu pode ser vista como um produto do tempo e do meio, ou seja, do «otimismo de que seria possível obter resultados», como referiu retrospetivamente António S. Pinto Barbosa a propósito das abordagens científicas preconizadas, e da necessidade de popularizar as ideias científicas, tornando-as acessíveis a uma audiência mais vasta, sobretudo no que diz respeito às suas implicações em termos de políticas. Não surpreende por isso que numa breve, mas sugestiva, história cultural e política dos anos 1980, o historiador António Araújo refira a coluna "A Mão Invisível" como um exemplo da

> difusão do pensamento económico liberal ou neoliberal de uma geração que, de Jorge Braga de Macedo a Diogo Lucena, passando por António Borges ou pelos irmãos Pinto Barbosa, possuía ligações académicas aos Estados Unidos ou ao INSEAD de Fontainebleau e que começou um processo de internacionalização universitária "em rede" que era relativamente inédito na academia portuguesa. (Araújo, 2016: 11)

Entretanto, a FEUNL introduziu desde o início um conjunto de inovações, ao nível do ensino, da investigação e até do financiamento, a que Manuel Pinto Barbosa e António S. Pinto Barbosa não foram alheios, antes pelo contrário. A análise dos respetivos currículos aponta para uma divergência de percurso que importa nesta altura assinalar e a que António S. Pinto Barbosa se refere do seguinte modo: «Eu acho que ele [Manuel Pinto

[14] Note-se que tal como António Soares Pinto Barbosa e Manuel Pinto Barbosa os restantes economistas cujos artigos são compilados no livro — Miguel Beleza, António Borges, Diogo Lucena Jorge Braga de Macedo — obtiveram todos os seus doutoramentos nos EUA.

[15] Com 22 artigos neste período, António Soares Pinto Barbosa é a seguir a Jorge Braga de Macedo (30 artigos) um dos colaboradores mais regulares. Por sua vez, Manuel Pinto Barbosa escreve apenas o artigo acima referido, tal como António Nogueira Leite, de uma geração mais nova e que entra em 1989 com um artigo — "para quando as rendas liberalizadas" — em linha com a orientação geral da *Mão Invisível* para a mão visível do Estado.

Barbosa] teve mais presença na parte institucional, eu julgo que terei estado um pouco mais na parte, digamos, científica».[16]

De facto, Manuel Pinto Barbosa, além de ter integrado a Comissão Instaladora da FEUNL, presidida por Alfredo de Sousa, entre 1978 e 1982, foi subdiretor da FEUNL, entre 1982 e 1986, ocupando o cargo de Diretor em exercício no ano letivo de 1982/1983, quando o seu Diretor neste período, Alfredo de Sousa, teve direito a uma licença sabática, que passou na Universidade de Stanford, nos EUA. Entre 1986 e 1990, dada a experiência de gestão e direção académicas entretanto acumuladas, foi convidado para ser Vice-Reitor da Universidade Nova de Lisboa (UNL), sendo eleito Reitor entre 1990 e 1994. Este longo período marcou o seu percurso académico:

> Para lá de dar aulas e preparar os cursos, na organização da faculdade também dediquei muito tempo às tarefas de gestão. Digo, hoje, aos meus colegas das novas gerações: «Ainda bem que encontram agora o caminho desbravado. A infraestrutura e a logística estão montados, os mecanismos básicos de funcionamento organizados. Mas naquela altura, partindo da estaca zero, para se conseguir estabelecer tudo isso, foi uma verdadeira luta... que exigiu um enorme esforço coletivo». Consumi, assim, boa parte do meu tempo académico, em tarefas administrativas, contactos institucionais, reuniões nos ministérios, a tentar obter autorizações, desbloquear assuntos, procurando vencer as dificuldades de uma burocracia infernal. Isto implicou, inevitavelmente, um *trade-off* com o tempo dedicado à investigação, tempo que tive de sacrificar em certo grau. Quando, porém, avalio o resultado desse trabalho coletivo em que participei, considero que o sacrifício colateral valeu a pena.

Esta experiência acumulada leva-o a sublinhar vários elementos que terão contribuído para a consolidação institucional de uma "Nova Economia" em Portugal desde o final dos anos 1970. Em primeiro lugar, houve desde a primeira hora apoio do poder político a este projeto: logo no primeiro Governo Constitucional, em que era primeiro-ministro Mário Soares

[16] Importa, neste contexto, notar uma convergência em ambos os percursos pós-doutorais: a recusa de um percurso político, com eventual ocupação de cargos governativos ou no Banco de Portugal, como tinha acontecido com António Manuel Pinto Barbosa durante a ditadura ou com muitos dos seus colegas — de Aníbal Cavaco Silva a António Nogueira Leite, passando por Miguel Beleza, Jorge Braga de Macedo ou Luís Campos e Cunha — no período democrático. Esta participação de resto terá contribuído para a projeção pública da FEUNL, sobretudo a partir da segunda metade dos anos 1980.

e ministro da Educação Mário Sottomayor Cardia, este último «apercebeu-se de que era importante haver uma renovação modernizadora do ensino da Economia porque o ISCEF mantinha-se instável e confinado a uma certa visão»:

> Com recursos limitados e em precárias instalações iniciais, o ensino na nova Faculdade de Economia arrancou em 1978, no Campo Grande. O projeto desenvolveu-se, ganhando gradualmente notoriedade e reconhecimento público, em termos de conseguir justificar apoio e financiamento público para a mudança, no ano letivo de 1987/1988, para as instalações do renovado colégio de Campolide. Na inauguração destas instalações, o então Presidente da República, Mário Soares, proferiu palavras cujo sentido essencial procuro recordar nos seguintes termos: «Esta escola nasceu e tem funcionado até hoje em instalações menos satisfatórias. Apesar disso, conseguiu distinguir-se pela qualidade do seu trabalho académico e científico, que lhe granjeou reconhecida notoriedade pública. A partir de agora, em novas instalações, passará a usufruir de bem melhores condições para o desenvolvimento do seu projeto educativo. O meu desejo é que as aproveite bem e prossiga esse caminho inovador, mantendo sempre vivo o princípio, que até hoje a tem norteado, de que a "pedra de toque" de uma instituição universitária de excelência, acima da qualidade das instalações, é a qualidade do ensino que ministra e da investigação que produz».

Em segundo lugar, terá havido, ainda segundo Manuel Pinto Barbosa, desde cedo um cuidado na política de contratação de novos docentes e na organização da carreira académica. O quadro de 10 catedráticos e 10 associados que o Ministério tinha criado, em 1982, foi preenchido gradualmente, evitando lógicas excessivamente endogâmicas. Nos processos de avaliação, quer para contratação de novos docentes, quer para progressão da carreira, foi valorizada de modo especial a investigação traduzida em resultados publicados em "revistas académicas conceituadas":

> Da nossa experiência lá fora partilhávamos a convicção de que era essencial existirem critérios de avaliação objetivos onde assumissem preponderância as publicações (sujeitas a *referee*) em revistas internacionais de renome. Hoje parece trivial falar-se nisto, mas na altura era ir contra a corrente.

Por exemplo, na apresentação do *Guia da Faculdade de Economia, 1987–88*, o então Diretor Jaime Reis, sublinha que, «ao entrar na segunda década», «ampliou-se a presença de docentes da Faculdade de Economia em reuniões científicas, dentro e fora do país, e foi significativo o número de publicações em revistas de elevado prestígio, tanto nacionais como estrangeiras», sendo «um indicador de vitalidade científica [...] a série de "Working Papers" que a Faculdade tem vindo a publicar desde 1983» (Reis, 1987: 10).

Em terceiro lugar, Manuel Pinto Barbosa destaca as inovações introduzidas na estruturação do ensino pós-graduado. Nesta última área, o primeiro anuário, publicado no primeiro ano letivo de 1978/1979, destaca o primeiro curso no país dito de pós-licenciatura em Economia e centra-se na articulação com a formação ao nível do doutoramento:

> Este curso pretende possibilitar uma preparação no domínio económico, pelo menos equivalente à obtenção do grau de "Master" numa boa universidade estrangeira, e que seja julgado suficiente para que os indivíduos que o frequentem com aproveitamento possam, com algum esforço adicional, preparar o seu doutoramento. (FEUNL, 1978: 15)

Em 1981, passa-se explicitamente ao primeiro Programa de Mestrado e de Doutoramento, bem como ao primeiro MBA, procurando através desta última formação também um canal para uma maior articulação com empresas, incluindo ao nível do financiamento. O programa é, como sublinha Manuel Pinto Barbosa, inspirado na experiência dos EUA:

> Procurámos trazer para aqui características, que julgámos relevantes, dos programas de doutoramento norte-americanos. Por exemplo, em vez de o candidato a doutoramento — como acontecia entre nós, e ainda acontece em muitas universidades — ser encaminhado, quase *ab initio*, para a investigação conducente à elaboração da dissertação, preferimos seguir na FEUNL o modelo americano de "programa estruturado" de doutoramento, em que aquela fase do processo é antecedida de um período escolar de formação intensa pós-graduada, cobrindo as principais áreas do conhecimento económico.

Assim, entre os requisitos para a obtenção do grau de doutoramento, o *Guia da Faculdade de Economia de 1982–1983* fixa um conjunto de oito critérios, em que a «aprovação na prova de crítica e defesa de uma dissertação» é o último, e que vão desde «competência em cálculo» até «ao aproveitamento [com média não inferior a catorze valores] em doze disciplinas de

Pós-Graduação», passando pelo «aproveitamento na disciplina de Econometria I e aprovação de um trabalho escrito de aplicação de métodos econométricos» ou pela «aprovação em dois Exames gerais escritos, sendo um sobre a área de Teoria Económica e outro sobre uma área à escolha do candidato entre as que forem oferecidas» (FEUNL, 1982: 13). A ideia era socializar os candidatos numa formação económica, de matriz neoclássica, através de procedimentos académicos convencionalmente norte-americanos.

Em quarto lugar, Manuel Pinto Barbosa sublinha diferenças, para lá da "visão comum", entre os membros da Comissão Instaladora:

> Havia algumas diferenças que, mais adiante, ao desenvolver-se este projeto, passaram a assumir relevância. E vai haver um momento — que considero definitório na história desta faculdade —, em que, no decurso de um debate, realizado no conselho científico, sobre uma importante proposta de reforma curricular, as opiniões dos membros do conselho, numa situação pouco habitual na escola, se dividem em dois grandes blocos, um a favor, o outro contra a proposta. Esta, elaborada por um grupo de docentes liderado pelo Prof. Diogo Lucena, reduzia de 5 para 4 anos a duração mínima da licenciatura, alargava o âmbito do sistema de créditos, definia áreas de especialização, e introduzia um sistema coerente, com graus adicionais de liberdade, nas escolhas a realizar pelos alunos no processo de definição dos seus próprios currículos. Isto representava — no plano da filosofia e organização de uma licenciatura — uma mudança "tectónica" no *statu quo*, em rotura radical com as práticas correntes, à época, na universidade portuguesa, e representava também uma considerável mudança mesmo no currículo até então existente na FEUNL. Não admira, pois, que a proposta tenha suscitado forte oposição de muitos membros do conselho científico, incluindo o próprio fundador e Diretor da escola, Alfredo de Sousa, que a considerava, aliás com razão, inspirada nas ideias dos docentes doutorados nos EUA, grupo que ironicamente costumava designar por "*lobby* dos associados". Apesar dessa forte oposição, a proposta concitou também largo apoio de muitos outros membros do conselho, apoio que foi para lá do dito "*lobby* dos associados". Assim, após aceso debate, que se prolongou pela noite dentro, a proposta em questão, com pequenos ajustamentos, acabou por sair vencedora na votação final, se bem que por margem tangencial. *A posteriori*, considero que essa foi uma das decisões mais importantes da história da FEUNL, crucial para o futuro da instituição. Se a alteração curricular em questão não tem vingado, penso que o projeto de

inovação da FEUNL, tal como o conhecemos hoje, teria sofrido, com esse enorme revés, um atraso possivelmente irrecuperável, e a evolução posterior da faculdade teria sido bem diferente da que veio a verificar-se.

Como sublinha o *Guia da Faculdade de Economia de 1984–1985*: «A modernização do programa de licenciatura beneficiou da experiência pedagógica acumulada durante os 5 anos de actividade da Faculdade e envolveu uma flexibilização da estrutura curricular destinada a possibilitar resposta mais eficaz aos desafios» (FEUNL, 1984: 7). No quadro do sistema de unidades de crédito, introduzido de forma pioneira no ano letivo anterior, os estudantes passam a ter um núcleo duro de disciplinas obrigatórias e um leque inusitadamente alargado de disciplinas optativas.[17] Como afirmou Manuel Pinto Barbosa, «nós defendíamos com convicção esse modelo porque já o tínhamos visto funcionar, e sabíamos que podia funcionar bem».

Se é verdade que António S. Pinto Barbosa não teve o grau de envolvimento com as questões de administração e gestão académicas de Manuel Pinto Barbosa, podendo dedicar-se mais, como afirmou, à componente científica, também é verdade que esta se revestiu de várias dimensões institucionais: foi um membro do tal "*lobby* dos associados" no início dos anos 1980, integrou o Conselho Diretivo, como subdiretor, entre 1985 e 1990 e presidiu ao conselho científico entre 1990 e 1996. Talvez mais importante, foi o Diretor, entre 1979 e 1989, do Gabinete de Análise Económica (GANEC), primeiro com Diogo Lucena e, a partir do ano letivo de 1982/1983, com Fernando Brito Soares. Como consta da primeira menção que é feita no *Guia da Faculdade de Economia 1982–1983*, «este gabinete destina-se a desenvolver actividades de investigação pura e aplicada nos domínios fundamentais da economia, podendo contratar com entidades públicas e privadas a realização de estudos» (FEUNL: 1982: 32). Como afirmou António S. Pinto Barbosa:

> A ideia era essencialmente a de aproveitar o capital humano que tínhamos na faculdade para poder fazer projetos de investigação, se calhar alguns deles até de investigação mais aplicada. E isso num regime que não fosse o regime

[17] Segundo Manuel Pinto Barbosa, «uma importante consequência desta acrescida flexibilidade foi permitir o alargamento gradual do elenco de disciplinas optativas da área de gestão, o qual numa primeira fase possibilitou o desenvolvimento de uma especialização nessa área, e posteriormente veio a desembocar na criação da licenciatura em Gestão».

estritamente formal do orçamento. Portanto, no fundo, ter um gabinete que pudesse contratar estudos, que tivessem um bom conteúdo de análise, com clientes que estivessem interessados, porventura alguns deles do setor público. Tentámos ter, com o GANEC, uma gestão mais flexível.

A capacidade de diversificar fontes de financiamento era essencial para uma instituição com objetivos de internacionalização e que passou desde o início pela circulação de académicos, sobretudo entre os dois lados do Atlântico, para a realização de conferências, seminários e outras atividades, bem como, entre outras, pelo apetrechamento da biblioteca, incluindo a subscrição de revistas científicas em língua inglesa.

Por exemplo, logo em novembro de 1978, James Buchanan dá uma conferência na FEUNL, que é transcrita e publicada na revista *Economia*, onde apresenta a sua "teoria económica das constituições políticas", afiançando que «estamos a redescobrir a sabedoria do século XVIII e XIX», apesar de a situação ser de impasse, dado que as pessoas não confiam no mercado ou no Estado (Buchanan, 1978: 297). António S. Pinto Barbosa mantém de resto uma relação constante com James Buchanan e com o seu *Center for Study of Public Choice* no seu percurso pós-doutoral, publicando um artigo científico em coautoria com Buchanan em que criticam a teoria pura dos bens públicos de Paul Samuelson: «os constrangimentos de convexidade criam problemas na teoria pura dos bens públicos que não têm de emergir na teoria dos bens privados» (Buchanan e A. S. Pinto Barbosa, 1980: 63). Um ano depois da atribuição do Prémio Nobel da Economia a James Buchanan, em dezembro de 1987, António S. Pinto Barbosa faz o elogio científico ao seu antigo orientador no contexto do Doutoramento *Honoris Causa* atribuído pela FEUNL, com uma síntese reveladora do seu profundo (re)conhecimento desta tradição que teria "balanceado" a teoria das falhas do mercado com a teoria das falhas de um Estado cuja discricionariedade deveria ser limitada através de restrições constitucionais: «*Homo economicus*, individualismo metodológico e concepção da política como processo de troca são os três pilares da sua teoria», graças à qual se operou uma «radical mudança paradigmática» no pensamento sobre as contestadas relações entre Estado e mercados (A. S. Pinto Barbosa, 1988: 262). Em 1990, António S. Pinto Barbosa é membro fundador do conselho editorial da revista académica *Constitutional Political Economy*, inicialmente ligada ao Centro criado por James Buchanan, cargo que ocupará até 2001. Aí publicará um artigo sobre os constrangimentos constitucionais, sob a forma de maioria qualificada, a colocar num contexto em que a incerteza sobre a distribuição geográfica dos efeitos das despesas públicas poderia ser politicamente explorada para expandir excessivamente o setor público (A. S. Pinto Barbosa, 1994). Por sua vez, em 1997, em trabalho conjunto com Boyan Jovanovic e Mark Spiegel (A. S. Pinto Barbosa, Jovanovic e Spiegel, 1997), analisa as circunstâncias em que membros, sobretudo mais ricos, de uma ordem constitucional se deparam com incentivos para a abandonar. Também em 1997, o seu pioneiro manual *Economia Pública* destila a sua experiência de ensino e de investigação de duas décadas, com as declinações internacionais já referidas, na área da economia pública, tornando-se uma referência nesta área em Portugal (A. S. Pinto Barbosa, 1997).[18]

Tendo participado em vários estudos coletivos, realizados no âmbito do GANEC, para entidades públicas ao longo dos anos 1980, António S. Pinto Barbosa considera que o estudo *O Impacto do Euro na Economia Portuguesa*, por si coordenado, foi um dos mais importantes, traduzindo o reconhecimento granjeado pelo Gabinete e pela FEUNL.[19] «Encomendado pelo ministro das finanças, Prof. Dr. António de Sousa Franco», o estudo «considera como aposta fundamentada a decisão tomada a favor da participação do país no processo de unificação monetária», como escreve António S. Pinto Barbosa (1998: 17) no prefácio, a única parte do livro com autoria individual identificada:

> Uma aposta, porque, respeitando ao futuro, ela terá de comportar sempre e em qualquer caso um elemento irredutível de incerteza. Fundamentada porque, no juízo dos autores, se for garantido o prosseguimento de políticas

[18] Para lá da dimensão científica, A. S. Pinto Barbosa chega mesmo a participar pelo menos numa reunião da Mont Pèlerin Society, o nó central do "coletivo intelectual neoliberal" de natureza internacional, em 1980, na Universidade de Stanford (Mirowski e Plehwe, 2009). Neste contexto de articulação entre a ciência e a persuasão pública internacional, é patrono, em 1982, do *Institut Economique* de Paris, um centro ligado à renovação do liberalismo económico em França (Denord, 2007).

[19] Para lá de António S. Pinto Barbosa, seu coordenador, participam no livro os economistas António Nogueira Leite, também professor catedrático da FEUNL, Vítor Gaspar, na altura professor associado convidado da FEUNL e um dos seus doutorados, dois investigadores do Departamento de Estudos Económicos do Banco de Portugal com formação na FEUNL, Marta Abreu e Nuno Gaspar, Miguel Gouveia, professor auxiliar da Universidade Católica, e Miguel St. Aubyn, professor auxiliar do então ISEG-UTL. Participam também um sociólogo, António Barreto, e uma demógrafa, Maria João Valente Rosa.

adequadas, o balanço global que retiram da análise pende claramente para o lado positivo. (A. S. Pinto Barbosa, 1998: 17)

O que no livro se identifica como "uma mudança de regime económico" consubstanciada num conjunto de novas "regras do jogo", aprofundava a lógica de mudança institucional aberta pela revisão constitucional de 1989 e pelas transformações subsequentes. No fundo, as ideias sobre a correta Constituição económica, e sobre a redução da discricionariedade dos poderes públicos, que economistas como António S. Pinto Barbosa vinham defendendo desde os anos 1980, têm influência político-institucional. Retrospetivamente afirma:

> A abordagem constitucional por via de regras constitucionais foi muito relevante. Com a criação do euro e a ideia de que era preciso pôr alguma disciplina nos vários países que tinham acesso à moeda comum, foram criadas as regras que conhecemos. E, portanto, penso que nisso houve uma influência clara daquelas ideias.

Ao mesmo tempo, reconhece o seguinte:

> Para mim, a maior crítica [a essas regras] não será tanto na parte orçamental, mas na parte monetária, porque nas regras monetárias penso que há ali uma deficiência de base. Por influência alemã, o Banco Central ficou privado, até certo momento, de uma função, de um papel que considero muito importante, essencial mesmo, numa união monetária, que é o de *lender of last resort* [credor de último recurso].

Aliás, a abordagem macroeconómica adotada por António S. Pinto Barbosa nos cursos de licenciatura que ministrou, entre 1984 e 2015, e que viria a ser vertida no seu manual *Macroeconomia* (A. S. Pinto Barbosa, 2012), procura de algum modo incorporar a influência da escola da *Public Choice* na linha mais tradicional da síntese neoclássica, dominante no pós-guerra. Esta síntese, vertida no modelo de equilíbrio geral IS-LM, incorporou algumas ideias da macroeconomia keynesiana. Nas suas palavras, admite-se

> A possibilidade de um uso não-benevolente, por parte das autoridades macroeconómicas e/ou poder político, dos instrumentos de política de estabilização, ou seja, a possibilidade, na área da estabilização, de *government*

failures [falhas de Estado] a par das já habitualmente identificadas *market failures* [falhas de mercado].

Para lá disto, o próprio manual reconhece a necessidade de «um profundo exame de consciência nesta importante área disciplinar» no contexto da "grande recessão" e das suas sequelas (A. S. Pinto Barbosa, 2012: xi). Seja como for, este manual também foi escrito tomando em linha de conta o contexto de um «pequeno Estado-membro da zona euro», onde a maior parte das variáveis de política são exógenas (2012: 43).

Regressando a 1998, vinte anos depois da criação da FEUNL e no momento de avaliar o impacto da mudança de regime económico com a entrada no euro, a "Nova Economia" não tinha em Portugal rivais institucionais à altura. Os percursos de Manuel Pinto Barbosa e de António S. Pinto Barbosa, cada um à sua maneira, contribuíram para essa preponderância. A grande recessão estava ainda muito longe.

Conclusão

Neste capítulo, procurou-se explorar os percursos de Manuel Pinto Barbosa e de António S. Pinto Barbosa, filhos de António Manuel Pinto Barbosa, ambos, de uma forma ou outra, participantes na "Nova Economia", embora com percursos naturalmente distintos, dadas as diferentes circunstâncias, como se procurou assinalar.

Em entrevista concedida conjuntamente, publicada em 2006, no ano do falecimento do seu pai, Manuel Pinto Barbosa e António S. Pinto Barbosa sublinham que apesar de não ter estudado nos EUA, António Manuel Pinto Barbosa trouxe pioneiramente para o ensino da Economia referências anglo-saxónicas internacionais. Tendo tido o "privilégio" de estudar nos EUA, os irmãos Pinto Barbosa foram então protagonistas no "papel catalisador" que a FEUNL teve na americanização do ensino e da investigação, relacionando circulação internacional e dinamismo académico, no que seria uma ilustração das vantagens mais amplas da internacionalização (Canha, A. S. Pinto Barbosa e M. Pinto Barbosa: 2006: 261).

No entanto, como assinalou António S. Pinto Barbosa no final da entrevista que me concedeu, as ideias contam e não foram formuladas para ficar confinadas à academia: «Há uma correlação, que me parece manifesta, entre essas ideias económicas liberalizadoras e a Nova e, mais geralmente, a evolução da própria economia». Essas ideias têm uma história, que também é institucional. Como afirmou Manuel Pinto Barbosa no final da sua entrevista:

> Afigura-se-me que, da nova geração, se calhar não serão muitos os que têm noção clara desse longo trabalho de edificação institucional — num contexto em que o resultado era incerto — que acabou por originar o desenvolvimento no espaço universitário português de um projeto de ensino e investigação em Economia de qualidade concorrencial com as melhores escolas europeias.

De facto, quem visite o novo *site* da Nova School of Business and Economics — cujas instalações foram recentemente transferidas para um *campus* inspirado no modelo californiano, construído de raiz em Carcavelos e tendo por base uma apreciável fatia de financiamento privado — pode ver muitas referências ao futuro disruptivo que supostamente nos aguarda, mas nenhumas em relação a um passado de grandes transformações.

Referências bibliográficas

Abel, Andrew; Beleza, Luís Miguel; Frankel, Jeffrey; Hill, Raymond; Krugman, Paul (1977), "A Economia Portuguesa: Evolução Recente e Situação Actual", in *Conferência Internacional sobre Economia Portuguesa*, vol. I. Lisboa: The German Marshall Fund of the United States e Fundação Calouste Gulbenkian, 31–92.

Amaral, João Ferreira do (1977), "Comentário", in *Conferência Internacional sobre Economia Portuguesa*, vol I. Lisboa: The German Marshall Fund of the United States e Fundação Calouste Gulbenkian, 349–355.

Araújo, António (2016), "A direita portuguesa contemporânea: itinerários socioeculturais", *in* Roberto Marchi (coord.), *As direitas na democracia portuguesa — origens, percursos, mudanças e novos desafios*. Lisboa: Texto Editora, 9–56.

Balassa, Bela (1977), "Comments", in *Conferência Internacional sobre Economia Portuguesa*, vol. I. Lisboa: The German Marshall Fund of the United States e Fundação Calouste Gulbenkian, 355–361.

Bastien, Carlos (2000), "The advent of modern economics in Portugal", *in* B. Coats (coord.), *The Devlopment of Economics in Western Europe since 1945*. London: Routledge, 168–190.

Buchanan, James (1975), *The Limits of Liberty: Between Anarchy and the Leviathan*. Chicago: University of Chicago Press.

Buchanan, James (1978), "Constitutional design and construction: an economic approach", *Economia*, 3(2): 291–314.

Buchanan, James; Pinto Barbosa, António S. (1980), "Convexity Constraints in Public Goods Theory", *Kyklos*, 33(1): 63–75.

Canha, Isabel; Pinto Barbosa, António Soares; Pinto Barbosa, Manuel (2006), "Clã de Professores", *in* AA.VV., *Memórias de Economistas — Entrevistas*. Lisboa: Edimpresa, 273–314.

Cardoso, José Luís (2001), "António Manuel Pinto Barbosa", *in* José Luís Cardoso (coord.), *Dicionário Histórico de Economistas Portugueses*. Lisboa: Temas e Debates, 37–43.

Correia, Isabel Horta; Neves, João César (2018), "A macroeconomia nos cursos de economia da Universidade Católica em Lisboa", *in* Jorge Braga de Macedo (coord.), *Macro de Economia Aberta — Ensino e Prática depois de Abril*. Lisboa: Academia das Ciências de Lisboa, 26–33.

Denord, François (2007), *Le néo-libéralisme à la française — Histoire d'une idéologie politique*. Marselha: Agone.

Dornbusch, Rüdiger (1980), "Commentary", in *2ª Conferência Internacional sobre Economia Portuguesa*, vol. I. Lisboa: The German Marshall Fund of the United States e Fundação Calouste Gulbenkian, 65–72.

Fernandes, Filipe (2006), "Economistas pioneiros: as primeiras gerações ISCEF", *in* AA.VV., *Memórias de Economistas — Entrevistas*. Lisboa: Edimpresa, 7–18.

FEUNL — Faculdade de Economia da Universidade Nova de Lisboa (1978), *Anuário*. Lisboa: Faculdade de Economia da Universidade Nova de Lisboa.

FEUNL (1982), *Guia da Faculdade de Economia 1982–1983*. Lisboa: Faculdade de Economia da Universidade Nova de Lisboa.

FEUNL (1984), *Guia da Faculdade de Economia 1984–1985*. Lisboa: Faculdade de Economia da Universidade Nova de Lisboa.

Macedo, Jorge Braga de (1977), "Emigration and Remittances in Neoclassical Steady--State", *Economia*, 1(1): 95–111.

Macedo, Jorge Braga de (1979), "Introdução: Grandeza e misérias dos estudos portugueses", *Economia*, 3(3): 421–425.

MacLean, Nancy (2017), *Democracy in Chains*. London: Scribe.

Mata, José (1995), "A Investigação em Economia em Portugal: 1980–1994", *Economia*, 19(2): 73-98.

Mirowski, Philip; Plehwe, Dieter (coords.) (2009), *The Road from Mont Pèlerin — The Making of the Neoliberal Thought Collective*. Cambridge, MA: Harvard University Press.

Moura, Francisco Pereira de (1977), "Comentário", in *Conferência Internacional sobre Economia Portuguesa*, vol. I. Lisboa: The German Marshall Fund of the United States e Fundação Calouste Gulbenkian, 93–102.

Mundell, Robert A. (1989), "New Deal on Exchange Rates", *in* Alfredo de Sousa, Francisco Pereira de Moura, Jaime Reis, Jorge Braga de Macedo, José Joaquim Teixeira Ribeiro, Luís Miguel Beleza, Manuel Jacinto Nunes e Vítor Constâncio (coords.), *Nova Economia em Portugal — Estudos em Homenagem a António Manuel Pinto Barbosa*. Lisboa: Faculdade de Economia da Universidade Nova de Lisboa, 405–430.

Neves, João César; Silva, Francisco Azevedo (1999), *António Manuel Pinto Barbosa — uma biografia económica*. Lisboa: Verbo.

Noronha, Ricardo (2018), "The Portuguese road to neoliberalism (1976–1989)", *mimeo*, 1–27.

Nunes, Manuel Jacinto; Sousa, Alfredo; Girão, José António; Silva, Aníbal Cavaco; Macedo, Jorge Braga (1977), "A economia portuguesa em debate", *Economia*, 1(1): 155–174.

Pinto Barbosa, António Soares (1974), "Bargaining Costs and Social Choice under Uncertainty", *Public Choice*, 17(1): 85–91. DOI: https://doi.org/10.1007/BF01718999

Pinto Barbosa, António Soares (1978), *The Constituional Approach to the Fiscal Process: An Inquiry into some Logical Foundations*. Dissertação dc Doutoramento, Virginia Polytechnic Institute and State University.

Pinto Barbosa, António Soares (1979), "The Role of Wealth in the Money Demand Functions: a Comment", *Journal of Monetary Economics*, 5(4): 585–591. DOI: https://doi.org/10.1016/0304-3932(79)90017-5

Pinto Barbosa, António Soares (1980), "Comentário", in *2ª Conferência Internacional sobre Economia Portuguesa*, vol. I. Lisboa: The German Marshall Fund of the United States e Fundação Calouste Gulbenkian, 225–230.

Pinto Barbosa, António Manuel (1981), "Keynes e o Acordo de Bretton Woods", *in* AA.VV., *Simpósio de Estudos Keynesianos*. Lisboa: Academia das Ciências de Lisboa, 93–113.

Pinto Barbosa, António Soares (1985a), "Inflação e Produção em Portugal: 1953–1980", *Economia*, 9(1): 207–219.

Pinto Barbosa, António Soares (1985b), "O canto das sereias", *in* AA.VV., *Mão Invisível*. Lisboa: Edipress, 9–10.

Pinto Barbosa, António Soares (1988), "Doutoramento *Honoris Causa* de James Buchanan: elogio científico", *Economia*, 12(2): 259–264.

Pinto Barbosa, António Soares (1989), "Investimento público e *crowding-out*", *in* Alfredo de Sousa, Francisco Pereira de Moura, Jaime Reis, Jorge Braga de Macedo, José Joaquim Teixeira Ribeiro, Luís Miguel Beleza, Manuel Jacinto Nunes e Vítor Constâncio (coords.), *Nova Economia em Portugal — Estudos em Homenagem a António Manuel Pinto Barbosa*. Lisboa: Faculdade de Economia da Universidade Nova de Lisboa, 335–340.

Pinto Barbosa, António Soares (1994), "Manipulating Uncertainty", *Constitutional Political Economy*, 5(3): 255–271. DOI: https://doi.org/10.1007/BF02393260

Pinto Barbosa, António Soares (1997), *Economia Pública*. Lisboa: McGraw-Hilll.

Pinto Barbosa, António Soares (1998), "Prefácio", *in* António Soares Pinto Barbosa (coord.), *O Impacto do Euro na Economia Portuguesa*. Lisboa: Dom Quixote, 17–18.

Pinto Barbosa, António Soares (2012), *Macroeconomia*. Lisboa: Fundação Calouste Gulbenkian.

Pinto Barbosa, António Soares; Jovanovic, Boyan; Spiegel, Mark M. (1997), "Inequality and Stability", *Annales de Economie et Statistique*, 48: 15–40. DOI: https://doi.org/10.2307/20076095

Pinto Barbosa, Manuel (1977a), "A Balança de Pagamentos em Países de Emigração: perspectiva de Longo Prazo", in *Conferência Internacional sobre Economia Portuguesa*, vol. I. Lisboa: The German Marshall Fund of the United States e Fundação Calouste Gulbenkian, 319–348.

Pinto Barbosa, Manuel (1977b), "Emigration without remittances — a comment", *Economia*, 1(3): 468–476.

Pinto Barbosa, Manuel (1982), "Emigração com remessas: um problema de transferência dupla", *Economia*, 6(2): 175–192.

Pinto Barbosa, Manuel (1984 [1977]), *Growth, Migration and the Balance of Payments in a Small Open Economy: Portugal*. New York: Garland.

Pinto Barbosa, Manuel (1985), "Em defesa de um escudo visível", *in* AA.VV., *Mão Invisível*. Lisboa: Edipress, 21–22.

Pinto Barbosa, Manuel (1989), "Credit Ceilings and Monetary Policy in Portugal", *in* Alfredo de Sousa, Francisco Pereira de Moura, Jaime Reis, Jorge Braga de Macedo, José Joaquim Teixeira Ribeiro, Luís Miguel Beleza, Manuel Jacinto Nunes e Vítor Constâncio (coords.), *Nova Economia em Portugal — Estudos em Homenagem a António Manuel Pinto Barbosa*. Lisboa: Faculdade de Economia da Universidade Nova de Lisboa, 595–602.

Pinto Barbosa, Manuel; Beleza, Luís Miguel (1980), "External desequilibrium in Portugal 1975–1978", in *2ª Conferência Internacional sobre Economia Portuguesa*, vol. I. Lisboa: The German Marshall Fund of the United States e Fundação Calouste Gulbenkian, 43–64.

Reis, Jaime (1987), "Apresentação", in *Guia da Faculdade de Economia 1987–88*. Lisboa: Faculdade de Economia da Universidade Nova de Lisboa, 9–10.

Rodrigues, João (2018a), "Comentário: Construir uma Nova Economia — dos anos 70 aos anos 90", *in* Jorge Braga de Macedo (coord.), *Macro de Economia Aberta — Ensino e Prática depois de Abril*. Lisboa: Academia das Ciências de Lisboa, 62–69.

Rodrigues, João (2018b), "Na sombra de 1989 — economia política internacional depois do fim da história", *Revista Crítica de Ciências Sociais*, Número Especial: 189–216. DOI: https://doi.org/10.4000/rccs.7834

Silva, Aníbal Cavaco (1980) "A política orçamental portuguesa em 1974–1978", in *2ª Conferência Internacional sobre Economia Portuguesa*, vol. I. Lisboa: The German Marshall Fund of the United States e Fundação Calouste Gulbenkian, 185–214.

Sousa, Alfredo; Moura, Francisco Pereira; Reis, Jaime; Macedo, Jorge Braga; Ribeiro, José Joaquim Teixeira; Beleza, Luís Miguel; Nunes, Manuel Jacinto; Constâncio, Vítor (coords.) (1989), "Nota Prévia", *Nova Economia em Portugal — Estudos em Homenagem a António Manuel Pinto Barbosa*. Lisboa: Faculdade de Economia da Universidade Nova de Lisboa, 7.

Taylor, Lance (1977), "A Balança de Pagamentos Portuguesa", in *Conferência Internacional sobre Economia Portuguesa*, vol. I. Lisboa: The German Marshall Fund of the United States e Fundação Calouste Gulbenkian, 283–317.

Capítulo 3
O Banco de Portugal e a disseminação de ideias económicas

Ana Costa

Introdução

O Departamento de Estudos Económicos (DEE) do Banco de Portugal é considerado por Carlos Bastien, num texto sobre o processo de modernização do pensamento económico em Portugal no período pós-1945, «como um dos mais importantes centros de estudos» que tem, «desde 1975, [...] vindo a produzir estudos muito importantes, em especial sobre a economia Portuguesa» (Bastien, 2000: 173).

O estudo de caso do DEE tem como objetivo contribuir para a compreensão da dinâmica recente de evolução da investigação portuguesa em Economia. O DEE parece, na verdade, refletir um padrão que é comum a outros bancos centrais, ou a organismos internacionais como o Fundo Monetário Internacional (FMI), que é o da interseção dos domínios da investigação teórica e aplicada e do aconselhamento e tomada de decisão de política económica. O prefácio ao livro *A Economia Portuguesa no Contexto da Integração Económica, Financeira e Monetária*, de 2009, do então governador do Banco de Portugal, Vítor Constâncio, sublinha e enaltece esta interseção, apresentando o livro como um produto dessa ligação entre investigação económica e política económica. Os modelos estocásticos de equilíbrio geral, que servem de referência a uma parte muito substantiva da investigação económica que é atualmente feita no DEE são apresentados no referido prefácio como uma metodologia que, emanando da abordagem dominante da macroeconomia, foi desenvolvida no âmbito dos departamentos de pesquisa dos bancos centrais (Constâncio, 2009: xii).[1]

A compreensão mais aprofundada da dinâmica recente de evolução da investigação portuguesa em Economia, que se pretende ter a partir do estudo de caso do DEE, requer que se considere a própria história do departamento, atendendo ao quanto ela pode ser ilustrativa do modo como o DEE se constituiu numa nova e influente jurisdição com um papel importante na trajetória intelectual e na consolidação do campo científico da Economia em Portugal. Considere-se, em particular, como o percurso intelectual do DEE interseta a própria trajetória histórica, intelectual e política em que a economia portuguesa e a ciência económica em Portugal se inscrevem. Recentemente, esta interseção teve, na experiência do programa de "resgate" da troika[2] (2011–2014), um episódio ilustrativo. O relatório de avaliação do DEE, da autoria de Vítor Gaspar, Fátima Barros, Ricardo Reis e João Santos salienta como o «Banco de Portugal contribuiu de forma construtiva para os diversos pilares do programa» (2014: 17).[3]

Foi, todavia, no contexto intenso dos anos 1970 e no período subsequente de integração europeia da economia portuguesa que o papel do DEE foi mais influente, constituindo-se como parte integrante de uma dinâmica de transição e de consolidação de uma certa forma de pensar o económico em Portugal. Neste capítulo, procura-se clarificar e situar a natureza do contributo do DEE nas décadas de 1970 e 1980 para a homogeneização da paisagem intelectual da Economia em Portugal e para o fecho de possíveis alternativas, teóricas e práticas, num contexto em que aquela paisagem era ainda profundamente diversa, fragmentada e heterogénea.[4]

[1] Tendo como pano de fundo a crise financeira de 2007–2008, o prefácio de Vítor Constâncio não poderia deixar de apontar as hipóteses demasiado restritivas em que os modelos estocásticos ditos de primeira geração assentam, designadamente no que se refere ao comportamento racional dos agentes que povoam esses modelos e às limitações que decorrem da não integração de certos fenómenos como o desemprego involuntário ou o papel do Estado. Mantém-se, no entanto, a crença na plasticidade dos modelos em serem capazes de acomodar aspetos do funcionamento das economias, entendidos geralmente como irregularidades, desvalorizando-se os problemas de inconsistência que podem decorrer deste alargamento (Constâncio, 2009: xii–xiii).

[2] Fundo Monetário Internacional (FMI), Comissão Europeia (CE) e Banco Central Europeu (BCE).

[3] Este relatório de avaliação é o resultado do trabalho de uma comissão de avaliação independente, nomeada pelo Banco de Portugal, à atividade do DEE. Os membros desta comissão são os autores do relatório.

[4] O argumento pode ser apresentado como simétrico da tese hirschmaniana de Ilene Grabel (2017) da "incoerência produtiva". Esta tese é mobilizada por Ilene Grabel como uma tese

O presente estudo sobre o DEE destaca certas circunstâncias específicas da própria dinâmica de transformação da economia portuguesa, com relevo na atividade do departamento, bem como os relacionamentos que estabeleceu a vários níveis — institucional, político e académico. Episódios como os do primeiro programa de ajustamento com o FMI, em 1977–1978, e a primeira e segunda Conferência Internacional sobre Economia Portuguesa,[5] entre, respetivamente, 10 e 13 de outubro de 1976, e 26 e 28 de setembro de 1979, na Fundação Calouste Gulbenkian, são bem ilustrativos daquelas circunstâncias.

Assume-se que se pode estabelecer um nexo entre os relacionamentos que foram mais relevantes para a atividade do DEE e o seu edifício teórico, sabendo-se que este não pode deixar de influenciar o desenho de recomendações de política económica associadas à atuação do Banco de Portugal, bem como as narrativas ou os discursos que lhes estão subjacentes. Reconhece-se, porém, que a relação entre, por um lado, as ideias económicas e os pressupostos teóricos e, por outro, a ação em matéria de política económica é complexa. A complexidade desta relação advém, em parte, da sua natureza mediada. Nos fatores que a medeiam estão, entre outros elementos, diversos entendimentos normativos e diferentes narrativas de política que vão estabelecendo os limites do aceitável, do imaginável, oferecendo um enquadramento interpretativo que ajuda a definir um diagnóstico e a formular recomendações de política económica (Campbell, 2002; Gabor, 2011; Ban, 2013; Clift, 2018).

Ademais, a atividade do DEE tem lugar num contexto institucional preciso, que é o Banco de Portugal. O banco central assume funções de regulação e estabilização do sistema financeiro, estando a atividade do DEE

contra a ideia de que o *statu quo* permanece inalterado, procurando mostrar como as mudanças institucionais, em particular, no que se refere à governação financeira no contexto pós-crise de 2007–2008, podem acontecer por via de uma proliferação de alterações parciais, inconsistentes, fragmentadas. No contexto do presente capítulo, importa realçar o valor, a vários níveis — epistémico, político, cultural, ou social — da aparente inconsistência que resulta da coexistência de perspetivas teóricas e de política económica diversas.

5 As conferências realizaram-se sob a responsabilidade conjunta da Fundação Calouste Gulbenkian e do German Marshall Fund of the United States, e a ideia original, referida no discurso de abertura da primeira conferência pelo então presidente da Fundação Calouste Gulbenkian, José de Azeredo Perdigão, era a de, «numa perspectiva técnica e científica, buscar as soluções consideradas mais aptas para a restauração da economia portuguesa» (Perdigão, 1977: 18).

inserida no aconselhamento e apoio técnico em áreas de política económica e na representação do Banco de Portugal no âmbito do Eurosistema e do Sistema Europeu de Bancos Centrais. O que se procura sublinhar é que o Banco de Portugal é um ator político; a sua adesão, ou a do DEE, a certas ideias ou recomendações de política económica não se esgota, portanto, na controvérsia entre paradigmas teóricos da Economia.

Este estudo sobre o DEE procura ser também um contributo para uma reflexão sobre a forma como as ideias económicas circulam internacionalmente e se disseminam. Sobre este debate assume-se, porém, uma posição particular, defendendo-se que o modo como as ideias económicas se formam e circulam no plano internacional não se reduz a uma relação meramente unidirecional em que as ideias produzidas no "centro" são assimiladas pelas semiperiferias. Mesmo quando o mecanismo dominante é de uma relação hierárquica que, em determinadas circunstâncias, pode assumir contornos coercivos, como acontece na atividade do DEE, a perspetiva de economia política institucionalista, que aqui se adota, dá relevo ao modo como as ideias económicas influentes produzidas no "centro" se repercutem a vários níveis e de modos diferentes localmente. As ideias são sujeitas a um processo de institucionalização, de transmutação em práticas, políticas, ou dispositivos de apoio à tomada de decisão, cujas formas específicas dependem também da própria trajetória histórica e de condicionantes locais de natureza política, económica, social e cultural.

Este estudo sobre o DEE foi desenvolvido dando voz a alguns dos seus protagonistas. Foi recorrendo, principalmente, à informação das entrevistas tidas com estes protagonistas que se procurou dar conta do papel do DEE na dinâmica recente de evolução da investigação portuguesa em Economia.[6] Estas entrevistas deram origem a um conjunto de conversas gravadas de que serei afinal a intérprete. Entre toda a autoridade da gravação e a falência da interpretação que se segue estarão, sem dúvida, pressupostos e influências, alguns dos quais já explicitados nesta introdução, que são também devedores de um quadro teórico de que se procurará dar

[6] Estas entrevistas foram concedidas por Abel Mateus (AM), a 11 de outubro de 2018, no jardim da Fundação Calouste Gulbenkian; Teodora Cardoso (TC), a 25 de outubro de 2018, nas instalações do Conselho das Finanças Públicas; e por Isabel Horta Correia (IHC), a 7 de novembro de 2018, nas instalações do Banco de Portugal, na rua Almirante Reis, em Lisboa. Agradece-se toda a colaboração na concessão destas entrevistas. Todas as citações destes economistas não referenciadas dizem respeito a estas entrevistas.

conta na próxima secção.[7] As vozes dos protagonistas aparecem de forma entrecortada num exercício que os reconhece como atores privilegiados da dinâmica de afirmação e consolidação do trabalho do DEE. É sobre este papel e um conjunto de ideias que parece ressaltar das entrevistas que se irá alicerçar o presente texto nas secções 2 e 3.

1. A influência das ideias económicas: esboço de um quadro teórico

É consensual que certas ideias económicas são mais persuasivas do que outras. O debate sobre os mecanismos que explicam a influência de umas em detrimento de outras suscita, porventura, mais controvérsia. Defendo que o estudo sobre o DEE pode constituir um estudo de caso interessante para indagar acerca dos mecanismos subjacentes ao domínio de determinadas ideias, à sua maior influência no desenho de políticas económicas e de reconfigurações institucionais, e ao modo como se formam certas comunidades que partilham uma determinada infraestrutura cognitiva e uma visão do mundo.

Já se defendeu na introdução deste capítulo que a relação entre as ideias económicas e a tomada de decisão de política económica é complexa. Considera-se que a existência de uma visão acerca das formas de organização da vida material e dos mecanismos concretos de funcionamento das economias contida num determinado discurso económicos — que se pode tornar hegemónico e consensual entre economistas e decisores políticos — e os pressupostos teóricos subjacentes terão necessariamente influência sobre o leque de alternativas de política que são imagináveis e sobre as escolhas efetuadas. Simultaneamente, defende-se que a relação entre as ideias económicas, o "mundo real" — a economia num sentido substantivo — e as políticas é complexa. Esta tensão é mantida e defendida ao longo do presente capítulo.

Na linha de Blyth (2007), pode olhar-se para determinadas circunstâncias específicas, como as de crise económica, ou para outros períodos históricos de maior transformação institucional, para se perceber a influência das ideias e dos discursos económicos. Como refere o autor, é no contexto destas situações que os atores políticos tendem a experimentar uma incerteza maior e a vários níveis — epistémico e axiológico — que os priva de uma grelha interpretativa sobre o que poderão constituir os seus

7 Uma outra influência é David Sylvester, no seu livro *Interviews with Francis Bacon* (2016).

próprios interesses e a sua visão do mundo. Por isso, é nestas situações que a força de certas ideias económicas e dos discursos que as contêm adquirem maior expressão.

A literatura sobre a circulação e a difusão internacional de ideias económicas considera, em particular, a sua circulação entre o "centro" e as "periferias", atendendo à natureza assimétrica das condições de produção e das relações entre estes espaços. Procura-se, fundamentalmente, compreender como a Economia enquanto ciência e prática se desenvolveu a uma escala global e em que medida o estudo dos casos nacionais de investigação em Economia podem contribuir para a historiografia da disciplina em geral.

A opção pelo estudo do DEE representa uma visão diferente — mesmo que se possa conceder que não é de rutura em relação a este quadro teórico — pelo menos a dois níveis. Em primeiro lugar, a motivação que assiste ao estudo não é a contribuição para a historiografia da Economia enquanto disciplina científica, mas antes a de ter uma compreensão mais alargada sobre as forças e os mecanismos que podem estar subjacentes à hegemonia de determinadas ideias e discursos económicos, entendendo que o DEE pode constituir um estudo significativo para esta compreensão. Em segundo lugar, como já foi referido na introdução, tem-se uma visão mais ampla sobre o modo como as ideias económicas se formam e circulam no plano internacional.

Esta visão provém, essencialmente, de um outro quadro teórico, que é o da economia política institucionalista (Campbell, 2002; Gabor, 2011; Ban, 2013; Clift, 2018). O contributo importante deste quadro teórico para o estudo do DEE é, em primeiro lugar, permitir que se fale de comunidades de atores, que englobam a academia, mas a extravasam largamente. Fala-se de comunidades epistémicas,[8] em que normas profissionais aparecem incrustadas em hábitos de pensamento e de ação, e em que prevalecem certos entendimentos partilhados sobre o modo como a economia funciona e/ou deverá funcionar, encapsulados em discursos que fornecem uma grelha interpretativa do que está a acontecer e também do que é

[8] A literatura refere-se ao conceito de "comunidade epistémica" — a comunidade académica dos economistas, os especialistas e/ou técnicos de organizações internacionais, os decisores políticos, os jornalistas, ou os cidadãos — como uma comunidade de diversos atores que partilham uma determinada infraestrutura cognitiva e uma visão do mundo. Inclui crenças, teorias, valores, mas também dispositivos de apoio à tomada de decisão pública, imbricados em hábitos e rotinas e em diversas formas organizacionais (Fourcade, 2006; Hirschman e Berman, 2014).

imaginável em termos de alteração de política económica. Em segundo lugar, permite dar uma maior atenção ao particular, ao específico, reconhecendo a possibilidade de localmente se assistir a determinadas configurações que não se reduzem às forças e aos mecanismos globais, e que resultam de se considerar que existe deliberação, volição e autonomia. Parece-me fundamental destacar este aspeto quando se procura fazer um estudo sobre o DEE que atenta, em particular, sobre a voz e a ação de alguns dos seus protagonistas.

É neste sentido que quando se fala da formação desta nova jurisdição dos técnicos do DEE se lhe atribui uma certa autonomia. Isto comporta reconhecer que os atores que compõem esta superestrutura tecno-burocrática não são agentes passivos, caracterizando-se antes por uma ação que é criativa e reflexiva, que é capaz de influenciar o modo como os problemas são fixados, como determinados significados se generalizam e como se dá lugar à estabilização de certas formas de interpretação. É claro que se está sempre a assumir que este processo não ocorre ao nível de mentes encerradas em si mesmas ou de indivíduos isolados. É também por isso que se reconhece o papel das várias colaborações que se vão estabelecer a vários níveis — académico, político e institucional. Simultaneamente, reconhece-se, assumindo a tensão tão característica do pensamento institucionalista entre ação e estrutura, volição e causalidade, que a atividade desta jurisdição dos técnicos do DEE está sempre dependente também de um conjunto de fatores que, sendo simultaneamente materiais e discursivos, formam o seu ecossistema, circunscrevendo e configurando essa atividade.

Ainda na linha de pensamento da economia política institucionalista, alguns autores têm vindo a contestar a ideia de que os "regimes internacionais" de economia política sejam homogéneos. Um destes trabalhos, que constitui também uma ilustração do que acima foi referido sobre a importância de se atender ao particular, é a investigação de Sarah Babb (2007), que procura dar conta dos fatores que podem ter contribuído para o FMI logo desde muito cedo, no contexto das intervenções no México em 1947 e em 1954, ter adotado uma política de austeridade anti-inflacionista com reminiscências da abordagem de política económica característica do regime do padrão-ouro, num regime de economia política que era marcado pela perspetiva keynesiana. Um dos fatores a que Babb alude é a presença dominante de ideias económicas conservadoras entre os técnicos do FMI. Esta presença decorreria em grande parte do predomínio de formações na área das finanças públicas e de experiências profissionais anteriores em bancos centrais e ministérios das finanças sob o regime do padrão-ouro, determinado por uma abordagem deflacionista ao problema do desequilíbrio externo.

2. Abertura e normalização epistémica: a economia portuguesa dos anos 1970 e o DEE

O contexto da economia portuguesa nos anos 1970 foi marcado por um conjunto de fatores diversos, de natureza externa e interna, que originaram mudanças abruptas: o fim da convertibilidade do dólar em ouro, em 1971, e a falência do sistema de Bretton Woods, a crise do petróleo, a revolução de 25 de Abril de 1974 e o processo que se impôs de democratização da sociedade, da economia e da governação do país. Perante esta turbulência, o Banco de Portugal teve de se reinventar, de se adaptar:

> As coisas mudaram completamente com o 25 de Abril. E mudaram não tanto por alguma decisão política, embora evidentemente aí as decisões políticas tivessem abundado, mas porque o papel do Banco mudou radicalmente. O papel do Banco antes do 25 de Abril era completamente passivo, o que era determinante eram as finanças públicas. As finanças públicas estavam em ordem, o Estado não recorria a crédito. O Banco, portanto, não tinha nenhuma preocupação. Por outro lado, a balança de pagamentos era excedentária e esse excedente da balança de pagamentos alimentava a liquidez dos bancos, portanto o Banco de Portugal também não tinha que se preocupar muito com isso. A supervisão bancária estava ainda no Ministério das Finanças, portanto, menos uma razão para se preocupar. Logo, qual era o papel do Banco? (TC)

A redefinição do papel do Banco de Portugal esteve, num primeiro momento, associada a uma alteração de natureza institucional. A nacionalização do Banco de Portugal dá-se em 1974, passando então a constituir uma empresa pública (Ministério das Finanças, 1974). A lei orgânica é aprovada com o Decreto-Lei 644/75, de 15 de novembro, podendo ler-se no Art. 4º, Capítulo I, que o

> Banco de Portugal é o banco central da República Portuguesa, devendo, nessa qualidade, no contexto da política económica e financeira nacional e por forma a assegurar o desenvolvimento do País, zelar pelo equilíbrio monetário interno e pela solvência exterior da moeda. (Ministério das Finanças, 1975)

A preparação da revisão da Lei Orgânica é apontada por Teodora Cardoso como um dos primeiros trabalhos em que esteve envolvida no Banco de Portugal:[9]

> o Banco criou um grupo de trabalho com pessoas dos vários serviços; fomos todos envolvidos numa discussão sobre o que faz o Banco, o que deve fazer; era um contexto em que o acesso à informação, aos estatutos de outros bancos, não estava facilitado, não havia Internet. Tínhamos alguns contactos e os estatutos de alguns bancos centrais, mas a situação é muito diferente de país para país. (TC)

Nesta fase, marcada pela experiência então recente de governação democrática do país, parece existir, da parte dos técnicos do Banco de Portugal, um nível de grande autonomia, sugerido pelo seu envolvimento na definição da missão do banco e do seu desenho institucional.

2.1. Esboço de um ecossistema

Começo por caracterizar o ecossistema e os vários elementos que o compõem — de natureza material e discursiva — em que se dá a afirmação desta nova jurisdição dos técnicos do DEE. Em primeiro lugar, ao nível da dinâmica interna do Banco de Portugal e do DEE, existe um legado que importa assinalar. Este legado tem consequências materiais, mas também normativas e interpretativas, aparecendo representado nas palavras de Teodora Cardoso pelo poder das finanças públicas, pela sua natureza conservadora e pela imagem de um Estado que não recorria a crédito. Este contexto anterior à revolução foi vivenciado por alguns dos técnicos do Banco de Portugal na sua atividade profissional no banco, vivendo de perto a urgência de um tempo novo e dos seus desafios.

Há que assinalar as fragilidades de conhecimento da economia portuguesa e até de experiência de condução da política monetária que foi necessário defrontar, e a limitação do campo da Economia em Portugal. Afinal, como referem Teodora Cardoso e Raymond Hill, «[a]té Abril de 1974, a oferta de moeda em Portugal era determinada pela balança de

[9] Teodora Cardoso foi admitida como técnica do Banco de Portugal em 1973. Foi diretora do DEE entre 1985 e 1990. De 2008 a 2012, foi membro do Conselho de Administração do Banco de Portugal. Entre 2012 e 2019, foi presidente do Conselho Superior do Conselho das Finanças Públicas.

pagamentos. O Banco de Portugal não realizava operações de mercado aberto e a oferta de crédito do banco central era fortemente controlada» (1977: 372). Por sua vez, o grupo de técnicos do DEE era reduzido, como nota Teodora Cardoso: «O Departamento de Estudos era composto por seis pessoas». E as «universidades, nesta altura, estavam no caos. Daí não advinha nenhuma espécie de apoio — até se houvesse alguma coisa era o contrário» (TC).

Abel Mateus[10] sugere as mesmas dificuldades:

> o Gabinete de Estudos do Banco de Portugal era um órgão que já existia há muitos anos. Produzia, sobretudo, um relatório anual, que tinha, essencialmente, estatísticas sobre toda a economia portuguesa. [...] Estagnou muito e não evoluiu, sobretudo, nos anos 1960 e princípio dos anos 1970; não evoluiu na sua capacitação em termos dos instrumentos mais modernos de análise económica, ao nível da estatística e econometria. (AM)

Em segundo lugar, salientem-se as condições da economia portuguesa e a sua situação semiperiférica num contexto, a partir de 1974, em que, como refere José Reis, «[a]s dimensões sociais da democracia, tanto como a sua dimensão política, tornam-se relevantes» (2018: 51). Trata-se da "capacitação do país" em domínios diversos, da «saúde, da educação, da segurança social e do desenvolvimento do território e a relação que tudo isto tem com a redução das desigualdades sociais» (2018: 53). Urgem ainda respostas para problemas de estabilização macroeconómica como os que se referem à subutilização da capacidade produtiva, à necessidade de aumentar o investimento e o emprego, e à dificuldade de financiamento da economia portuguesa.

Neste contexto, assinalado pela 1ª Conferência Internacional sobre Economia Portuguesa, Teodora Cardoso e Raymond Hill defendem uma abordagem expansionista da política económica. Reconhecendo-se que a economia portuguesa funcionava abaixo da sua capacidade produtiva, a prioridade seria o aumento do investimento. A política monetária deveria

[10] Foi técnico superior do Gabinete de Estudos do Banco de Portugal no período de 1978–1981. Foi membro do Conselho de Administração do Banco de Portugal de 1992 a 1998 e consultor deste órgão de 1998 a 2003. Foi economista sénior do Banco Mundial entre 1981 e 1992, e exerceu funções de consultoria no Banco Mundial e no FMI no período entre 1998 e 2003. É professor da Faculdade de Economia da Universidade Nova de Lisboa.

manter-se acomodatícia, facilitando a disponibilidade de crédito e garantindo uma política de redesconto automático a taxas de juro fixas. Defendia-se então que, «[e]m vez de utilizar a restrição do crédito para corrigir o défice externo, a política de crédito deve ter em vista apoiar a recuperação do investimento e especialmente a expansão da produção de bens que são objeto de comércio internacional», considerando-se que «o instrumento adequado para reduzir esse défice é a desvalorização e não a política de crédito» (Cardoso e Hill, 1977: 370). Ao mesmo tempo, avançava-se que a

> restrição da procura global, quando se tornar necessária, deve ser conseguida sobretudo à custa do aumento da poupança corrente do sector público (ou seja, da redução dos respectivos défices correntes), de forma a poder manter-se o máximo incentivo ao investimento. (Cardoso e Hill, 1977: 379)

O problema de subinvestimento era visto como estando relacionado, no lado da procura, com «a incerteza que os empresários enfrentam quanto à evolução futura da economia» (Cardoso e Hill, 1977: 383) e, no lado da oferta de crédito, como resultando, fundamentalmente, da «indefinição quanto aos objectivos das instituições de crédito, conjuntamente com uma tradição conservantista e de fuga ao risco» (1977: 384). Contrariava-se uma política de elevação das taxas de juro como forma de incentivo à poupança. Entendia-se então que esta seria uma política desadequada numa fase recessiva, tanto mais que, considerando o elevado grau de capacidade produtiva não utilizada, seria por intermédio da recuperação do investimento que se poderia ter um aumento da poupança.

Do lado da oferta de crédito, avançava-se com propostas de alteração da legislação bancária e outras mudanças institucionais relacionadas, em parte, com a melhoria do mecanismo de redesconto, chegando-se mesmo a propor que o Banco de Portugal pudesse «conceder ele próprio crédito directo a empresas [...] é politicamente improvável que os bancos voltem a ser instituições concorrentes em busca do lucro máximo, o sistema terá de evoluir no sentido de um acrescido controle central» (Cardoso e Hill, 1977: 387).

Em terceiro lugar, e por último, as contingências e a incerteza associadas ao processo de transformação da economia portuguesa com destaque para a situação de desequilíbrio externo e a intervenção do FMI[11] constituíram

[11] Está a falar-se da primeira intervenção do FMI, em 1977; a segunda intervenção teve lugar em 1983, a última aconteceu no contexto da troika, em 2011.

um terreno favorável à afirmação desta nova jurisdição dos técnicos do DEE. A intervenção do FMI, em particular, teve uma repercussão imediata no discurso destes atores, que é possível identificar na passagem de uma abordagem expansionista para uma política de austeridade. Esta alteração do discurso não tinha, no entanto, correspondência numa alteração substantiva dos problemas que se reconheciam constituir obstáculos fundamentais ao desenvolvimento da economia portuguesa — a subutilização da capacidade produtiva, a necessidade de aumentar o investimento e de criar mais emprego.

A mudança de enfoque é visível pela comparação dos discursos que são proferidos no âmbito da primeira e da segunda Conferência Internacional sobre Economia Portuguesa. Para Teodora Cardoso, a primeira conferência serviu para legitimar a política de desvalorização do escudo: a conferência veio tornar

> público o trabalho que se andava a fazer e a necessidade de se adotarem práticas que não eram as habituais. E a mais importante que tinha de ser "vendida" era a desvalorização do escudo. O antigo regime tinha feito acreditar que ter um escudo forte era importante. (TC)

Não obstante o condicionamento que provinha do problema do financiamento externo da economia portuguesa, ainda havia, no contexto da primeira conferência, espaço para a defesa de uma política de natureza expansionista que visasse o incremento do investimento.

O prefácio do livro da primeira conferência, assinado por E. Cary Brown, Rüdiger Dornbusch, Richard S. Eckaus, Robert M. Solow e Lance J. Taylor (1977), destaca que o terceiro relatório elaborado pelo grupo de economistas do Massachusetts Institute of Technology (MIT)[12] vem anunciar o fim de uma política expansionista: a melhoria dos padrões de consumo passa a ser vista como insustentável e considera-se também fundamental estancar a política de aumentos salariais.[13] Pelo contrário, os dois primeiros

[12] O grupo de economistas do MIT elaborou um conjunto de estudos sobre a economia portuguesa. Deste grupo fazia parte Rudiger Dornbusch, Richard Eckaus, Lance Taylor e Paul Krugman. Miguel Beleza também fez parte deste grupo; foi, posteriormente, técnico do Banco de Portugal e seu governador. Nesta série de estudos, destaca-se a colaboração com o Banco de Portugal, em particular, sob a figura do seu governador, José da Silva Lopes.

[13] A apresentação do relatório foi alvo de um enorme desagrado por parte de Francisco Pereira de Moura, responsável por fazer o comentário da apresentação: «Esta conferência há-de

relatórios produzidos por este grupo estariam mais próximos de uma visão expansionista da política económica.

É, pois, no âmbito da segunda conferência que se assiste a um consenso generalizado em torno de políticas restritivas. Para Teodora Cardoso, o programa de resgate do FMI terá provocado

> uma mudança radical nas prioridades da política económica e, pela primeira vez em muitos anos, era oficialmente aprovada em Portugal uma política de características restritivas, definida em termos comparáveis aos das restantes economias ocidentais quando em face de uma crise cambial grave e insusceptível de outro tipo de solução no curto prazo. (Cardoso, 1980: 82)

O diagnóstico então partilhado por técnicos do Banco de Portugal que participaram na segunda conferência apontava para uma nova normatividade, que era ela própria convergente com a leitura do FMI sobre a economia portuguesa: forte endividamento externo, perda de reservas cambiais, fraca competitividade das exportações portuguesas, enorme aumento salarial, aumento dos gastos públicos, nacionalização dos setores básicos da economia e fraco investimento privado. A construção desta nova normatividade pressupõe uma descrição da economia portuguesa em novos moldes. O discurso que se impõe é que a economia portuguesa é uma pequena economia aberta, decompondo-se pelo menos em três níveis: a) descritivo, apontando para a crescente abertura e integração da economia portuguesa; b) normativo, adotando a ideia de que a política económica deveria ser subsidiária dos mercados e que deveria assentar na promoção de uma configuração institucional ela própria facilitadora da crescente abertura e integração da economia portuguesa; c) imagético,

parecer perante a opinião pública portuguesa, perante o povo e os trabalhadores portugueses como uma reunião de elite, uma reunião de uns quantos privilegiados (técnicos, especialistas, cientistas) que sob o beneplácito e iniciativa norte americana, dos dominadores do mundo, vieram aqui para discutir os problemas do povo português. Pois é preciso que se diga nesta conferência [...] que muita gente em Portugal tem medo de conferências destas» (Moura, 1977: 95). «Neste relatório elaborado pelos estagiários do MIT há como que "uma sugestão" de que a maior parte dos inconvenientes, das dificuldades, dos pontos débeis da economia portuguesa actualmente se devem à subida dos salários. [...] poderemos conceber o regresso à estrutura de repartição do rendimento tradicional, anterior ao 25 de Abril? [...] Não se vê como é inconciliável a democracia política com a repressão?» (1977: 99).

correspondendo a uma certa imagem[14] ou visão sobre o que seria a modernidade da economia portuguesa.

A mudança radical que Teodora Cardoso refere não estava limitada ao nível das prioridades de política económica. Como se procura mostrar, a alteração de perspetiva de política económica estava associada a uma mudança ideacional da economia portuguesa e a um processo de normalização epistémica do próprio campo científico da Economia em Portugal. Estas dimensões complementam-se e estão encapsuladas umas nas outras. À conceptualização da economia portuguesa como uma pequena economia aberta correspondia a inscrição da sua análise no quadro teórico e no debate dominante na Economia. A síntese neoclássica, não obstante o surgimento da nova economia clássica, e abordagens como o enfoque monetário da balança de pagamentos, em que assentam os programas de ajustamento estrutural do FMI,[15] eram influentes. A tónica no campo científico da Economia, como na esfera da governação, era de atenção à crescente internacionalização da economia. Teodora Cardoso aponta as implicações para a política monetária desta mudança, que se consubstanciariam numa política de taxas de juro orientada «para encorajar a formação de poupanças e garantir que as aplicações financeiras internas [fossem] suficientemente remuneradoras para evitar saídas de capitais que, como a experiência de 1976/77 provou, põem em sério risco o potencial de crescimento do país» (1980: 83).

A política restritiva de que Teodora Cardoso fala sobrepõe o equilíbrio externo a outros equilíbrios internos e aponta para diversos instrumentos de controle do défice externo, além da política de taxas de juro, como a fixação de limites à expansão do crédito interno total e a desvalorização do escudo.

2.2. A construção de um espaço de colaborações

O que explica a força de uma ideia? Para responder a esta questão, considerem-se as colaborações que o DEE teceu a vários níveis, institucional,

[14] Cabe aqui uma referência a uma tradição discursiva da economia política institucionalista com destaque para Kenneth Boulding (1997 [1961]).

[15] J. J. Polak, "Monetary Analysis of Income Formation and Payments Problems", *Staff Papers, IMF*, vol. 6: 1–50, 1957 (reeditado em 1977, IMF: 15–64.); Fundo Monetário Internacional, *The Monetary Approach to the Balance of Payments*, Washington, 1977.

político, académico, bem como os atores desta construção, donde emergiram importantes elementos de credenciação do grupo de técnicos do DEE.

Nas palavras de Teodora Cardoso, «o farol mais importante — e veio, de facto, do Dornbusch — foi a noção de sermos uma pequena economia aberta», fazendo notar a forte ligação estabelecida neste período entre os técnicos do DEE e o grupo de economistas do MIT. O aconselhamento económico prestado pelo grupo de economistas do MIT, entre 1974 e 1976, em resposta ao pedido de José da Silva Lopes, governador do Banco de Portugal de 1975 a 1980, mostra a existência de vários planos que se sobrepuseram e se complementaram e das colaborações que aí se inscreveram. Considere-se, em particular, as ligações entre um espaço público em que importava encontrar legitimação para uma mudança de discurso económico e para a redefinição das prioridades de política económica, e o espaço académico em que emergia um processo de normalização epistémica da Economia em Portugal.

Como nota Teodora Cardoso,

> ao longo de 1974/1975 a situação tinha-se tornado dramática ao nível do financiamento do défice externo. O défice tinha aumentado espetacularmente, as reservas de divisas tinham desaparecido. É neste contexto que o Doutor Silva Lopes chamou uma série de economistas de vários sítios; todos estavam interessadíssimos no nosso caso e o Doutor Silva Lopes aproveitou isso. (TC)

Referindo-se a Silva Lopes,

> ele era amigo do Eckaus e o Eckaus organizou uma equipa para vir trabalhar connosco. A primeira equipa eram só professores, veio o Eckaus, o Dornbusch e o Lance Taylor; estiveram por cá um tempo, andaram a estudar a nossa economia. Depois desta primeira missão em que vieram os três professores, veio a equipa dos estudantes; estiveram cá durante vários meses, cerca de seis meses. Nesta equipa estava o Paul Krugman e também estava o Kenneth Rogoff. (TC)

No mesmo sentido, Abel Mateus assinala como

> extremamente interessante a dinâmica, que foi em grande parte uma contribuição importantíssima do Professor Doutor Silva Lopes, de trazer pessoas do estrangeiro, que viessem ajudar no aconselhamento das políticas económicas.

[...] tive a sorte de logo no primeiro ano do meu trabalho, no ano em que entrei, de trabalhar com uma equipa que era coordenada pelo Professor Dornbusch, do MIT, que era um grande especialista de Economia Internacional Monetária, e com dois alunos dele em particular, que eram Rogoff, agora um economista de Harvard de grande reputação, e um outro economista de Stanford. [...] E também houve um outro [Andrew Abel]. (AM)

É no contexto desta colaboração que surge a ideia da "desvalorização deslizante"[16] do escudo implementada em agosto de 1977.

[O] problema era como desvalorizar. Isso foi, de facto, um contributo muito importante dessa equipa do MIT e, em particular, do Dornbusch. O Dornbusch era um especialista de economia internacional e era uma pessoa brilhante e excecional. Devo dizer que, provavelmente, em toda a minha vida, se tiver de apontar qual foi o economista que teve mais importância, foi o Dornbusch. Ele era extremamente claro, via muito rapidamente as questões e tinha soluções muito práticas, que se percebiam, e que eram fáceis de pôr em prática. Uma das intenções, também, desta equipa e deste trabalho que foi feito com eles — aí por parte do Doutor Silva Lopes — era o estarmos preparados para o que ia ser o passo seguinte disto tudo, que era o FMI. A desvalorização gradual do escudo, a ligação com as taxas de juro, com os limites de crédito, com os mercados interbancários — isso tudo foi feito antes de vir o FMI. Quando o FMI veio, [foi necessário subordinar] ao modelo deles do programa de financiamento e limitar o crédito ao setor público, etc., mas com todos os instrumentos que o Banco já tinha. Depois, o FMI publicou um *Occasional Paper*, penso ser o nº 1 dos *Occasional Papers* do FMI, onde conta a história toda como se fosse deles. (TC)

Também Abel Mateus assinala este contributo de Dornbusch para a política económica nacional.

[L]embro-me de uma ocasião extremamente grave para a economia portuguesa, no verão de 1977, em que o Silva Lopes aparece junto desse grupo de pessoas de que eu fazia parte e referiu ter estado com o primeiro-ministro, na altura, Mário Soares, e que lhe foi transmitir a situação de que os cofres, em termos de divisas do Banco de Portugal, estavam esgotados; já não havia mais

[16] *Crawling-peg* na sua denominação original.

divisas para apoiar, em particular, os pagamentos internacionais da economia portuguesa. Pediu-nos que no espaço de duas, três semanas lhe déssemos um programa para ele poder levar ao Primeiro-Ministro para ser implementado. E foi nessa altura que surgiu a ideia de desvalorizar a moeda em 25% — foi um choque enorme — [...] e um conjunto de outras ideias, mas a principal foi essa, e também uma subida das taxas de juro. Introduziu-se a desvalorização gradual, que foi uma ideia importada da América Latina, onde o Professor Dornbusch já tinha participado, em particular, na Argentina, a *tablita*. (AM)

A colaboração com o grupo de economistas do MIT constituiu também um fator reputacional fundamental para a ascensão, reconhecimento e afirmação desta nova jurisdição dos técnicos do DEE. A forma importante como esta nova jurisdição foi formada manifestava-se na enorme influência que era exercida no desenho da política económica nacional e na proximidade com o poder político. Abel Mateus refere-se diretamente a esta dimensão quando nota que:

> nunca mais, depois dessa experiência, nunca mais vi um gabinete, em Portugal, que tivesse um impacto tão grande na formulação da política económica, e em que havia, digamos, um pensamento. Nós discutíamos bastante, fazíamos projeções para a economia, etc., mas havia um conjunto coerente de medidas, em termos macroeconómicos, que eram apontadas [...] — esse é também um aspeto que eu acho de grande, grande interesse —, criou-se um gabinete com uma reputação tal que éramos ouvidos tanto pelo Ministro das Finanças, como pelo Doutor Silva Lopes, que tinha um acesso privilegiado ao Primeiro-Ministro. Nunca mais, como disse, vi um centro com importância tão grande na formação da política económica. (AM)

Outro elemento de credenciação deste grupo de técnicos do DEE advinha da obtenção de um doutoramento nos EUA. Nos anos 1970, Abel Mateus,[17] José António Girão[18] e Miguel Beleza[19] representaram uma primeira geração de economistas com doutoramento nos EUA que colaboraram com o DEE; este movimento ampliou-se a partir da década de 1980,

[17] Doutoramento em Economia pela Universidade da Pensilvânia (1977).

[18] Doutoramento em Economia pela Universidade de Cornell (1972).

[19] Doutoramento em Economia no Massachusetts Institute of Technology (MIT) concluído em 1979.

quando passou a ser mais frequente a entrada de técnicos no DEE com uma formação académica deste tipo. A natureza emulativa que residia em ambos os elementos — a colaboração com o grupo de economistas do MIT e a importância de ter um doutoramento nos EUA — era expressiva de uma vontade e de uma ação que tinham como objetivo comum a constituição de um pensamento económico moderno que implicasse também uma mudança de prescrição de política económica. Este pensamento económico moderno era o dominante, num contexto de influência crescente da academia norte-americana, e em tensão com outros campos de ideias económicas marcados por uma visão desenvolvimentista, ou estruturalista. Abel Mateus refere-se, em particular, ao ISCEF, agora ISEG, uma escola em que estes campos alternativos de ideias económicas ainda tinham um lugar, como

> uma escola que tinha um ensino da Economia bastante insuficiente e antiquado. Mais do que antiquado, talvez eu considere insuficiente, porque apercebi-me, pelo estudo de alguns livros de texto e das referências, do que era o ensino da Economia no estrangeiro, sobretudo o anglo-saxónico; o livro do Samuelson, que era um livro básico, e outros livros de Macroeconomia, de Microeconomia, etc. já eram conhecidos. E verifiquei, em primeiro lugar, uma grande deficiência no ensino da Microeconomia. Uma segunda área em que notei uma grande deficiência foi no ensino da Matemática para economistas. O ISEG sempre foi, e até hoje, bastante forte no ensino de Matemática, mas não fazia a ponte com a Economia. A Economia, sobretudo, a chamada Economia Neoclássica tem uma forte componente quantitativa e, portanto, matemática. (AM)

E Teodora Cardoso assinala a

> perceção de que [seria] necessário um tipo de formação que realmente eram basicamente as universidades americanas que davam. O ISEG, que na altura era o ISCEF, atrasou-se um bocado nisto. Hoje em dia já não é assim, mas no início, de facto, eram muito mais essas universidades [a Faculdade de Economia da Universidade Nova de Lisboa e a Universidade Católica] que avançavam neste sentido. (TC)

Outro ponto de interseção do espaço da academia e do espaço público, em que se mostra como estes vários planos se sobrepuseram e complementaram, foi desencadeado pela primeira intervenção do FMI, como já se notou na subsecção anterior. Aparentemente, a colaboração com o grupo de economistas do MIT, tendo como uma das suas finalidades a preparação para esta intervenção, procurava que a negociação com o Fundo decorresse de uma forma mais ativa:

> o problema que estava na mente — e conversámos muito sobre isso — do Doutor Silva Lopes era nós não estarmos aqui à espera que o FMI nos viesse mandar. Era sabermos o que é que estávamos a fazer e podermos dialogar e negociar com o FMI. (TC)

A colaboração com o grupo de economistas do MIT terá possibilitado certamente a fixação de um léxico comum que poderá ter facilitado as negociações com o FMI. Não obstante esta determinação em se saber o que se estava a fazer e em dialogar e negociar com o FMI, esta nova jurisdição dos técnicos do DEE constituiu-se como "interlocutores internos" privilegiados do Fundo, em parte pela natureza das suas funções e do seu lugar, mas também porque parecia existir um património cognitivo e uma certa visão sobre o modo como a economia funciona comuns aos economistas e técnicos do Fundo e do DEE (Ban, 2013).

Por sua vez, a intervenção do FMI oferecia a legitimidade necessária para a implementação de um conjunto de alterações de política económica que seriam percecionadas pelos atores nacionais como suscetíveis de granjear maior resistência, fazendo deslocar o ónus da sua implementação desses atores políticos internos para o FMI e adquirindo uma nova autoridade. É também neste sentido que pode ser interpretado o consenso generalizado em torno de uma política de austeridade revelado na 2ª Conferência Internacional sobre Economia Portuguesa.

Em suma, o contexto turbulento da economia portuguesa nos anos 1970, as crescentes dificuldades da balança de pagamentos e de financiamento da economia e o programa de resgate do FMI ofereceram o palco a esta nova jurisdição dos técnicos do DEE, que foi ganhando uma importância crescente na definição da política económica nacional e um ascendente teórico sobre outros centros produtores de conhecimento. Como bem se nota, atendendo, em particular, à influência do DEE na formulação da política económica nacional, o departamento tinha uma natureza híbrida. O mesmo é referido por Teodora Cardoso quando assinala que o DEE tinha um papel «que ia muito para lá dos estudos. Toda a gestão da política monetária era feita no DEE, não era feita nos departamentos operacionais» (TC). Este aspeto da sua natureza irá, posteriormente, ser foco de uma alteração deliberada.

3. Aprofundamento da abertura e insularidade epistémica: a economia portuguesa a partir dos anos 1980 e o DEE

A partir da década de 1980 o processo de abertura da economia portuguesa aprofundou-se com a adesão à Comunidade Económica Europeia e a participação no processo de construção da União Económica e Monetária. A este processo de construção de um novo quadro institucional corresponderam várias transformações desencadeadas num primeiro momento pelo Tratado de Maastricht e depois pelo Pacto de Estabilidade e Crescimento. A liberalização da circulação de capitais, a privatização dos bancos, a regulação indireta dos mercados monetários e a criação do Banco Central Europeu (BCE) tiveram repercussões diretas na ação do Banco de Portugal e na missão e na natureza dos trabalhos desenvolvidos pelo DEE. Ocorreu, em consequência, um processo de normalização das atividades do DEE centradas na análise, informação e aconselhamento do Conselho de Administração do Banco de Portugal, e na participação nos trabalhos do Eurosistema e do Sistema Europeu de Bancos Centrais. Com esta nova arquitetura europeia surgiu e consolidou-se uma rede de colaboração entre bancos centrais e entre estes e o BCE.

Teodora Cardoso assinala como todas estas alterações tiveram influência na atividade desenvolvida pelo DEE:

> Na política monetária, a alteração mais importante em meados dos anos 1980 foi a abertura dos bancos à iniciativa privada, a entrada de novos bancos, portanto o sistema de atribuição de limites de crédito teve que ser alterado e tivemos rapidamente que pensar em acabar com aquele sistema e passar a um sistema de controle indireto. [...] [Mais tarde,] a ligação com o trabalho do [BCE] é muito exigente, e o DEE mais uma vez teve de se adaptar a técnicas novas, mas também a novos instrumentos de análise e de implementação de políticas e fez um grande investimento nisso. [...] o Departamento de Estatística também. Aliás, os dois departamentos [o DEE e o Departamento de Estatística] são tidos no BCE como do melhor que há. (TC)

3.1. A construção de uma nova identidade do DEE

A par das transformações acima identificadas, no final dos anos 1980 foram feitas escolhas ao nível do Banco de Portugal que implicaram uma mudança na natureza da atividade do DEE. Esta mudança visava a constituição de um grupo de investigação no Banco de Portugal, dentro do DEE, mas com autonomia nas funções desempenhadas, que seriam de investigação, à semelhança da atividade de pesquisa de um centro de investigação de uma instituição universitária. Os atores desta mudança foram: António Borges,[20] vice-governador do Banco de Portugal de 1990 a 1993, Miguel Beleza,[21] governador do Banco de Portugal de 1992 a 1994, António Sampaio e Mello, diretor do DEE no período de 1991 a 1994, e Sérgio Rebelo,[22] então professor convidado da Universidade Católica Portuguesa, em Lisboa, de 1990 a 1992. A partir da colaboração com Sérgio Rebelo, pensava-se estabelecer

> protocolos com as universidades, haver posições conjuntas entre [o DEE] e as universidades, as pessoas não saírem necessariamente das universidades. [A]s universidades ainda se estavam a capitalizar e não se queria descapitalizar as universidades, mas [antes] terem aqui [no DEE] um ponto de investigação comum [nas áreas da Macroeconomia e noutras que poderiam interessar ao banco central]. O grupo tinha a localização física no DEE, na altura, mas reportava diretamente ao Vice-Governador. Não estava, portanto, inserido funcionalmente no Departamento, de modo a reportar ao [seu] Diretor. (IHC)

As razões para a constituição deste grupo foram certamente diversas. No entanto, a perceção de que a identidade do DEE era a de um grupo de estudos e que seria importante alterar essa identidade constituiu uma motivação para as escolhas que foram feitas. Nas palavras de Isabel Horta Correia,

[20] António Borges doutorou-se nos EUA, em 1980, pela Universidade de Stanford. Nesse mesmo ano, ingressa como professor no INSEAD, em França. No período de 1990 a 1993, assumiu também funções de docência na Faculdade de Economia da Universidade Nova de Lisboa. Foi ainda professor catedrático convidado da Universidade Católica Portuguesa. Em 1993, ano em que deixou o Banco de Portugal, regressou ao INSEAD, desta vez como reitor.

[21] Miguel Beleza tinha sido, no período de 1990 a 1991, ministro das Finanças do XI Governo Constitucional.

[22] Doutorou-se em Economia pela Universidade de Rochester, em 1989. Tem exercido várias funções de consultoria no Banco Mundial, no FMI, e no BCE. É professor na Kellogg School of Management.

> o Departamento de Estudos fazia estudos, mas não fazia investigação. [...] A motivação dele [do Sérgio Rebelo] era de fazer qualquer coisa para dinamizar a investigação em Portugal, como é que se podia atrair mais pessoas; muita gente [saía de Portugal] para doutoramento, mas não voltava, porque não havia cá nenhum sítio óbvio onde pudessem continuar a trabalhar e, portanto, [o objetivo era] criar aqui um polo que pudesse atrair pessoas. (IHC)

Para Isabel Horta Correia,

> mesmo essa capacidade de análise [existente no DEE] era muito incipiente durante os anos 1980. Era a que havia em Portugal, mas era [sobredeterminada] pelas perguntas urgentes que apareciam e a que era preciso dar uma resposta, era preciso agir e determinar o que é que se fazia em termos de política. Era a formação de tentativa e erro no local de trabalho, não havia mais nada, basicamente. (IHC)

Para Isabel Horta Correia, o relacionamento com o grupo de economistas do MIT, assinalado na secção anterior, deve ser visto

> como uma consultadoria. O[s economistas do] MIT foram consultores do Banco numa altura em que o Banco não tinha capacidade de análise suficiente para as questões tão importantes que estavam a aparecer. Mas não trabalhavam com pessoas de cá; o Eckaus na altura escolheu as pessoas do lado de lá e eles estavam cá para perceber melhor a realidade portuguesa e para produzir algumas peças de análise, nem sequer eram peças de investigação, eram peças de análise, que nós não tínhamos capacidade de fazer aqui. (IHC)

A colaboração com o grupo de economistas do MIT constituiu, na perspetiva de Isabel Horta Correia, uma consultadoria internacional que ia ao encontro da identidade do DEE, de um grupo de estudos cuja missão fundamental era a de responder a problemas concretos de política económica.

O grupo de investigação que se procurou constituir englobava várias áreas de pesquisa, não se limitando à Macroeconomia:

> tinha microeconomistas e tinha economistas de trabalho, ou microeconometristas. O Banco, na altura, foi muito criticado por esta abordagem, por não limitar de todo a área de investigação. As pessoas traziam aquilo com que tinham trabalhado até aí e depois naturalmente podiam-se aproximar

> mais das questões que estavam em cima da mesa no Banco, ou não; não havia nenhuma tentativa de dirigir as áreas de investigação. (IHC)

A identidade que era partilhada por este grupo de investigadores era afinal a que resultava de terem um doutoramento obtido nos EUA. Este tipo de formação constituía também um importante elemento de credenciação do grupo de técnicos do DEE, já na década de 1970, como se viu na secção anterior. Como assinala Isabel Horta Correia: «foi um processo muito aberto em que qualquer pessoa que viesse dos Estados Unidos, de uma boa escola, candidatando-se, eu diria que tinha lugar».

Em suma, este grupo de investigação, criado dentro do DEE no início dos anos 1990, possuía um conjunto de características particulares: gozava de autonomia funcional em relação ao departamento, reportando diretamente ao vice-governador; previa uma carreira que acomodava uma dupla pertença ao banco central e à academia; englobava áreas de investigação que não tinham todas uma relação direta com as áreas centrais de atuação do Banco de Portugal, correspondendo antes às tendências dominantes em termos de investigação em Economia que tinham como contexto originário, fundamentalmente, os EUA.

Porém, houve contingências que perturbaram a existência deste grupo. Em primeiro lugar, a natureza da carreira que se pretendia constituir entre o banco central e a academia não beneficiou de um enquadramento legislativo que lhe fosse favorável. Esta situação teve repercussão nos protocolos de colaboração que, como assinala Isabel Horta Correia, Sérgio Rebelo procurou estabelecer com as universidades. Em virtude da natureza de exclusividade do estatuto da carreira docente em universidades públicas, cedo se percebeu que o projeto teria de se

> limitar à Católica, porque a Católica era a única que podia assinar este tipo de protocolo. E, portanto, basicamente, as únicas pessoas que cá estavam, nesse momento, [no DEE e que integravam o grupo de investigação] era eu e o João Luís César das Neves. Posteriormente, foi-se absorvendo as pessoas que voltavam dos Estados Unidos com doutoramento para a Católica, porque eram as únicas, novamente, com quem se podia fazer o contrato. (IHC)

Em segundo lugar, com a saída do vice-governador António Borges, a indefinição deste grupo na estrutura institucional do Banco de Portugal acabou por suscitar a sua extinção. O grupo não era, na verdade, uma equipa muito grande; no momento da sua extinção, em meados da década de 1990, seria composto por cerca dc 8 a 10 pessoas. Com a extinção, os investigadores foram chamados a optar: «voltar para a universidade ou ficarem integrados na parte operacional do Banco. E só eu e o Pedro Teles é que resolvemos aceitar [ficar integrados na estrutura institucional do banco central]» (IHC). A extinção do grupo de investigação teve também consequências na manutenção das áreas de trabalho menos centrais em termos da atuação do Banco de Portugal:

> tirando o José Mata, que ainda ficou um tempo, mas depois optou por sair, e o Pedro Portugal, que acabou por ficar, mas não tinha estado neste grupo inicial [de investigação, que se procurou criar], todos os que tinham entrado que não eram macroeconomistas saíram. (IHC)

Não obstante este grupo de investigação ter sido extinto em meados da década de 1990, durante o seu período de atividade mobilizou recursos importantes que permitiram a consolidação de novas competências no seio do DEE: «o que aconteceu foi que o Banco apostou realmente neste grupo, [colocou] dinheiro nele; tínhamos seminários, todas as semanas, com um visitante de topo, de Macroeconomia» (IHC). A experiência no caso particular de Isabel Horta Correia foi fundamental para a conclusão do doutoramento, que expressa bem na afirmação de que o doutoramento foi apresentado na «Católica porque o Banco não atribui grau»[23] (IHC).

A existência deste grupo de investigação durante a primeira metade dos anos 1990 correspondeu a um período de transformações profundas, já referidas, que antecederam e prepararam a criação da União Económica e Monetária. A criação de um grupo de investigação, dentro do DEE, ressurge nos finais dos anos 1990, ainda que só recentemente a função de investigação tenha sido formalmente reconhecida pelo Banco de Portugal. Este reconhecimento formal é visto como uma salvaguarda, que define uma moldura institucional favorável à sustentação da atividade de investigação desenvolvida no seio do DEE.

O ressurgimento da formação de um grupo de investigação, no final dos anos 1990, beneficiou da colaboração internacional que se estabeleceu com outros bancos centrais e com o BCE:

[23] Isabel Horta Correia doutorou-se em Economia pela Universidade Católica Portuguesa, em 1993, sendo o tema da sua dissertação *Growth in Open Economies*. É Professora Catedrática da Universidade Católica Portuguesa e foi Diretora do DEE (2013–2018).

tivemos muitos anos em que não era óbvio que houvesse uma valorização daquilo que se fazia [em termos da atividade de investigação]. Mas, à medida que se foi tornando mais claro que todos os outros bancos centrais faziam investigação, e depois quando começou o BCE, claramente o BCE tinha um departamento só de investigação, tudo isso tornou mais claro que fazia sentido dinamizar e manter o grupo. (IHC)

Convém, no entanto, sublinhar que o DEE sempre manteve uma natureza mista, conjugando uma investigação mais convencional, no sentido de mais próxima da investigação académica dominante em Economia, e uma função de estudos, mais aplicada, como é referido por Isabel Horta Correia:

> o diálogo entre estas duas componentes é no fundo a riqueza que temos; um diálogo forte permite que as pessoas que fazem estudos — [são] normalmente [... estudos que] vão ser publicados em revistas classificadas — possam ser apoiadas por outras que têm muito mais liberdade naquilo que fazem, e que podem ir formando *skills* de médio e longo prazo. Esta relação de colaboração [no seio do DEE] torna os dois lados muito valiosos; [há] um diálogo muito forte entre os investigadores mais puros e aqueles que são... que nós chamamos 50%/50%, que fazem estudos em 50% do tempo, mas nos restantes 50% fazem *policy*... as duas coisas têm de estar muito bem coordenadas. (IHC)

Esta coordenação alimenta-se de mecanismos formais, que se relacionam com a função do DEE de aconselhamento da administração do Banco de Portugal, e de mecanismos com uma natureza mais informal:

> estamos sempre de porta aberta, portanto qualquer dúvida que qualquer um tenha pode sempre ir tocar à porta ao lado e falar a qualquer hora com os colegas. E depois temos seminários, todas as semanas temos um seminário interno em que alguém, aqui do Departamento, tem de apresentar o trabalho que está a fazer, e todo o Departamento tem de comentar. [...] há um acompanhamento do que se está a fazer, dos dois lados. (IHC)

3.2. Consolidação do espaço de colaborações e de determinadas ideias económicas

A forma como o DEE se consolidou e afirmou desde a década de 1970 é reveladora da existência de elementos de ligação, às escalas nacional e internacional, com posições institucionais dominantes e com comunidades intelectuais representativas de um pensamento económico convencional.

Este pensamento económico provém, fundamentalmente, da abordagem teórica da economia neoclássica, e tem convergido, na esfera da política económica, na defesa de políticas neoliberais. Dito isto, uma conclusão que pode parecer imediata é que a valorização do trabalho de investigação desenvolvido no DEE, no final dos anos 1990, foi o resultado de um mimetismo que se expressou na adesão às práticas de investigação que se verificavam ao nível de outros bancos centrais e do BCE. Não menosprezando o impulso que a colaboração com estas instituições, no contexto do processo de integração europeia e de criação da União Económica e Monetária, deu à valorização da função de investigação no DEE, foram feitas escolhas, já aqui assinaladas, que tiveram igualmente um papel fundamental. Como nota Isabel Horta Correia, existe um legado que se expressa no facto de que

> o Departamento, desde os anos 1980, foi sempre aquele que, apesar de não ter uma grande capacidade, era [o que tinha] a maior do país, e, portanto, era um centro de referência para qualquer licenciado; os melhores licenciados gostavam de vir trabalhar para o Banco de Portugal porque era o sítio onde as pessoas viam que fazia sentido continuar a trabalhar e a estudar. Por isso, sempre houve uma ligação muito forte com as universidades. Ou seja, aquela ligação particular do grupo de investigação não apareceu do nada, apareceu duma história que já existia, em que toda a gente que tinha alguma capacidade aqui no Banco a partir de certa altura estava a dar aulas, ou como professor convidado, ou como assistente convidado nalguma universidade. E isso é qualquer coisa que sempre se manteve. Dos setenta economistas que temos aqui, se calhar todos, menos um ou dois, dão aulas na universidade. [No entanto,] uma coisa muito diferente é dar-se aulas como professor convidado para uma cadeira qualquer, que de alguma forma está relacionada com o trabalho que aqui se faz, outra coisa é ser-se um professor de carreira na universidade ao mesmo tempo que se está aqui — e essa era a característica que se queria deste grupo. (IHC)

O processo de criação da União Económica e Monetária e a pertença ao Sistema Europeu de Bancos Centrais tiveram influência nos temas tratados ao nível da atividade do DEE. Abel Mateus salienta o papel importante que o DEE desempenhou neste contexto do início da década de 1990, de aconselhamento do Conselho de Administração do Banco de Portugal. Por sua vez, Isabel Horta Correia considera que essa influência foi sentida de uma forma mais significativa mais tarde, num contexto já de pleno funcionamento do BCE:

> Quando o BCE se estabelece e começa claramente a definir *networks*, a definir *task forces*, a definir grupos de trabalho, em que nós começamos a poder e querer colaborar, aí claramente aquilo que se faz vai em parte ser determinado pela decisão de entrar numa determinada *network*... aí já tudo é determinado, ou quase, pelo Eurosistema. (IHC)

No contexto nacional, consolidou-se a articulação entre o Banco de Portugal, em particular, o DEE, a Faculdade de Economia da Universidade Nova de Lisboa e a Universidade Católica Portuguesa. Estas universidades eram aquelas que, em Portugal, mais se aproximavam do tipo de formação que se poderia obter com um doutoramento nos EUA. O modelo de ensino que estas universidades portuguesas preconizavam tinha origem, fundamentalmente, no facto de uma parte importante do seu corpo docente ter obtido o doutoramento nos EUA. Alguns destes economistas ocupariam ainda lugares importantes em instituições internacionais, como o Banco Mundial e o FMI, e nacionais, em particular, no Banco de Portugal, como também se assinala noutros capítulos do presente livro.

Isabel Horta Correia, referindo-se àquelas duas universidades, nota que

> o corpo docente era quase indistinguível. O próprio Alfredo Sousa [mentor do projeto de criação da Faculdade de Economia da Universidade Nova de Lisboa] esteve nos dois lados até ao momento em que foi nomeado Presidente da Comissão Instaladora. Era o mesmo corpo docente. E mesmo ao nível dos assistentes, dávamos aulas nos dois lados, não eram, portanto, duas faculdades, era uma faculdade. (IHC)

Abel Mateus, aludindo à história da criação da Faculdade de Economia da Universidade Nova de Lisboa, sublinha como a articulação entre esta universidade, a Universidade Católica Portuguesa e o Banco de Portugal oferecia

> um espaço de investigação, de diálogo e de aprofundamento de ideias, que era praticamente constante. Depois do meu regresso do doutoramento, fui imediatamente convidado pelo Professor Alfredo Sousa para dar aulas na Católica, onde passei a ser o professor que dava Microeconomia. E desafiou-me, também, para um projeto de uma nova Faculdade de Economia, de

uma nova Universidade, em que ele já estava envolvido. Fui convidado para ser membro da Comissão Instaladora da Universidade Nova de Lisboa, que começou com o curso de mestrado. Da Comissão Instaladora faziam parte o Professor Girão,[24] o Manuel Pinto Barbosa, o Cavaco Silva[25] e eu. Portanto, foi essa a Comissão Instaladora que lançou a Faculdade e que se manteve nesta composição até 1982, quando eu pedi a demissão, pelo facto de ir trabalhar para o Banco Mundial nos Estados Unidos. (AM)

A articulação que se estabeleceu entre o DEE, a Faculdade de Economia da Universidade Nova de Lisboa e a Universidade Católica Portuguesa foi bem-sucedida também na afirmação de um determinado pensamento económico. Ilustrativo disto é a referência de Isabel Horta Correia à Conferência Internacional sobre *Real Business Cycles*, organizada pela Universidade Católica Portuguesa, em 1986:[26]

[um aspeto] muito importante, em termos de Portugal, na confluência da investigação, foi quando em 1986 o Sérgio Rebelo decidiu que Portugal [constituiria] o ponto de arranque da nova teoria macroeconómica. E houve a grande conferência de *Real Business Cycles* na Católica em 1986, que trouxe toda a gente — todos os prémios Nobel que ganharam [ou que] tiveram prémios nos anos seguintes. (IHC)

Este alinhamento do trabalho desenvolvido no DEE com um pensamento económico moderno parece, no entanto, estar associado, da parte de alguns dos protagonistas que foram entrevistados, a uma perda de influência do departamento no desenho da política económica nacional.

[24] José António Girão é Professor Catedrático Jubilado da Faculdade de Economia da Universidade Nova de Lisboa, foi professor da Universidade Católica Portuguesa, no período de 1974 a 1978, diretor adjunto do DEE do Banco de Portugal, de 1980 a 1985, e, como já se assinalou, técnico consultor do mesmo departamento (1978-1980). Foi ainda consultor do Banco de Portugal (1997-2005).

[25] Aníbal Cavaco Silva foi diretor do DEE e consultor do Banco de Portugal. Professor Catedrático da Faculdade de Economia da Universidade Nova de Lisboa e Professor Catedrático da Universidade Católica Portuguesa. Foi primeiro-ministro, entre 1985 e 1995, e Presidente da República, eleito em 2006 e reeleito em 2011.

[26] A Conferência decorreu em Lisboa, de 16 a 18 de junho de 1986, contando com a participação de Aníbal Cavaco Silva, na abertura, e com os trabalhos de vários autores como Gary Hansen e Thomas Sargent, Finn Kydland e Edward Prescott, e Robert Townsend.

Abel Mateus, comparando o período dos anos 1970 com o período em que regressa dos EUA, em 1992, nota que

> o Gabinete do Banco de Portugal tinha passado a ser sobretudo uma fonte de aconselhamento da administração do Banco de Portugal, ponto final. Portanto, tinha perdido esse estatuto de, digamos, de pensador ou de informador ou formador da política macroeconómica do país. E, em segundo lugar, cada vez se notava mais importância da investigação, que, eu diria, não é tanto pura, mas uma investigação aplicada, mas, muitas vezes, dirigida a aspetos muito específicos, dos quais era difícil tirar qualquer conclusão ou aplicação à política económica. (AM)

Na verdade, este problema leva a um contexto mais alargado, atendendo à sua natureza transversal com expressão em diferentes espaços, desde a academia a certas jurisdições da administração pública e outros organismos. Relaciona-se, em grande medida, com a estrutura de incentivos ao nível da organização interna destas instituições e com a resposta a pressões externas, como as que se relacionam com os mecanismos de avaliação e acreditação internacional, no caso das universidades (tratado no capítulo que se refere às formações pós-graduadas em Economia). É neste sentido que Abel Mateus dá o exemplo do Banco de Portugal para assinalar que

> o Banco de Portugal tem um conjunto de pessoas do mais alto nível, que eu não discuto, não disputo a sua competência, mas muitas daquelas pessoas estão ali [a construir] a sua reputação como economistas a nível internacional, sem qualquer preocupação [ao nível do contributo do seu trabalho] para a política económica [nacional]. Isso é um problema. E, depois, as universidades é um bocado a mesma coisa. Quer dizer, a Nova, hoje em dia, tem também um conjunto de economistas de elevado calibre, se formos ver as publicações; cada um está interessado é em publicar na revista A ou na revista B e não está interessado em contribuir para a formulação da política económica do país. (AM)

Teodora Cardoso partilha o mesmo reconhecimento quanto à existência de um conjunto de fatores, como a pressão para publicar ou o défice de informação sobre a economia portuguesa, que acabam por condicionar o interesse dos economistas no estudo da realidade da economia portuguesa. Momentos de transformação profunda e brusca, como os que se associam à crise financeira e económica de 2007–2008, podem, para

Teodora Cardoso, ter o efeito positivo dos «economistas [passarem] a interessar-se muito mais pela economia portuguesa».

Há, no entanto, que atender também à própria evolução da investigação em Economia, que foi marcada por uma diferença importante entre a investigação desenvolvida na década de 1970 — como um momento em que os modelos estocásticos de equilíbrio geral ainda não se tinham tornado no referencial analítico preferencial dos departamentos de pesquisa dos bancos centrais e em que a macroeconomia era ainda governada por uma perspetiva essencialmente empírica, que visava a resolução de problemas concretos de funcionamento da economia — e o tipo de investigação que se tornou dominante a partir das expectativas racionais e dos ciclos reais de negócios (Colander *et al.*, 2008; Caballero, 2010; De Grauwe, 2010). Esta é uma tendência que se pode verificar no caso da evolução da atividade do DEE e do seu papel na dinâmica recente de evolução da investigação portuguesa em Economia.

A geração de modelos estocásticos de equilíbrio geral que mais tem granjeado popularidade nos departamentos de pesquisa dos bancos centrais e de organismos internacionais como o FMI mantém em comum com os ciclos reais de negócios alguns pressupostos fundamentais. Note-se, em particular, o pressuposto acerca do agente representativo maximizador, significando que, em qualquer momento, qualquer agente económico é capaz de integrar toda a informação existente na sua tomada de decisão, gozando ainda de um conhecimento pleno da estrutura do modelo. Deste pressuposto resultam implicações importantes, a saber: a) os agentes económicos nunca são confrontados com limitações de processamento da informação; e b) também não experimentam incerteza em relação às suas próprias expectativas. Se estes agentes económicos experimentassem incerteza, poderia haver situações em que a ocorrência de acontecimentos que pudessem sugerir a não confirmação daquelas expectativas viessem a levar os agentes económicos a duvidar da validade das suas próprias expectativas e a alterar o curso de ação com consequências imprevisíveis (Minsky, 1996; De Grauwe, 2010).

A diferença que é introduzida pela macroeconomia dos chamados novos keynesianos limita-se à consideração de fatores de rigidez no ajustamento dos preços e dos salários e de imperfeições no funcionamento dos mercados. Ao contrário da abordagem dos ciclos reais de negócios, que considera que a política económica, em particular, a política monetária, não tem um efeito duradouro sobre as variáveis reais como o investimento, podendo até originar efeitos perversos no caso de conduzir a um desvio sistemático do ciclo económico face ao ótimo, esta geração de modelos estocásticos de equilíbrio geral reconhece o papel relevante das políticas de estabilização macroeconómica desde que fundamentadas em regras estáveis. Reside aqui o seu poder de sedução para os decisores económicos, como sejam os bancos centrais.

O livro *A Economia Portuguesa no Contexto da Integração Económica, Financeira e Monetária* (DEE, 2009), já referido no presente capítulo como um trabalho de investigação representativo da atividade do DEE, dá um relevo particular a estes modelos.[27] No contexto da crise financeira e económica de 2007–2008, torna-se cada vez mais frequente entre economistas convencionais convergir no reconhecimento de algumas das limitações apontadas na literatura aos modelos estocásticos de equilíbrio geral, designadamente no que se refere à racionalidade dos agentes. Este reconhecimento não parece, no entanto, suscitar uma revisão desses mesmos modelos. A estratégia passa pela introdução, de uma forma que pode ser entendida como arbitrária, de pressupostos menos restritivos acerca do comportamento dos agentes e de fatores de rigidez dos preços (De Grauwe, 2010). O trabalho do DEE segue esta tendência. A título de exemplo, introduzem-se fatores de rigidez tais como «a rigidez de preços e salários, custos de ajustamento no investimento e nas importações e hábitos no consumo» (Alves *et al.*, 2009: 12), descurando-se, como nota De Grauwe, a inconsistência que advém de se reconhecerem hábitos no consumo ao mesmo tempo que se preserva o pressuposto sobre a racionalidade dos agentes. Pretende-se afinal criar as condições para gerar inércia no modelo, conseguindo com isso uma melhor adesão a dados estatísticos. Acrescente-se que a conceção de hábito que é retida por estes modelos permanece muito restritiva: «os hábitos no consumo implicam que a utilidade marginal do consumo vai depender do consumo corrente e do consumo passado» (De Grauwe, 2010: 12).

[27] Em DEE (2009), os capítulos 1 e 2 referem-se, respetivamente, aos modelos EAGLE e PESSOA. O primeiro é um modelo estocástico de equilíbrio geral multipaís no contexto de uma união monetária que procura analisar o ajustamento de economias com estruturas diferentes a choques comuns na Zona Euro. O segundo é também um modelo estocástico de equilíbrio geral que pretende ser representativo de uma pequena economia aberta pertencente a uma união monetária como a Zona Euro.

Os choques — de política monetária e tecnológicos — têm uma natureza exógena. Como se assinala em DEE (2009), os modelos utilizados

> não estão equipados para avaliar situações em que as fricções financeiras desempenham um papel activo na economia, em que as transacções não se realizam devido à ausência de confiança nas contrapartes ou em que os mercados simplesmente deixam de existir. (Alves *et al.*, 2009: 3–4)

A consequência é que estes modelos permanecem imunes a toda a turbulência que esteve associada à crise financeira e económica de 2007–2008, como aliás é reconhecido neste trabalho do DEE.

Em 2009, quando o livro foi publicado, num momento que antecedeu a intervenção da troika, poder-se-á conceder que não fosse ainda possível antecipar a extensão do processo de desalavancagem a que a economia portuguesa iria ser sujeita. Em qualquer caso, o livro assinala como muito provável que as condições de financiamento da economia se deteriorassem de forma significativa. Na perspetiva da relação entre as ideias e as políticas económicas e as narrativas que lhes estão subjacentes, será interessante procurar identificar as recomendações de política económica que aparecem associadas à utilização destes modelos. O diagnóstico parte do reconhecimento do fraco desempenho da economia portuguesa desde o início dos anos 2000, atribuindo-o a «fragilidades estruturais da economia portuguesa» (Almeida, Castro e Félix, 2009: 66) e a alterações importantes do regime de economia política, «com destaque para o processo de liberalização económica e financeira» e para a «intensificação do processo de globalização» (2009: 66). Neste sentido, reconhece-se que

> a liberalização financeira e a redução das restrições de liquidez terão sido fundamentais, não apenas para o aumento do consumo e do investimento privados, mas também para o aumento do nível de endividamento externo, o qual, todavia, terá correspondido a uma resposta racional dos agentes económicos, num contexto em que se perspectivavam condições de financiamento permanentemente mais favoráveis. (Almeida, Castro e Félix, 2009: 148).

A correção das fragilidades estruturais da economia portuguesa é entendida como a necessária «melhoria da regulação nos mercados de trabalho e de bens não-transaccionáveis, no sentido de um aumento da concorrência e maior flexibilidade» (Almeida, Castro e Félix, 2009: 66).

O potencial recessivo, de curto prazo, ou os efeitos mais duradouros de uma desvalorização interna não são tidos em conta, privilegiando-se antes os possíveis ganhos de competitividade externa da economia. Ademais, para este estudo, as reformas do mercado de trabalho no sentido de uma maior liberalização são também instrumentais para «atrair projectos de IDE com progresso técnico incorporado» (2009: 149).

O sentido destas recomendações de política económica é o de fazer prevalecer a força disciplinadora do mercado, que decorre de uma maior integração económica, financeira e monetária, o que aliás mostra bem como a narrativa sobre Portugal como uma pequena economia aberta mantém, ou expande até, o seu alcance, não só descritivo como também normativo e imagético. De resto, o estatuto de independência do banco central, pelo menos antes da crise financeira e económica de 2007–2008, serviu para aprofundar este discurso, já que o entendimento partilhado é que a coordenação económica poderá e deverá ser feita por mecanismos de mercado, imunizando-a da influência de escolhas políticas legitimadas democraticamente.

Poderá parecer que se está perante dois movimentos contraditórios que coexistem. À crescente abertura e integração da economia portuguesa — a economia substantiva —, que decorre do aprofundamento dos mecanismos de integração económica, financeira e monetária, parece corresponder um caráter crescentemente insular da Economia enquanto disciplina, atendendo ao modo seletivo e limitado como se procuram contornar as próprias fragilidades dos modelos estocásticos de equilíbrio geral. Afirmo, no entanto, que esta contradição pode ser apenas aparente, considerando a convergência, também existente, entre a natureza das implicações de política económica destes modelos e um processo de integração que tem correspondido a uma expansão dos mercados. O que se diz a seguir pretende clarificar este argumento.

Teodora Cardoso nota, em particular, a influência da integração económica europeia nos temas de investigação do DEE. Há uma maior relevância de certas temáticas, como as do estudo do mercado de trabalho, já que

> com a União Europeia, o que se torna muito claro, e mais ainda depois com a moeda única, é que nós temos um ajustamento estrutural que precisa de ser feito e que ainda não foi feito. Enquanto no que toca à política monetária, o Banco estudava e fazia, na parte das questões estruturais, o Banco pode estudar,

pode publicar textos, pode influenciar de várias maneiras, mas não é ele que faz [...], não quer dizer por isso que não continue a trabalhar nessa área; sente-se, como sentimos aqui em matéria de finanças públicas, [que] muitos dos problemas que nós temos vêm exatamente de questões estruturais. (TC)

O poder retórico da narrativa sobre Portugal como uma pequena economia aberta mantém-se e amplia-se:

> Na questão da União Europeia, no fundo, o que isso deu, e em particular na moeda única — mas não deu o resultado tão completo como eu achava que devia ter dado —, foi em tornar mais claro o problema da abertura da economia, porque, se ela já era aberta antes, passou a ser muito mais aberta. (TC)

A reflexão prossegue com o assinalar de implicações sobre a abertura da economia e sobre a alteração de posicionamento internacional da economia portuguesa:

> houve uma contradição que eu critico — e acho que estamos a sofrer ainda as consequências —, com a moeda única nós fizemos exatamente o contrário do que devíamos ter feito [...] [Era necessário] arranjar outras condições de atração; já tínhamos feito investimento, por exemplo, em educação, era uma coisa que no início não tínhamos e não podíamos criar de um dia para o outro; tínhamos feito investimento em infraestruturas que também não tínhamos antes... mas, em vez de tirarmos partido disso, o que é que nós fizemos? Tirámos partido das taxas de juro baixas e do crédito abundante para nos metermos na construção. E o resultado foi que a competitividade, que já era pouca, ainda ficou pior; quando acabou o dinheiro para continuar... é claro, o défice externo a crescer... a ideia de que pelo facto de nós estarmos no euro a taxa de câmbio não mudava, ainda no outro dia ouvi repetir esta ideia e devo dizer que me assusta, não é? (TC)

Para Teodora Cardoso foi feita afinal uma leitura incompleta das implicações da entrada na Zona Euro:

> nós avançámos completamente na base de que tínhamos dinheiro à vontade, o financiamento externo não era mais um problema... não era um problema pela via da taxa de câmbio, mas passou a ser um problema pela via do prémio de risco e da perda de acesso. Isto é, os bancos perderam completamente o acesso aos mercados. E, repare, quando nós chegámos à crise de 2012,

os bancos, metade do *funding* dos bancos, com que estavam a financiar crédito à habitação a 40 anos, eram créditos a 6 meses do sistema interbancário. (TC)

Os decisores económicos terão feito uma leitura incompleta e inadequada da nova situação de entrada na Zona Euro, resultando em políticas erradas.

Em DEE (2009), refere-se também a forma como os mercados podem conduzir muitas vezes ao aprofundamento dos desequilíbrios ou, pelo menos, ao adiamento de certos ajustamentos, porque a estrutura de incentivos subjacente está enviesada. Argumenta-se, por exemplo, que

> no quadro de uma união monetária, os mercados financeiros podem não gerar incentivos suficientemente fortes para a correcção de eventuais défices excessivos registados pelas pequenas economias da união, nomeadamente através de alterações significativas do prémio de risco da dívida pública. (Alves, Centeno e Leal, 2009: xxi)

Ou, como pode ser lido no prefácio do livro, neste novo contexto de integração, «os aspectos macroeconómicos necessários a uma participação bem sucedida na união monetária dependem essencialmente da interiorização por parte dos agentes económicos de novas regras relativas à política orçamental e ao comportamento dos custos salariais» (Constâncio, 2009: xii). O papel da política económica passa então a ser o da construção de molduras institucionais da estrutura de incentivos mais capazes de garantir a referida interiorização por parte dos agentes económicas das regras do novo regime de economia política.

Em suma, parece ter-se encontrado o lugar das ideias económicas: esclarecer os agentes económicos, e em particular os decisores públicos, sobre o que deverá ser o seu comportamento em face das novas regras que eles próprios criaram. A atividade do DEE está no centro desta encruzilhada. Os temas tratados e os instrumentos de análise desenvolvidos procuraram responder, sem dúvida, às necessidades do processo de integração económica, financeira e monetária da economia portuguesa. Concomitantemente, o processo de normalização epistémica, estreitamento e homogeneização a que a sua atividade deu lugar, bastante devedor, como foi visto, de um conjunto de colaborações, nacionais e internacionais, tem vindo a fornecer a grelha de interpretação que acomoda bem e sustenta o próprio processo de integração.

Conclusão

Estudar o DEE constituiu uma oportunidade para olhar para a sua história e para o papel que teve na trajetória intelectual e na consolidação do campo científico da Economia em Portugal. O pleno desempenho deste papel serviu-se da conjugação de colaborações muito fortes que o DEE foi capaz de estabelecer com posições institucionais e comunidades intelectuais dominantes e de circunstâncias específicas da própria dinâmica de transformação da economia portuguesa.

No período em estudo, desde a década de 1970, a ecologia que compõe o campo disciplinar da Economia sofreu uma mutação: perdeu diversidade, tornou-se menos variada e mais hierarquizada. A forma como o DEE se afirmou no contexto semiperiférico de Portugal, com todas as fragilidades de conhecimento da economia portuguesa a que essa condição de semiperiferia o votava, é ilustrativa deste movimento, mas é também parte dele, tendo beneficiado das suas dinâmicas de reconfiguração. A visão que o DEE ajudou a estabelecer foi a de um pensamento económico que corresponde à visão dominante na disciplina. Este pensamento, em particular, no domínio da macroeconomia, passou, como aqui foi referido, de preocupações sobre o funcionamento concreto do sistema económico, de uma visão empírica, para uma visão formalista que se caracteriza pela incorporação de fundamentos da microeconomia sobre o comportamento racional maximizador dos agentes económicos. Este movimento tem representado, na perspetiva do relacionamento com outras comunidades de pensamento dentro e fora da disciplina, uma tendência de "insularidade", que corresponde, na verdade, a uma certa geografia e a um certo lugar das ideias económicas, como foi assinalado.

Dos fatores que foram importantes para explicar a afirmação do DEE, em matéria das colaborações que foram sendo estabelecidas e consolidadas e que marcam a pertença do departamento a uma certa comunidade epistémica, destacam-se: a) a colaboração nos anos 1970 com o grupo de economistas do MIT; b) a credenciação que os técnicos e investigadores do DEE obtêm por terem um doutoramento em Economia nos EUA; c) a circulação de pessoas pertencentes ao DEE e ao Banco de Portugal por outras posições institucionais dominantes ao nível internacional, em particular, o FMI, o Banco Mundial, ou o BCE; d) a constituição do DEE como um "interlocutor interno" privilegiado do FMI, e como isso se torna determinante no contexto dos anos 1970, marcado por problemas de financiamento externo da economia portuguesa; e e) a colaboração tida no contexto do Sistema Europeu de Bancos Centrais, em particular, com o BCE, tendo favorecido a formalização de uma função de investigação dentro do DEE. Internamente, estabeleceu-se uma articulação muito forte entre o DEE, a Faculdade de Economia da Universidade Nova de Lisboa e a Universidade Católica Portuguesa.

A conexão entre os debates teóricos e as implicações em termos de recomendações de política económica e as narrativas que lhes estão subjacentes teve — neste contexto particular, marcado quer pelas intervenções do FMI, quer pelo processo de integração económica europeia — expressão na ideia de Portugal como uma pequena economia aberta. Esta ideia e a sua força atrativa enquanto imagem comportam duas leituras que se sobrepõem. Tem o significado de desligar as escolhas em matéria de política económica da sua natureza iminentemente política, considerando que elas são sobredeterminadas pelas dinâmicas dos mercados. Tem também o significado que se impõe pelo facto da força disciplinadora dos mercados ter, em geral, um sentido particular, que é o de fazer reduzir os custos salariais e de desvalorizar o trabalho em face de desequilíbrios gerados num contexto de crescente integração monetária, económica e financeira. É claro que o poder retórico desta narrativa é reforçado pelas reconfigurações institucionais que têm favorecido esta crescente integração, ao mesmo tempo que tem servido como um discurso que fornece uma legitimação para estas mesmas transformações. Viu-se como o trabalho do DEE é permeado por esta narrativa.

O estudo do DEE é parte de uma investigação mais ampla sobre a circulação internacional de ideias económicas entre centros produtores desse conhecimento e as periferias. Nesta perspetiva, o DEE é devedor destes centros. Porém, o quadro interpretativo que foi usado procurou acentuar como a influência das ideias está dependente da sua transmutação em práticas e políticas cujo formato específico varia consoante as circunstâncias históricas, institucionais, políticas, económicas ou sociais situadas localmente. Nesta perspetiva, o interesse de se estudar o DEE, isto é, de se estudar o local, é o de uma compreensão mais alargada que pode provir, para a própria análise dos mecanismos globais, da atenção a certas escolhas ao nível, designadamente, dos relacionamentos que se estabeleceram, das hesitações que tiveram lugar, ou da preferência por manter uma articulação entre a investigação mais convencional em Economia e uma dimensão de gestão da política económica.

Referências bibliográficas

Almeida, Vanda; Castro, Gabriela; Félix, Ricardo Mourinho (2009), "A economia portuguesa no contexto europeu: estrutura, choques e políticas", in *A Economia Portuguesa no Contexto da Integração Económica, Financeira e Monetária*. Lisboa: Banco de Portugal, 65–154. Disponível em https://www.bportugal.pt/sites/default/files/anexos/pdf boletim/publica%C3%A7%C3%A3o%20completa.pdf

Alves, Nuno; Centeno, Mário; Leal, Ana Cristina (2009), "Apresentação", in *A Economia Portuguesa no Contexto da Integração Económica, Financeira e Monetária*. Lisboa: Banco de Portugal, xv–xxxvi. Disponível em https://www.bportugal.pt/sites/default/files/anexos/pdf-boletim/publica%C3%A7%C3%A3o%20completa.pdf

Alves, Nuno; Correia, Isabel; Gomes, Sandra; Sousa, João (2009), "Um olhar participante sobre a área do euro: dinâmica, heterogeneidade e políticas", in *A Economia Portuguesa no Contexto da Integração Económica, Financeira e Monetária*. Lisboa: Banco de Portugal, 1–64. Disponível em https://www.bportugal.pt/sites/default/files/anexos/pdf-boletim/publica%C3%A7%C3%A3o%20completa.pdf

Babb, Sarah (2007), "Embeddedness, Inflation, and International Regimes: The IMF in the Early Postwar Period", *American Journal of Sociology*, 113(1): 128-164. DOI: https://doi.org/10.1086/517896

Ban, Cornel (2013), "Translating the IMF: Crisis, Aperture and the Fund's Teaching Institutes", *GECI Working Paper 1*, August.

Bastien, Carlos (2000), "The advent of modern economics in Portugal", *in* A. W. Bob Coats (org.), *The Development of Economics in Western Europe since 1945*. London: Routledge, 162–184.

Blyth, Mark (2007), "Powering, Puzzling, or Persuading? The Mechanisms of Building Institutional Orders", *International Studies Quarterly*, 51(4): 761–777. DOI: https://doi.org/10.1111/j.1468-2478.2007.00475.x

Boulding, Kenneth (1997 [1961]), *The Image*. Ann Arbor, MI: The University of Michigan Press.

Brown, E. Cary; Dornbusch, Rudiger; Eckaus, Richard S.; Solow, Robert M.; Lance, J. Taylor (1977), "Prefácio — A Economia Portuguesa: Evolução Recente e Situação Actual", in *1ª Conferência Internacional sobre Economia Portuguesa*, vol. I. Lisboa: The German Marshall Fund of the United States e Fundação Calouste Gulbenkian, 33–35.

Caballero, Ricardo J. (2010), "Macroeconomics after the Crisis: Time to Deal with the Pretense-of-Knowledge Syndrome", *Journal of Economic Perspectives*, 24(4): 85–102. DOI: https://doi.org/10.1257/jep.24.4.85

Campbell, John L. (2002), "Ideas, Politics, and Public Policy", *Annual Review of Sociology*, 28: 21–38. DOI: https://doi.org/10.1146/annurev.soc.28.110601.141111

Cardoso, Maria Teodora (1980), "A Política Monetária e a Balança de Pagamentos — 1976/1978", in *2ª Conferência Internacional sobre Economia Portuguesa*, vol. I. Lisboa: The German Marshall Fund of the United States e Fundação Calouste Gulbenkian, 75–99.

Cardoso, Maria Teodora; Hill, Raymond (1977), "A Moeda e o Crédito em Portugal", in *1ª Conferência Internacional sobre Economia Portuguesa*, vol. I. Lisboa: The German Marshall Fund of the United States e Fundação Calouste Gulbenkian, 367–392.

Clift, Ben (2018), *The IMF and the Politics of Austerity in the Wake of the Global Financial Crisis*. Oxford: Oxford University Press.

Colander, David; Howitt, Peter; Kirman, Alan; Leijonhufvud, Axel (2008), "Beyond DSGE Models: Towards an Empirically-Based Macroeconomics", comunicação apresentada na *2008 American Economics Association Meetings*. Disponível em https://www.researchgate.net/publication/4901845_Beyond_DSGE_Models_Toward_an_Empirically_Based_Macroeconomics

Constâncio, Vítor (2009), "Prefácio", in *A Economia Portuguesa no Contexto da Integração Económica, Financeira e Monetária*. Lisboa: Banco de Portugal, xi–xiii. Disponível em https://www.bportugal.pt/sites/default/files/anexos/pdf-boletim/publica%C3%A7%C3%A3o%20completa.pdf

De Grauwe, Paul (2010), "The scientific foundation of dynamic stochastic general equilibrium (DSGE) models", *Public Choice*, 144(3–4): 413–443. DOI: https://doi.org/10.1007/s11127-010-9674-x

DEE — Departamento de Estudos Económicos do Banco de Portugal (2009), *A Economia Portuguesa no Contexto da Integração Económica, Financeira e Monetária*. Lisboa: Banco de Portugal. Disponível em https://www.bportugal.pt/sites/default/files/anexos/pdf-boletim/publica%C3%A7%C3%A3o%20completa.pdf

Fourcade, Marion (2006), "The Construction of a Global Profession: The Transnationalization of Economics", *American Journal of Sociology*, 112(1): 145–194. DOI: https://doi.org/10.1086/502693

Hirschman, Daniel; Berman, Elizabeth Popp (2014), "Do economists make policies? On the political effects of economics", *Socio-Economic Review*, 12(4): 779–811. DOI: https://doi.org/10.1093/ser/mwu017

Gabor, Daniela (2011), *Central Banking and Financialization. A Romanian Account of how Eastern Europe became Subprime*. Basingstoke: Palgrave Macmillan.

Gaspar, Vítor; Barros, Fátima; Reis, Ricardo; Santos, João (2014), *Relatório de avaliação e reflexão sobre as atividades do Departamento de Estudos Económicos do Banco de Portugal*. Lisboa: Banco de Portugal. Disponível em https://www.bportugal.pt/sites/default/files/anexos/pdf-boletim/relat%C3%B3rio%20avalia%C3%A7%C3%A3o%20dee.pdf

Grabel, Ilene (2017), *When Things Don't Fall Apart, Global Financial Governance and Developmental Finance in an Age of Productive Incoherence*. Cambridge, MA: The MIT Press.

Ministério das Finanças (1974), "Decreto-Lei nº 452/74, de 13 de Setembro", *Diário do Governo*, I Série, 214: 1079–1081. Disponível em https://dre.pt/application/file/74788

Ministério das Finanças (1975), "Decreto-Lei nº 644/75, de 15 de Novembro", *Diário do Governo*, I Série, 265: 1814–1821. Disponível em https://dre.pt/application/file/76587

Minsky, Hyman P. (1996), "Uncertainty and the Institutional Structure of Capitalist Economies", *Journal of Economic Issues*, 30(2): 357–368. DOI: https://doi.org/10.1080/00213624.1996.11505800

Moura, Francisco Pereira (1977), "Comentário ao Relatório. A Economia Portuguesa: Evolução Recente e Situação Actual", in *1ª Conferência Internacional sobre Economia Portuguesa*, vol. I. Lisboa: The German Marshall Fund of the United States e Fundação Calouste Gulbenkian, 93–99.

Perdigão, José de Azeredo (1977), "Discurso Pronunciado pelo Presidente da Fundação Calouste Gulbenkian Doutor José de Azeredo Perdigão", in *1ª Conferência Internacional sobre Economia Portuguesa*, vol. I. Lisboa: The German Marshall Fund of the United States e Fundação Calouste Gulbenkian, 15–20.

Reis, José (2018), *A Economia Portuguesa. Formas de economia política numa periferia persistente (1960–2017)*. Coimbra: Almedina.

Capítulo 4
A uniformização no ensino pós-graduado em Economia de 1980 até hoje

Gonçalo Marçal, Ana Costa e Manuel Branco

Introdução

Neste capítulo, aborda-se a origem do ensino pós-graduado[1] em Economia em Portugal e a sua evolução grosso modo desde 1980 até à atualidade, focando os seus principais objetivos, características, orientações e estratégias, e assentando essencialmente num conjunto de entrevistas com docentes e diretores das referidas formações em vários momentos ao longo deste período, nas instituições em que se doutorou o maior número de economistas ao longo deste período — Instituto Superior de Economia e Gestão (ISEG), Faculdade de Economia da Universidade Nova de Lisboa (FEUNL), Faculdade de Economia da Universidade do Porto (FEP), Faculdade de Economia da Universidade de Coimbra (FEUC) e ISCTE – Instituto Universitário de Lisboa (ISCTE-IUL).[2] As formações consideradas aqui em Economia não esgotam as formações que tratam da economia num sentido mais ou menos lato. O foco incidiu essencialmente naquilo a que se poderia chamar a fileira de Economia no seio da qual existe uma

[1] Não se ignorando a importância dos programas de licenciatura na formação dos economistas, estes são referidos na medida em que impactaram na estrutura e conteúdo da oferta das pós-graduações.

[2] Nestas cinco instituições de ensino superior realizaram-se cerca de 70% das teses de doutoramento em Economia em Portugal desde 1980. No ISEG, foram entrevistados João Ferreira do Amaral (JFA) e Miguel St. Aubyn (MSA), na FEUNL, Ana Balcão Reis (ABR) e Luís Campos e Cunha (LCC), na FEP, António Brandão (AB) e Elvira Silva (ES), na FEUC, Adelino Fortunato (AF) e Pedro Bação (PB), e, no ISCTE, Catarina Roseta Palma (CRP), Helena Lopes (HL), Joaquim Ramalho (JR) e Sofia Vale (SV).

progressão do mestrado para o doutoramento e em que essa formação se intitula Economia apenas. Esta visão pode parecer redutora à primeira vista, mas é aquela que permite dar conta da evolução destas formações e nomeadamente da uniformização sofrida.

O objetivo principal neste texto é então tentar perceber o que levou à referida uniformização do ensino pós-graduado em Economia em Portugal. Apesar da existência de várias Escolas no país com ensino pós-graduado em Economia, esta variedade não se refletiu, no entanto, na variedade da oferta. Com efeito, se nos anos 1980 as idiossincrasias de cada Escola se refletiam de modo bastante claro na sua oferta formativa, de então para cá assistiu-se a uma progressiva uniformização. Dois vetores de força parecem estar na base deste processo. Por um lado, as Escolas foram voluntariamente imitando os modelos que se assumiam como os mais reconhecidos a nível internacional e, por outro, foram de certo modo coagidas a adotar esses formatos. A concorrência entre universidades, ou seja, a necessidade de captar os melhores alunos, assim como a generalização do processo de avaliação e acreditação dos cursos, configuram esta coação.

O ensino pós-graduado em Portugal surge com o propósito de impulsionar a investigação e o conhecimento avançado nas várias áreas científicas. Em 1978, o Ministério da Educação legisla sobre os graus e diplomas do ensino superior, criando e regulando a figura do mestrado,[3] constituindo este a partir de então um patamar essencial para a preparação dos doutoramentos (Marçal Grilo, 1994: 419–421). No contexto da docência universitária, o novo Estatuto da Carreira Docente Universitária, de 1979, estipula que os assistentes universitários, que constituíam a larga maioria dos docentes nas universidades, teriam que obter um diploma de pós-graduação para permanecer na carreira universitária.[4] Em 1980, quando se estabelecem as normas relativas à criação de mestrados,[5] entendeu-se que a formação pós-graduada, se munida de um reconhecimento inter-

[3] Decreto-Lei nº 304/78. Disponível em <https://dre.pt/application/file/80814>.

[4] Decreto-Lei nº 448/79. Os assistentes passavam a ser recrutados obrigatoriamente entre os detentores do grau de mestre e os professores auxiliares entre os assistentes com o grau de doutor (ver os Artigos 11º e 12º do referido Decreto-Lei). Disponível em <https://dre.pt/application/file/82310>.

[5] Decreto-Lei nº 263/80 e Decreto-Lei nº 264/80 (este último criou os Institutos Coordenadores de Estudos Graduados das várias Universidades). Disponíveis em <https://dre.pt/application/file/83254>.

nacional, contribuiria para dotar a Universidade de um maior número de investigadores (contrariando a frequente prossecução da carreira no estrangeiro) e para dar formação avançada também aos altos quadros de entidades públicas e privadas.

No que respeita à ciência económica, estas preocupações já tinham sido manifestadas algumas décadas antes. A reforma de 1949, promovida por António Manuel Pinto Barbosa, num movimento modernizador do ensino da Economia em Portugal, pretendia lançar as bases educacionais que permitiriam impulsionar a investigação económica anos mais tarde, em particular aplicada à economia portuguesa. No contexto desta reforma, emergiu um espaço embrionário do ensino pós-graduado em Economia, nas designadas "salas de estudo". Manuel Jacinto Nunes *et al.* (2016) afirmam que estas teriam

> sido idealizadas, quer como espaço de aprofundamento das novas matérias teóricas leccionadas, quer como iniciação à pesquisa aplicada a aspectos da realidade económica portuguesa. Deste modo se cuidava da formação avançada de um núcleo mais interessado de alunos e também dos jovens assistentes com responsabilidades de docência. (Nunes *et al.*, 2016: 378)

Um desses assistentes, o próprio Manuel Jacinto Nunes, num artigo de 1968 (Nunes, 1968), seguindo essa orientação, apelava à necessidade de se cumprirem três funções na Universidade: formação cultural, preparação profissional de nível superior, e investigação científica. No caso particular da Economia, entendia que a formação cultural do economista devia incidir numa perspetiva do económico não desligada do social, incluindo o estudo de áreas científicas como a Sociologia e a Ciência Política. Quanto à preparação profissional, reconhecia que a ocupação do economista se desdobrava principalmente em duas atividades — a elaboração e a execução da política económica, no setor público, e a economia da empresa, no público ou privado — às quais seria desejável adaptar o curso de Economia (estudo de novas técnicas, maior desenvolvimento e sistematização de ambas, e um alargamento das aulas práticas). Por último, congratulando-se com a criação da JNICT em 1967, considerava urgente a adoção de algumas medidas para a investigação. Em primeiro lugar, a criação do regime de tempo integral para os professores universitários. Segundo, a criação de cursos de pós-graduação a frequentar pelos candidatos a doutoramento, pressupondo-se ainda o alargamento e/ou a criação de centros de investigação (institutos, centros de estudo, gabinetes, etc.) ligados à universidade e o seu respetivo financiamento. Neste contexto, acrescentava ainda o benefício que emergiria com um maior entrosamento entre as entidades públicas e privadas, por um lado, e a Universidade, por outro.

Outro assistente que frequentou as "salas de estudo", Francisco Pereira de Moura, teria um papel preponderante na continuação da modernização da ciência económica em Portugal durante os anos 1960 e 1970. Autor de manuais que formariam economistas durantes vários anos, como *Lições de Economia* e *Análise Económica da Conjuntura*, procurou atualizar o campo disciplinar da Economia enquadrando-o na síntese neoclássica-keynesiana, privilegiando, contudo, uma abordagem abrangente, plural e multidisciplinar.[6] Nesta altura, embora não existisse um modelo inspirador no estrangeiro, as principais referências de ensino e bibliográficas eram sobretudo europeias.[7] O caráter distintivo da licenciatura assentava no

[6] «Ele introduziu os modelos macroeconómicos keynesianos e a síntese neoclássica-keynesiana no ensino universitário. Manteve-se fiel à exigência de modelos formais e a uma teorização clara, mas nunca dispensou os contributos preciosos da história económica e da sociologia para a compreensão dos processos da vida real. A história económica moderna, a história do pensamento económico, o ensino de paradigmas alternativos e a economia do desenvolvimento foram incluídos no curso do ISEG, que se desenvolveu sob os auspícios de Moura» (Louçã, 1998: 364).

[7] Como, por exemplo, referido por JFA, o manual de Erich Schneider, *Einführung in die Wirtschaftstheorie,* Tübingen: J. C. B. Mohr (Paul Siebeck), 1950–1958. No ano letivo de 1963–1964, este manual estava incluído na bibliografia das cadeiras Economia I e Economia II. Na bibliografia de Economia I figuravam também as seguintes referências: Raymond Barre, *Économie politique,* Paris: PUF, 1956–1964; Ferdinando di Fenizio, *Economia politica,* Milano: Ulrico Hoepli, 1951; Lloyd G. Reynolds, *Economics. A general introduction,* Homewood: R. D. Irwin, 1963; Paul A. Samuelson, *Economics. An introductory analysis,* New York: McGraw-Hill, 1948-1961. E, em Economia II, as seguintes: Gardner Ackley, *Macroeconomic Theory,* New York: Macmillan, 1961-1963; James M. Henderson, Richard E. Quandt, *Microeconomic theory: A mathematical approach,* New York: McGraw-Hill, 1958. Frederik Zeuthen, *Economic theory and method,* London: Longman, 1955. Por último, em Economia III, centrada no desenvolvimento económico: Stephen Enke, *Economics for Development,* Englewood Cliffs, NJ: Prentice Hall, 1963; Celso Furtado, *Desenvolvimento e subdesenvolvimento,* Rio de Janeiro: Fundo Univ. de Cultura, 1961; Élias Gannagé, *Économie du développement,* Paris: PUF, 1962; B. Higgins, *Economic development: principles, problems and policies,* New York: Norton & Co, 1959; Albert Hirschman, *Estratégia do desenvolvimento econômico,* Rio de Janeiro: Fundo Univ. de Cultura, 1961; C. P. Kindleberger, *Desenvolvimento económico,* Lisboa: Liv. Clássica Ed., 1960; Vittorio Marrama, *Politica económica de los países subdesarrollados,* Madrid: Aguilar, 1962; G. M. Meier e R. E. Baldwin, *Economic development: theory, history and policy,* New York: Wiley & Sons, 1959; Gunnar Myrdal, *Planifier pour développer: De l'État-Providence au Monde-Providence,* Paris: Ed.

foco dado aos problemas reais da economia, e estava associado ao economista tipo e correspondente procura laboral da época, como denota João Ferreira do Amaral.

> [O ISCEF][8] dava muita importância à economia real — a chamada economia real —, havia cadeiras de Economia Industrial, de Economia dos Transportes, também porque os empregadores eram um bocado diferentes na altura. O Estado empregava muitos licenciados em Economia, e foi aliás o meu caso. E muitas vezes [o Estado] ia, antes de [os alunos] completarem a licenciatura, recrutar, convidar. E, portanto, eram coisas úteis porque eram coisas que tinham de facto uma aproximação à realidade relativamente grande. (JFA)

A Faculdade de Economia do Porto, criada em 1953, prosseguiu na mesma matriz, procurando convergir com a síntese neoclássica-keynesiana, mas também com vertentes do curso de Direito da Faculdade de Direito da Universidade de Coimbra, adotando, como aliás o ISCEF, um curso de Economia com peso significativo de áreas como a Gestão e o Direito (Nunes *et al.*, 2016: 384).[9]

No decorrer da década de 1970 são criadas algumas faculdades que acrescentam à oferta educativa cursos de Economia e de Gestão,[10] introduzindo um novo cenário de concorrência universitária.

No ISE (antigo ISCEF), entre 1974 e 1976, o pós-revolução remeteu para um lugar secundário a matriz da síntese neoclássica-keynesiana, dando

Ouvriéres, 1963; R. Nurkse, *Problems of capital formation in underdeveloped countries*, New York: Oxford University Press, 1953; A. Pepelasis, L. Mears, and I. Adelman, *Economic development: Analysis and case studies*, New York: Harper & Brothers, 1961.

[8] Atual ISEG (Instituto Superior de Economia e Gestão). O ISEG foi ISCEF (Instituto Superior de Ciências Económicas e Financeiras) entre 1930 e 1972, ISE (Instituto Superior de Economia) entre 1972 e 1990, e ISEG desde então.

[9] Conforme denotam Bastien e Cardoso, «o ISCEF [...] mantinha com a Faculdade de Economia do Porto [...] a prerrogativa de formação de profissionais nos domínios das ciências económicas, empresariais e financeiras» (2018: 116). «Só de Direito, o meu curso, que era de cinco anos, tinha o que seria hoje equivalente [...] [a quase] um curso de Direito atual» (JFA).

[10] Faculdade de Economia da Universidade de Coimbra (em 1973, o de Economia), Faculdade de Ciências Humanas da Universidade Católica Portuguesa (em 1972, o de Economia, em 1973, o de Gestão), Instituto Superior de Ciências do Trabalho e da Empresa (em 1972, o de Gestão), Instituto Superior de Ciências Sociais e Política Ultramarina (em 1972, o de Economia), Faculdade de Economia da Universidade Nova de Lisboa (em 1978, o de Economia) e Instituto Universitário de Évora (em 1979, o de Economia e o de Gestão).

maior expressão à corrente marxista. Não desaparecendo por completo nesses anos, sobretudo nos anos finais do curso de licenciatura em Economia, a síntese neoclássica-keynesiana viria a recuperar a dominância em 1976. Em virtude de uma imagem associada à corrente marxista, e do que foi visto como uma perturbação também ao nível do funcionamento das aulas e da própria instituição, por força do período pós-revolucionário e da contestação estudantil no ISE, a Universidade Católica Portuguesa pôde apresentar-se nessa altura como uma alternativa em Lisboa.

O impulso dado, entretanto, ao ensino pós-graduado, a criação de vários centros de investigação e um novo contexto de oferta universitária vieram transformar a realidade anterior, que se caracterizava por uma diminuta produção científica e sem revisão por pares. As condições para a investigação eram débeis, com um baixo nível de financiamento, e a própria academia não estava orientada para a investigação, não existindo inclusivamente incentivos para a progressão na carreira. As instituições de apoio à investigação, como a JNICT e o INIC, não providenciavam um apoio financeiro suficiente a projetos de investigação como a FCT faria no final dos anos 1990. Os primeiros centros universitários dedicados especificamente à investigação em Economia (como o GANEC, na FEUNL, ou o CISEP, no ISE) caracterizavam-se sobretudo por projetos de consultoria. É ainda neste contexto que se criam as primeiras revistas científicas, como a *Economia* (FEUNL e UCP) e a *Estudos de Economia* (ISE).

1. Primeiros cursos de pós-graduação em Economia

A criação dos primeiros mestrados surge numa época em que vários acontecimentos marcariam o posterior percurso do ensino da Economia, a nível internacional e nacional. A crise do petróleo em 1973 acentuou a crise do paradigma keynesiano dominante na Macroeconomia. Em Portugal, com a Revolução de Abril, este acompanhamento não foi imediato. Posteriormente, o impacto conjunto das crises do petróleo de 1973 e de 1979, as intervenções do FMI em 1977 e 1983, e a entrada na CEE em 1986 foram favoráveis à implementação bem-sucedida das ideias de ensino que começavam a adotar-se no final dos anos 1970 em várias faculdades norte-americanas e europeias, que popularizavam o ensino de correntes como o Monetarismo, a Teoria da Escolha Pública e a Nova Economia Clássica. Em Portugal, a FEUNL, criada em 1978, foi precursora na importação destas novas ideias, centrando os seus cursos em torno do ensino da economia neoclássica, e estruturando-os à data, tal como hoje, num núcleo composto essencialmente pelas disciplinas de Microeconomia, Macroeconomia e Econometria. Esta abordagem opunha-se à prática das principais faculdades de Economia até então.

É com a FEUNL, em 1978, que surge o primeiro curso pós-graduado em Economia — um programa conjunto de mestrado e doutoramento. Apelidado de Programa de Doutoramento e Mestrado (PDM) em Economia, este programa pretendia proporcionar, para licenciados em Economia ou outras licenciaturas consideradas compatíveis, «o aprofundamento dos seus conhecimentos a nível avançado e o desenvolvimento das aptidões necessárias à identificação, análise e resolução dos problemas económicos, bem como ao ensino e investigação».[11] Dirigindo-se fundamentalmente para a formação profissional de altos quadros de instituições públicas e privadas relevantes no domínio da Economia, para a formação de docentes universitários e a iniciação na investigação, anunciava a sua inspiração ao pretender dar formação «ao menos equivalente ao grau de "Master" numa boa universidade estrangeira»,[12] e que se julgasse suficiente para prosseguir o doutoramento. O programa englobava uma parte letiva, à qual se seguia um trabalho complementar (monográfico ou de investigação).[13]

A experiência partilhada pela maior parte dos membros da Comissão Instaladora de ter realizado o doutoramento nos EUA foi determinante para o projeto de criação da FEUNL. Envolveu a frequência de programas doutorais com uma componente curricular, como era característico da formação pós-graduada em Economia nos EUA. A experiência desta trajetória foi vivenciada de forma engrandecedora associada à perceção de que os EUA eram o principal centro de formação e produção científica no domínio da Economia. É comum a referência ao facto de algumas

[11] *Guia da Faculdade de Economia da Universidade Nova de Lisboa, 1978/1979*: 14.

[12] *Ibidem*: 15.

[13] A parte letiva incluía um semestre preliminar, que integrava «as matérias consideradas indispensáveis para a frequência do curso» (*ibidem*: 15), constituído pelas disciplinas de Matemática para Economistas, Estatística, Teoria Económica I, Teoria Económica II, e Informática (optativa). Os restantes semestres compunham-se com a seguinte ordem de disciplinas: Teoria Microeconómica I, Teoria Macroeconómica, Cálculo, Teoria Microeconómica II, Teoria do Crescimento e do Capital, Programação Matemática, Economia Internacional, Economia Pública, Econometria, e três entre as seguintes: Teoria e Política Monetária, Política Financeira, Análise de Investimentos, Política Económica, Teorias do Desenvolvimento, Planeamento Económico, e Econometria Aplicada (*ibidem*: 15–16).

das disciplinas nos cursos nos EUA serem lecionadas por economistas a quem se atribuiu ou viria a atribuir prémios Nobel (de acordo com Luís Campos e Cunha, «às vezes eram bastantes confusos, mas estávamos a beber a ciência ali da fonte, diretamente»). A motivação para os membros da Comissão Instaladora residia na possibilidade de replicar grande parte dos elementos de ensino e de gestão universitária que tinham presenciado nos EUA. O ensino pós-graduado em Economia que a FEUNL oferecia mimetizava vários elementos desses programas, e contrastava com a realidade académica existente em Portugal, de acordo com Luís Campos e Cunha ou Ana Balcão Reis:

> [N]os EUA era já uma coisa completamente comum e assente que o doutoramento tinha uma parte de curso, de cadeiras, que assim mais ou menos consubstanciava as cadeiras do mestrado, e depois havia dois exames. Quem seguia para fazer o mestrado fazia uma tese de mestrado. Quem quisesse seguir o doutoramento tinha dois exames, um exame de teoria geral e um exame de especialidade, também mais uma vez tradição norte-americana. (LCC)
>
> Quando o programa de doutoramento foi lançado, [...] foi lançado [...] num molde completamente diferente daquele que existia nas outras escolas, porque foi tentando seguir a maneira de fazer das universidades americanas. Portanto, foi muito diferente de tudo o que existia na altura em Portugal. (ABR)

A estrutura e o conteúdo do programa opunham-se ao tipo de doutoramento em regime tutorial que vigorava nas faculdades de Economia em Portugal (e mesmo na maior parte da Europa[14]). Este novo formato associava-se à perceção de que comportaria uma exigência maior.

> Eu acho que havia esta noção de que não havia um programa de doutoramento a sério na área de Economia. (ABR)

Considerava-se que a licenciatura era insuficiente para alcançar um conhecimento aprofundado e abrangente ao nível teórico, quer quanto ao que se entendia ser o núcleo científico da Economia, quer para a realização da tese de doutoramento ou de atividades de investigação.

[14] «Quando aqui foi iniciado o programa de doutoramento — com cadeiras, exames de especialidade, o exame de teoria geral —, não sei quantos é que haveria na Europa... e não havia muitos» (LCC).

A própria tese de doutoramento deveria acompanhar esse aprofundamento. De acordo com Ana Balcão Reis:

> [N]a tese, nós estudamos um assunto a sério, não estudamos ali um temazinho, [mas] isso não faz de nós economistas ou conhecedores do que é que é a ciência da economia, de tudo o que é a área. E, portanto, aqueles dois anos de cadeiras — e o primeiro ano é Microeconomia, Macroeconomia, Econometria e Matemática — é para ficarmos a conhecer o que é feito a nível teórico do conhecimento, na fronteira do conhecimento naquela área, que não é suposto ensinar na licenciatura [... mas,] para um aluno de doutoramento, sim, porque um aluno de doutoramento depois vai trabalhar sobre isso. (ABR)

O programa tinha ainda como objetivo a preparação para uma eventual realização do doutoramento no estrangeiro,[15] principalmente em universidades norte-americanas, uma tradição que se mantém desde então e que se constitui, para Ana Balcão Reis, como um dos elementos distintivos do programa. Outro elemento inspirado na experiência norte-americana prendia-se com a orientação explícita da tese para o formato de ensaios (*essays*), procurando-se que estes se ajustassem ao modelo de publicação em revistas científicas indexadas:

> Ao longo de todo o processo, o que nos era dito era: «*Papers* para serem publicados.» Não é uma tese conjunta, [um] trabalho grande, com muitas páginas. A ideia era que dali saíssem *papers* publicáveis, e até um bocadinho essa fasquia da qualidade: é que eram *papers* publicáveis. (ABR)

Esta ideia de tese opunha-se àquela que existia à época nas universidades portuguesas, e nas de Economia em particular, e constituía uma forma nova de estar na investigação. Luís Campos e Cunha, doutorado na Universidade de Columbia no princípio dos anos 1980, e docente na FEUNL desde meados da mesma década, aponta essa diferença:

> Dantes, em vez de uma tese inovadora, era[m] muitas vezes teses em que se mostrava que se sabia tudo sobre aquele tópico, o que, no fundo, era uma espécie de uma gigantesca sinopse do que se tinha feito, mas não tinha nada de inovador. (LCC)

15 «Ainda acontece muito hoje em dia. Os alunos inscrevem-se, fazem o primeiro ano de PDM, vão tendo umas aulas. Também vão vendo o que é, o que na verdade facilita muito depois o processo lá [nas universidades norte-americanas] porque as cadeiras são as mesmas» (ABR).

A inovação residia sobretudo na aplicação empírica de modelos matemático-dedutivos, em particular econométricos. Frequentemente a aplicação não era feita ao caso português. A limitação da informação estatística sobre a economia portuguesa e a perceção de que a aplicação ao caso português poderia ser menos atrativa em termos de publicação justifica a opção feita. A investigação de natureza mais fundamental também não era a opção predominante. Luís Campos e Cunha justifica-a pela inexistência de massa crítica em várias temáticas de investigação em Portugal.

> As teses tinham um elemento aplicado porque era mais fácil obter aí [a] inovação, porque era sempre necessário ser inovador. [...] Uma das maneiras de se fazer uma coisa inovadora é pegar numa metodologia que foi aplicada noutro sítio [e] aplicá-la cá. Quando se transpõe, tem sempre de se adaptar muita coisa. [...] Muitas vezes, dada também a inexistência de massa crítica de investigação no domínio fundamental, era natural que as pessoas se encostassem mais a teses empíricas. Mas isso era fruto das circunstâncias e dos interesses do próprio, não havia nenhuma orientação para ser mais aplicada ou menos aplicada. (LCC)

A criação do primeiro Mestrado em Gestão em Portugal, em 1981, pela FEUNL, seguiu também o que se entendia ser a experiência norte-americana. Apelidado de MBA, e contando com o apoio da Warthon School da Universidade de Pensylvannia, este curso procurava estreitar o relacionamento com o tecido empresarial e o mercado de trabalho correspondente, contando com financiamento privado para atividades científicas da faculdade.

A FEUNL, adotando uma prática das universidades norte-americanas (Bowen, 1953: 54, 75), é também pioneira em Portugal, em 1984, na redução do tempo de duração da licenciatura em Economia para quatro anos.

No ISE, o primeiro curso de pós-graduação surge em 1979, o Mestrado em Métodos Matemáticos para Economia e Gestão de Empresas (Valério *et al.*, 2011: 115), uma área em que o ISE se distinguia (nomeadamente a Econometria e a Matemática), seguido do Mestrado em Economia em 1981.[16] Francisco Pereira de Moura, o primeiro diretor deste mestrado, reconhecia, tal como Manuel Jacinto Nunes, a importância de se criar um ensino pós-graduado que transformasse a investigação.

[16] O Mestrado em Organização e Gestão de Empresas foi criado em 1982 e o Mestrado em Política, Economia e Planeamento de Energia, em 1985.

> O seu principal projeto foi modernizar o currículo e mudar o foco da investigação dos economistas portugueses. Isso exigia a liderança de uma faculdade grande e diversificada e a intensa participação democrática dos estudantes, com vista a um programa exigente de pós-graduação que fosse reconhecido como excelente a nível mundial. (Louçã, 1998: 364)

Este mestrado pretendia preparar para a carreira de investigação e de docência. Com efeito, o novo Estatuto da Carreira Docente Universitária e a necessidade de formação dos docentes determinava que 70% das vagas deste curso estivessem reservadas a docentes universitários (Oppenheimer e Romão, 1985: 34–35).

Ao contrário da FEUNL que baseou o desenvolvimento dos seus programas de pós-graduação na importação do modelo norte-americano, o ISE caracterizou-se por preservar uma certa identidade do seu ensino em articulação com a natureza particular do seu curso de licenciatura. Dividindo-se em três opções de especialização — Desenvolvimento Regional, Economia Internacional e Planeamento Económico —, mantinha um tronco comum composto pelas áreas de Teoria Económica, Métodos Quantitativos e Desenvolvimento Económico e Social, o que denotava uma orientação tendente a temáticas de desenvolvimento e de planeamento.[17] É de sublinhar que o mestrado em Economia é criado num contexto de forte transformação da investigação no ISE, em que a obtenção do grau de doutor é incentivada, em particular no estrangeiro, e em parte suscitada por uma reação às características do projeto da FEUNL, de acordo com João Ferreira do Amaral.

> [A] reação do ISE foi, aliás, interessante. Foi durante os anos 1980, finais de 1970: incentivar o doutoramento, incentivar a ida para universidades

[17] Não foi possível consultar o programa que vigorou no ISE quando o mestrado foi criado. Como aproximação, refere-se a estrutura curricular do mestrado em 1985, que não diverge substancialmente da portaria que criou o mestrado em 1981. O 2º e 3º semestres desenvolviam-se por área de especialização com a seguinte estrutura curricular: Desenvolvimento Regional — Sistemas Regionais e Planeamento do Desenvolvimento Regional; Economia Internacional — Economia Internacional e Integração Económica; Planeamento Económico — Planeamento Económico e Avaliação de Projetos. Por último, restavam duas optativas, a escolher entre as disciplinas obrigatórias de outras áreas de especialização ou da seguinte lista: Metodologia da Política Económica; Economia Financeira; Economia Política Agrária; Experiências de Desenvolvimento em África; Modelos Econométricos; Planeamento segundo as Necessidades Básicas; Política Económica Portuguesa; e Sistema Financeiro Internacional.

estrangeiras (não obrigatoriamente, mas isso era bem-visto). E, principalmente, uma mudança no sentido de dar prioridade à investigação, que nunca tinha sido dada até aí. E teve impacto. [...] Aí o Professor Moura também teve muita influência, porque convenceu os colegas da geração dele, e mais velhos, a seguir neste sentido. (JFA)

A pressão no sentido da realização do doutoramento no estrangeiro e da publicação associada à atividade de investigação foi decisiva para o enquadramento e o percurso que o ensino pós-graduado viria a ter no futuro, não só no ISEG (então ISE), mas de um modo geral na academia portuguesa.

As pessoas, por um lado, iam doutorar-se no estrangeiro — algumas, não direi a maior parte, mas uma parte importante —, por outro, o facto de se dar atenção à investigação obrigava as pessoas a escrever para revistas que aceitavam aquilo que elas escreviam. [...] [D]epois as coisas entram em cruzeiro, e então começa a ser normal haver doutoramentos, ir para o estrangeiro, publicar, começa a olhar[-se] para os *rankings*, começa a haver as unidades de investigação. Portanto, de facto o ISE tem um impulso a partir dessa data. (JFA)

A primeira edição do mestrado em Economia na FEP data de 1983/1984. A sua estrutura curricular pautava-se, à semelhança da FEUNL, pela definição de um núcleo: Microeconomia, Macroeconomia, Métodos Quantitativos, e Relações Económicas Internacionais.[18] O escasso número de docentes com doutoramento determinou a necessidade de estabelecimento de parcerias com universidades estrangeiras para a mobilidade dos seus docentes, garantindo a lecionação no mestrado em Economia da FEP. Não obstante as dificuldades que se adivinhavam à organização deste curso, ele foi determinante para a fixação do ensino pós-graduado em Economia na FEP, constituindo-se como arquétipo de programas posteriores.

A insuficiência de professores doutorados e com experiência de investigação que pudessem assegurar trabalho de supervisão (orientação) dos

[18] Não foi possível consultar o programa deste mestrado relativamente a 1983–84, mas, como aproximação, referem-se as áreas científicas mencionadas na portaria que cria o mestrado, datada de 3 de março de 1983: obrigatórias — Microeconomia, Macroeconomia, Métodos Quantitativos, e Relações Económicas Internacionais; optativas — Economia Pública e Financeira, Economia da Empresa, Economia Espacial e dos Recursos, e Economia do Desenvolvimento. Apesar da portaria indicar áreas optativas, Elvira Silva indica que «nessa altura não havia disciplinas de opção, tudo era obrigatório».

projetos de teses de doutoramento acabaria por levar alguns alunos e assistentes a prosseguirem o doutoramento no estrangeiro, nomeadamente nos EUA, como mostra António Brandão.

> a obrigatoriedade dos doutoramentos [começou] a obrigar as pessoas — para cuja orientação não havia muitas vezes capacidade — a ir para os EUA. (AB)

A escolha dos EUA como destino de formação doutoral emergiu sobretudo de duas razões. Em primeiro lugar, um outro destino comum na época, a França, foi secundarizado enquanto escolha, pois a FEP não estava a reconhecer os doutoramentos com o título *Doctorat de Troisième Cycle*.[19]

> As pessoas que tiraram esse tipo de doutoramento na altura não conseguiram o reconhecimento imediato em Portugal, e isso fez com que a influência anglo-saxónica fosse ainda mais forte, porque as pessoas tiravam doutoramentos em França e depois chegavam aqui e o doutoramento não era reconhecido. Portanto, foram abandonando. (AB)

Segundo, pela presença de um professor na faculdade, António Vasconcelos, doutorado na Universidade da Califórnia, em Berkeley, que impulsionou os doutoramentos nos EUA, nomeadamente na Universidade da Carolina do Sul. Após a conclusão do doutoramento, a maior parte regressou à FEP e, de acordo com António Brandão, «trazia a forma de trabalhar, as ideias e a organização que os americanos adotavam». Elvira Silva explica como se desenvolveu este processo.

> Nós tínhamos aqui um professor, que era o Professor António Vasconcelos, ele tinha feito o doutoramento em Berkeley, tinha estado a dar aulas nos EUA cerca de 30 anos, e tinha relações, nomeadamente pessoais, com algumas instituições. Ele é que foi o grande impulsionador. A primeira leva foi exatamente essa geração do Professor José Costa, do Professor Abel Fernandes, do [Professor] Alberto Castro, do Professor Mendes Oliveira (na área da Econometria), do Professor Teixeira dos Santos. E a seguir a essa ainda houve mais uma leva para lá, na sequência. Eu, na altura, realmente fui *outlier* porque fui [para os EUA], mas não fui para [a Universidade da Carolina do Sul]. (ES)

19 Em França, existiam dois tipos de doutoramento, o mencionado *Doctorat de Troisième Cycle* e o *Doctorat d'État*. Comparativamente, o primeiro tinha uma duração significativamente mais curta.

Comparativamente, os programas de pós-graduação em Economia da FEP e da FEUNL caracterizavam-se por um núcleo de disciplinas de natureza mais próxima e, embora com uma grande diversidade temática, menos abrangentes do ponto de vista das abordagens e da multidisciplinariedade como era o do ISEG. No princípio dos anos 1990, após algumas reformulações, estes programas denotavam já uma maior semelhança entre si. Esta convergência é particularmente notória no caso do ISEG. Em 1990/1991, o mestrado em Economia no ISEG tinha uma estrutura curricular próxima da estrutura curricular do PDM em Economia da FEUNL. Veja-se, em particular, como as áreas ligadas ao Desenvolvimento e ao Planeamento deixaram de figurar no curso. Enquanto o ensino do Desenvolvimento permaneceu em outros mestrados de especialização que seriam criados posteriormente nessa década, o Plancamento foi excluído porque «desapareceu a nível público: a orgânica do planeamento começou a desfazer-se no final dos anos 1980», como nota João Ferreira do Amaral. O grupo das áreas de especialização reduzia-se a duas — Economia Monetária e Financeira, e Economia Internacional — e o corpo comum compunha-se das disciplinas que emergiam como núcleo: Microeconomia, Macroeconomia e Informática Aplicada à Estatística e à Econometria.[20] Na FEP, este núcleo sofre um encurtamento, passando a compor-se de Microeconomia, Macroeconomia e Métodos Quantitativos.[21]

Esta convergência parcelar deve-se a um conjunto de fatores. Em primeiro lugar, a internacionalização do ensino e da investigação em Economia em Portugal num contexto de concorrência universitária, e, em segundo lugar, as circunstâncias de natureza político-económica nacional, que também tiveram efeitos no que se entendia dever ser a formação do economista. Em contraste com o que foi visto como um período contur-

[20] Em cada área de especialização, o plano incluía cinco disciplinas e um seminário. Por área de especialização, constavam: Economia Monetária e Financeira — Política Monetária, Economia Financeira, e Seminário de Economia Monetária e Financeira; Economia Internacional — Comércio Internacional, Estratégias Comerciais Europeias, e Seminário de Economia Internacional.

[21] Não tendo sido igualmente possível consultar o programa de mestrado de Economia da FEP em 1990–91, referimos as áreas científicas mencionadas na portaria que altera o mestrado, datada de 21 de fevereiro de 1990. Após o núcleo mencionado, de caráter obrigatório, seguiam-se as seguintes áreas optativas: Economia Industrial e da Empresa, Economia Regional e do Desenvolvimento, Economia e Finanças Internacionais, Política Económica, Métodos Quantitativos Aplicados à Economia, Teoria Económica.

bado no pós-25 de Abril no ISE, a FEUNL foi construindo uma imagem de ensino moderno e atualizado de acordo com as práticas de universidades norte-americanas, aliado ao reconhecimento público e académico da formação que daí advinha. A criação de um novo tipo de entrosamento com o mercado de trabalho, tanto privado como público, permitiu-lhe atrair alunos e o consequente crescimento gradual da faculdade. Por sua vez, em consonância com a abertura da economia portuguesa e uma ascensão do liberalismo ao longo dos anos 1980, alguns docentes da FEUNL participaram neste processo de transformação a partir de uma coluna de jornal, "A Mão Invisível", associando a imagem da faculdade. Deste modo, além das vertentes de ensino[22] e de organização institucional, a FEUNL insere-se no panorama universitário português também numa vertente de orientação da doutrina e política económica. Estas diferenças, e a orientação científica distinta, são responsáveis pelo surgimento de uma oposição entre a FEUNL e o ISEG, conforme denota João Ferreira do Amaral.

> O que penso que é indiscutível é que, tendo essa visão no início ou não tendo, acabou por ser assim. Houve, claramente, uma oposição entre Nova e ISEG (ou ISEG e Nova, conforme se queira). Foi uma altura em que a Nova tinha um conjunto de pessoas que não só faziam trabalho académico como também intervinham nos jornais — "A Mão Invisível", por exemplo, uma secção importante —, em que pugnavam pelo liberalismo, pela liberdade, etc. E, não sei se explicitamente ou se implicitamente, havia uma oposição ao ISEG, havia isso claramente. Tinha uma vantagem na altura, que hoje já não existe: é que grande parte dos doutorados eram doutorados em universidades estrangeiras, e isso em Portugal dá sempre uma certa superioridade, e apareciam sempre como os iluminados que vinham destruir a ignorância dos portugueses.

22 Relembrando os primeiros professores da faculdade, Luís Campos e Cunha recorda como se percecionava o panorama universitário português na Economia: «É preciso ver como é que era o mundo universitário, pelo menos na área da Economia, nos anos 1970. Essas pessoas de que eu estava a falar foram meus professores já. É tudo gente que chegou nos anos 1970–1973, 1975, 1977 — e chegou cá e viu uma universidade na área da Economia que era basicamente dominada — tirando a Católica — por um marxismo-leninismo, nalguns casos, aliás, bastante ortodoxo. O ISE nessa altura era de uma ortodoxia impensável! [...] Portanto, é evidente que estas pessoas, chegando doutoradas dos EUA, iam para a Católica. A Católica depois teve ali um problema de crescimento e não quis avançar, e resolveram fundar uma escola. E, portanto, juntaram-se sob a égide de Alfredo de Sousa, que na altura já era Professor Catedrático, e permitiu-se enfim lançar as bases do que era a Universidade Nova em geral e a Faculdade de Economia em particular.»

> Eu penso que, basicamente, o facto de a Nova ter mais altas médias de entrada influenciou muito a mudança curricular aqui, e influenciou muito a política de doutoramentos. (JFA)

A importação do modelo norte-americano e o pioneirismo da FEUNL no contexto universitário português determinavam que o caráter distintivo da FEUNL fosse mais marcado no período correspondente ao final dos anos 1970 e à década de 1980.

> Originalmente, havia o ISEG e havia a Nova, e claramente não faziam a mesma Economia. [...] Eu diria que [na FEUNL] era uma Economia mais "amiga" do mercado e menos da intervenção estatal ou da planificação. (ABR)

A projeção desta imagem da FEUNL de ser mais "amiga do mercado", reforçada pelo crescente domínio das ideias neoliberais, e pela falência do planeamento, acabaria por produzir eco no ISEG:

> Houve uma época em que a ética era a ética do mercado, e a Nova influenciou muito nesse sentido. Por imitação ou por necessidade, acabou por também se ver aqui. (JFA)
>
> Nos anos 1980, e mesmos nos anos 1990, havia a perceção, e era uma perceção correta, de que na Nova — e até certo ponto na Católica, embora aí fosse menos vincada — éramos liberais, no sentido inglês do termo, éramos pró-mercado, pró-privatizações, coisas desse género. A partir do momento em que isso foi feito, tornou-se menos óbvio. (LCC)

Neste contexto, Luís Campos e Cunha explica a origem e o intuito da criação da coluna "A Mão Invisível":

> Estávamos num período em que estava tudo nacionalizado, [...] o relevante da economia portuguesa [...]: a energia, os bancos, os seguros. Portanto, a abertura da economia era um aspeto muito importante. Foi uma coisa pensada, achando que era útil do ponto de vista social haver uma coluna ["A Mão Invisível"], como o nome indica, mais virada para o mercado, mais virada para uma economia mais flexível e não estatal, a favor das privatizações, coisas desse género. Mas isso foi um bocadinho a consciência social de cada um. (LCC)

A alteração curricular no ISEG no início dos anos 1990 e a convergência com a oferta de ensino pós-graduado da FEUNL decorreram, para João

Ferreira do Amaral, do efeito da concorrência universitária e de uma preocupação crescente com a empregabilidade dos diplomados, que emergiram como fatores relevantes durante os anos 1980 e se prolongaram no tempo.

> O curso do ISEG — ou do ISCEF, se quiser —, que era um curso tradicionalmente muito ligado à prática e à economia real, por influência um bocado da necessidade de reagir às outras escolas, e nomeadamente à Nova, derivou, de facto, em grande parte, também para o mesmo tipo: Mercados Financeiros, Fundamentos Microeconómicos da Macroeconomia — que é um disparate completo — e esse tipo de coisas. Inevitavelmente. Poderia ter sido de outra maneira? Se calhar não, porque depois os *rankings* baixavam muito, depois não havia capacidade para empregar as pessoas. É um problema complicado, o ajustamento dos *curricula* ao mercado de trabalho. [...].
>
> A concorrência das universidades foi muito importante, nomeadamente da Nova, e foi isso que fez a evolução a partir dos anos 1980, a tal grande transformação política da escola nos anos 1980. E isso em grande parte é induzido não pela lei em si própria. Claro que a lei começou a prever mestrados, a lei da autonomia universitária, etc., mas não terá sido isso que impulsionou mais, impulsionou muito mais haver uma concorrência ao lado, de uma universidade com pessoas recentemente doutoradas, principalmente nos EUA, com uma grande capacidade de comunicação e de *marketing*, inegavelmente, e que entraram nos meios de comunicação social, e a perceção de que o ISEG estava a definhar porque passava a ser uma escola de segunda ou de terceira. E, portanto, isso foi muito mais importante do que propriamente uma questão institucional. (JFA)

A convergência da oferta formativa pós-graduada em Economia em Portugal caracterizou-se por um afunilamento gradual em torno das disciplinas que constituem o já referido núcleo e por um peso crescente da formalização matemática, que progressivamente vão excluindo outras áreas disciplinares que faziam parte da formação do economista até à segunda metade dos anos 1980. A convergência faz-se assim pela assimilação do modelo da FEUNL. Esta trajetória foi reforçada por mudanças ocorridas no quadro da política económica, que alteraram também a forma como as instituições operavam e contribuíram para a normalização do ensino pós-graduado em Economia e das competências que os alunos devem adquirir.

2. Da década de 1990 até ao Processo de Bolonha

O final dos anos 1980 e a década de 1990 caracterizaram-se por uma oferta crescente de mestrados na área científica da Economia nas várias universidades portuguesas.[23] A oferta destes mestrados incluía, além do mestrado em Economia, mestrados de especialização com uma natureza profissionalizante e menos focada na investigação. A natureza mais abrangente destes mestrados decorreu em simultâneo com um afunilamento crescente do mestrado em Economia, que se reforçou como o curso que tem como objetivo preparar os diplomados para a carreira de investigação em Economia.

À consolidação da sua oferta formativa, ao longo dos anos 1980, a FEUNL prosseguiu nos anos 1990 com o projeto de internacionalização. Surgiram os primeiros cursos em inglês, proporcionados pela adesão a programas de mobilidade estudantil como o SOCRATES/ERASMUS, que envolveram parcerias e outras formas de cooperação.[24] A FEUNL foi pioneira na obtenção de acreditações, nomeadamente da EFMD e da AMBA,[25]

[23] Na FEUC, Mestrado em Economia Europeia (1989), Mestrado em Economia (1995), Mestrado em Economia e Estratégia Industrial (1999), Mestrado em Governação, Conhecimento e Inovação (2005); na Universidade de Évora, Mestrado de Economia Agrária (1987), Mestrado em Economia (1996) e Mestrado em Relações Internacionais e Estudos Europeus (2003); na Universidade do Algarve, Mestrado em Ciências Económicas e Empresarias (1993, em parceria com o ISEG), Mestrado em Economia Regional e Desenvolvimento Local (2001); na Universidade do Minho, Mestrado em Comércio Internacional, Mestrado em Economia Industrial e da Empresa, Mestrado em Estudos Económicos e Sociais, Mestrado em Política Económica (todos criados em 1994) e Mestrado em Economia (2001); na Universidade da Beira Interior, Mestrado em Economia (1997); na Universidade de Aveiro, Mestrado em Economia da Empresa (2001); na UTAD, Mestrado em Desenvolvimento Local — Territórios, Sociedade e Cidadania (2003) (nesta área, a UTAD criou o Mestrado em Extensão e Desenvolvimento Rural em 1988, ao qual se seguiu o Mestrado em Instrumentos e Técnicas de Apoio ao Desenvolvimento Rural e o Mestrado Internacional em Gestão do Desenvolvimento Rural) e Mestrado em Economia das Organizações (2004); na Universidade Católica (Porto), Mestrado em Economia (2004); no ISCTE, Mestrado em Economia e Políticas Públicas, e Mestrado em Economia Social e Solidária (ambos em 2005).

[24] Por exemplo, o PDM possibilitava a realização do doutoramento conjunto "Quantitative Economics Doctorate" a partir de 1996/1997, de que faziam parte as universidades de Alicante, Bielefeld, Copenhaga, Viena e Veneza, esta a partir de 1997/1998 (Guias da FEUNL entre 1996/1997 e 2002/2003).

[25] «As duas primeiras acreditações que uma faculdade de Economia teve — na área da Gestão, neste caso — foram as da EFMD (European Foundation for Management Development) e da AMBA (Association of MBAs), que é a inglesa, a outra é europeia. A europeia era difícil porque não era na nossa tradição» (LCC).

que lhe permitiram ganhar visibilidade internacional. Por sua vez, a implementação de uma regra que procurou evitar a endogamia diversificou o padrão de internacionalização do corpo docente. Enquanto no princípio os docentes contratados eram sobretudo doutorados nos EUA, depois variou, num processo facilitado pela crescente internacionalização do sistema de ensino português. Nesta década, é de salientar ainda a crescente importância da área da Gestão, com a abertura de vários cursos nesta área oferecidos nas várias faculdades, a par da diminuição do peso da Economia, uma realidade que se vem acentuando até aos dias de hoje, como denota Luís Campos e Cunha.

> Cada vez mais isto é uma escola de Gestão, é uma *Business School* com um programa também de Economia. E isso mudou muito, é uma coisa que tem 20 anos. (LCC)

A FEUNL criou o Mestrado em Economia Aplicada, em 1990/1991,[26] com o objetivo de oferecer uma formação avançada que possibilitasse «o desenvolvimento da capacidade de identificação, análise e resolução de problemas económicos aplicados». O seu surgimento visava um novo perfil de formação do economista,[27] híbrido das áreas da Economia e da Gestão.

No ISEG, em resultado da redução do tempo de licenciatura de cinco para quatro anos, em 1992 (Valério *et al.*, 2011: 135), justificada pelo objetivo de ter um curso de licenciatura equiparado na sua dimensão temporal à oferta da FEUNL,[28] criou-se espaço para a abertura de formações especializadas de pós-graduação.[29] Esta vaga de mestrados, de natureza mais

[26] *Guia da Faculdade de Economia da Universidade Nova de Lisboa, 1990/1991.*

[27] «Dada a necessidade, em Portugal, de uma próxima geração de gestores qualificados tanto em Economia como em Gestão, que terão um papel decisivo no futuro, a Nova introduzirá o Mestrado em Economia Aplicada em 1990» (FEUNL, Guia de apresentação da faculdade, 1990; tradução nossa do original em inglês).

[28] «A redução do curso de cinco para quatro anos, penso que também não foi uma indução institucional, legal, etc., foi a perceção [da concorrência], e isso foi uma grande diferença em relação ao meu tempo de estudante. [...] Não tem nada que ver com o ambiente de finais dos anos 1970, com o aparecimento em cheio da Nova. Foi isso que fez mudar tudo, muito mais do que outra coisa» (JFA).

[29] Mestrado em Economia e Política Social, Mestrado em Economia e Gestão de Ciência e Tecnologia (mais tarde Mestrado em Economia e Gestão de Ciência, Tecnologia e Inovação), Mestrado em Economia Monetária e Financeira, Mestrado em História Económica e Social, Mestrado em Economia Internacional, Mestrado em Sistemas Sócio-Organizacionais da

profissionalizante, distingue-se da primeira vaga, em que surge o mestrado em Economia, que tinha uma vocação mais académica. Entre os mestrados criados, o Mestrado em Economia Monetária e Financeira, impulsionado por Vítor Constâncio, foi um dos mais bem-sucedidos, designadamente na empregabilidade dos seus diplomados, beneficiando de um contexto de expansão dos mercados financeiros.

O mestrado em Economia na FEUC foi criado em 1995,[30] e manteve essencialmente a mesma estrutura até à atualidade, com um núcleo relativamente reduzido, complementado por quatro áreas de especialização, caracterizando-se por uma grande diversidade de opções a nível temático quando comparado com outros mestrados. Em vez de criar vários mestrados, a FEUC optou por ter um mestrado com várias vertentes de especialização, o que por si só explica a maior diversidade. A opção por ter áreas de especialização reflete uma preocupação com o mercado de trabalho, conforme é referido por Adelino Fortunato.

> O mestrado de Economia procura manter a ideia de opções, no sentido de especializações, e tem teoricamente cinco especializações, [...] mas predominantemente têm funcionado três: uma é Economia Financeira, outra é Economia Industrial, e outra é Crescimento. São as que têm mais procura, e sobretudo as duas primeiras, Financeira e Industrial, o que não é por acaso, são as opções do mercado de trabalho. [...] Sendo um mestrado de continuidade da licenciatura, é necessariamente um mestrado de aprofundamento de conhecimentos básicos, mas procura articular, conciliar a ideia também de alguma autonomia para a especialização, e daí a existência das especialidades. Portanto, a nossa ideia foi sempre articular o aprofundamento de uma formação básica com a possibilidade de especializar. Esta é a nossa identidade. Claro que esta identidade podia ser conseguida de outra maneira, podia ser conseguida também por intermédio da criação de mestrados autónomos. Não seguimos esse caminho. (AF)

Atividade Económica (mais tarde Mestrado de Sociologia Económica e das Organizações), Mestrado em Desenvolvimento e Cooperação Internacional, Mestrado em Ciências Económicas e Empresarias (em parceria com a Universidade do Algarve), Mestrado em Economia e Gestão do Território, Mestrado em Economia e Estudos Europeus, Mestrado em Econometria Aplicada e Previsão, e Mestrado em Matemática Financeira.

[30] Na mesma área científica, este mestrado foi precedido anteriormente pelo Mestrado em Economia Europeia, criado em 1989. Após a criação do Mestrado em Economia, a área de Economia Europeia foi incluída como uma das áreas de especialização.

A conceção do curso emergiu de uma procura de consenso entre os interesses dos docentes e a necessidade de corresponder à oferta canónica, mais do que a adoção de um qualquer modelo.

> Aqui houve um debate entre nós e foi o consenso a que se chegou, mas não propriamente um modelo, porque este tipo de mestrado não era muito seguido pelas universidades de referência. Apesar de tudo, a Universidade de Coimbra é uma universidade com algum peso. Foi uma coisa encontrada por nós, foi [um] consenso encontrado por nós, é mais isso do que outra coisa. (AF)

Com a chegada da primeira geração de doutorados vindos dos EUA, a FEP reestruturou o ensino pós-graduado. Seguindo uma inspiração idêntica à da FEUNL, em 1998 foi criado o segundo programa de doutoramento em Economia a nível nacional. O programa de mestrado, de forma semelhante, passou a estar inserido no programa de doutoramento.[31] De acordo com António Brandão, um dos fundadores e diretor do programa durante alguns anos, este foi objeto de algumas resistências no interior da Universidade do Porto.

> [O] surgimento do programa doutoral teve algumas resistências na universidade. As pessoas achavam que não era preciso ter um programa doutoral para haver doutoramentos, e nós fomos os primeiros a avançar com um programa doutoral aqui na Universidade do Porto. Nas outras faculdades [diziam]: «Mas para que é que é preciso um curso?». A maior parte delas reagiram relativamente mal e, mesmo na Faculdade de Economia, havia pessoas que achavam que para fazer o doutoramento não era preciso para nada um programa, e diziam: «Ah, isso é uma espécie de fábrica de doutoramentos». Mas tivemos uma maioria substancial da faculdade que esteve de acordo em avançarmos e correu bem. (AB)

O principal objetivo era melhorar a qualidade das teses, e, simultaneamente, proporcionar aos alunos uma formação mais avançada com a parte curricular. A melhoria da qualidade das teses consubstanciava-se na ideia

[31] «Nessa altura, os dois primeiros semestres, que correspondia[m] à parte curricular do mestrado em Economia, estava[m] integrado[s] no doutoramento, no sentido que correspondia[m] aos dois primeiros semestres do programa de doutoramento» (ES).

de as aproximar ao formato de um conjunto de três artigos, idealmente publicáveis. Os objetivos deste programa estavam assim muito próximos daqueles que a FEUNL procurou atingir com a adoção do modelo norte-americano.

> Nós começámos a aperceber-nos que o facto de haver uma espécie de um curso de aprofundamento de noções de Economia, de Econometria, etc., fazia com que as teses tivessem uma qualidade muito superior e, portanto, lançámos o programa de doutoramento com uma parte escolar, seguindo também o modelo anglo-saxónico, convictos de que isso faria melhorar bastante a qualidade das teses e dos *outputs*. E acho que assim se conseguiu. Também mudámos completamente o formato das teses, porque, anteriormente, as teses — por exemplo a tese que eu fiz e outras pessoas faziam — eram sobre um tema e nós íamos por ali fora. Mudámos completamente isso e as teses passaram a ser constituídas por três *papers*, com um formato já de publicação. Portanto, o aluno defendia a tese ou antes da defesa da tese já estava a tentar publicar os *papers* da tese. E isso foi bastante bem-sucedido. O aumento das publicações foi muito, muito grande. (AB)

Esta ênfase na publicação teve impacto na própria natureza do trabalho de investigação e na sua organização na FEP.

> Isso foi uma mudança completa da visão do programa, isto é, orientar todo o programa para permitir publicações. Eu acho que isso foi uma mudança radical, não só do programa, mas da própria FEP, porque refletiu-se imediatamente na forma de trabalhar, a forma científica de trabalhar na FEP, [...] e essa visão de que o programa era uma espécie de motor para gerar investigação — investigação a sério que levasse à publicação — foi uma mudança muito significativa. (AB)

Além do núcleo formado pelas unidades curriculares de Microeconomia, Macroeconomia e Econometria, este programa de doutoramento distingue-se pela inclusão da disciplina de História do Pensamento Económico, lecionada desde então por Roger Backhouse.

> Do ponto de vista estrutural nós procurámos os exemplos nas melhores universidades do mundo para construir um programa. Claro que, como a maior parte eram doutorados dos EUA, o nosso programa reflete muito a estrutura de um programa de doutoramento americano. [...] Agora, por exem-

plo, a maior parte dos programas não tem História do Pensamento Económico. Nós não seguimos cegamente. (ES)

De acordo com António Brandão, a inclusão desta cadeira é muito importante para o programa:

> [É] uma área muito importante do ponto de vista de um olhar sobre a Economia como um todo, sobre a história do pensamento económico, e, portanto, permite clarificar muitos debates que temos hoje em dia, que muitas vezes já existiram há muitos anos, mas as pessoas não os revisitam, falam deles como se fossem novos. (AB)

Acompanhando a reforma da licenciatura que decorreu na FEUNL e no ISEG, a licenciatura reduziu-se para quatro anos na FEUC em 2003/2004,[32] e em 2004/2005 na FEP.

No virar do século, o ISEG alterou o formato do doutoramento. Embora apelidando-o de Programa de Doutoramento em Economia (PDE), este era bastante diferente dos programas criados na FEUNL e na FEP. Estruturando-se igualmente em torno de atividades letivas, seminários de investigação e tese, as atividades letivas não tinham um caráter necessariamente obrigatório. O Conselho Científico deliberava sobre a necessidade dos doutorandos frequentarem algumas disciplinas, nomeadamente dos mestrados, em função da sua formação anterior, e os que cumprissem os requisitos estavam dispensados de tal formação. Para os que dela necessitassem, a formação dividia-se por trimestres, o primeiro, dedicado a disciplinas de Microeconomia, Macroeconomia e Econometria, e, nos 2º e 3º trimestres, por decisão do júri de admissão ou do orientador, o aluno poderia ter de frequentar disciplinas que se revelassem essenciais para a prossecução da elaboração da tese. O caráter distintivo desta formação incidia na frequência destas disciplinas que pretendiam focar o trabalho do estudante nas temáticas da dissertação, em detrimento de um tempo letivo que se dedicaria a matérias de natureza generalista.

Na FEUC, em 2005, foi criado o programa de Doutoramento em Governação, Conhecimento e Inovação, consagrando a escolha entre dois perfis — "Conhecimento e Inovação" ou "Impactos Sociais da Ciência e da

[32] Despacho nº 10690/2003 dos Serviços Académicos da Universidade de Coimbra. Disponível em <https://dre.pt/application/file/700485>.

Tecnologia" — que conduzem à atribuição do grau de doutor em Economia ou Sociologia. Este programa veio oferecer uma estrutura curricular e uma orientação diferentes dos programas de doutoramento em Economia atrás mencionados. Centrando-se numa perspetiva interdisciplinar, o programa seguia

> propósitos de aprofundamento conceptual e analítico sobre as sociedades contemporâneas, as instituições, os atores, as políticas e os processos relacionais que lhes dão conteúdo e especificidade, quer histórica, quer geográfica, quer política. Pretende-se, deste modo, atingir uma consciência teórica e uma capacidade analítica elevadas para estudar e compreender as sociedades contemporâneas, as políticas e os seus processos institucionais de governação e inovação.[33]

3. Desde o Processo de Bolonha

A redução do número de anos da licenciatura resultou no desaparecimento de muitas disciplinas, em geral as de natureza mais temática, do curso de licenciatura. Com este desaparecimento, as disciplinas das áreas da microeconomia, macroeconomia, métodos quantitativos ou econometria, entendidas como constituindo o núcleo central de disciplinas, reforçam o seu protagonismo e acentua-se o caráter repetitivo deste núcleo de disciplinas nos vários graus de ensino superior. Perante esta mudança, a possibilidade de inclusão de outras abordagens e temáticas é prejudicada. Na maior parte dos casos, a duração dos mestrados manteve-se nos dois anos.

O Processo de Bolonha, juntamente com o surgimento da A3ES (Agência de Avaliação e Acreditação do Ensino Superior),[34] estabeleceu a recomendação de um programa letivo distinto em cada grau, inibindo a

[33] Brochura de apresentação do programa, 2005.

[34] A A3ES foi instituída em 2007, no âmbito do Processo de Bolonha, com o objetivo de garantir a qualidade do ensino superior em Portugal, nomeadamente a partir da acreditação e avaliação dos ciclos de estudo e das instituições. Entre estas funções, destaca-se ainda a promoção da internacionalização do sistema de ensino superior português. Iniciando funções em 2009, a prioridade incidiu na «acreditação prévia dos novos ciclos de estudos e sobre a acreditação preliminar de ciclos de estudos em funcionamento, ficando para segunda fase a implementação dos sistemas internos de garantia da qualidade (até ao termo do ano lectivo 2010/2011) e o lançamento de um sistema de promoção da qualidade a funcionar com regularidade (a partir do termo do ano lectivo 2010/2011», pretendendo-se que este sistema entrasse em funcionamento pleno no ano de 2011/2012 (A3ES, 2009: 4, 6).

possibilidade de articulação entre os programas de mestrado e de doutoramento, e contribuiu de forma muito importante para a aproximação da oferta estrutural das várias faculdades. O Processo de Bolonha reforçou ainda a internacionalização ao permitir uma «maior paridade e semelhança com os programas europeus», como refere Luís Campos e Cunha. A ênfase na internacionalização conduziu a que a maior parte dos programas sejam hoje oferecidos em inglês, não só por se tratar da língua mais utilizada na produção científica na área da Economia, mas por se entender que reforça a abertura internacional dos programas.

Ecoando o estudo de Baccini e Marcuzzo (2009), apesar de uma maior orientação para a empregabilidade com o Processo de Bolonha, o doutoramento em Economia mantém como principais saídas laborais a docência, a investigação e funções em instituições governamentais, nacionais ou internacionais, e não tanto em empresas. No mestrado, as saídas profissionais têm sido principalmente empresas, essencialmente consultoria, instituições financeiras, ou, como no doutoramento, instituições governamentais, procurando-se um equilíbrio na formação entre estas três saídas.

Com o Processo de Bolonha assistiu-se à reformulação dos programas pós-graduados, em particular, a vulgarização do modelo *master of science* no caso do mestrado,[35] e de um programa curricular no caso do doutoramento.

[35] Com a introdução do Processo de Bolonha, foram criados novos mestrados em Economia, nas faculdades onde este ainda não existia, e criaram-se inúmeros mestrados em áreas temáticas desta área científica, dos quais se dá nota na seguinte lista: na FEP, Mestrado em Economia e Gestão das Cidades (2006), Mestrado em Economia e Gestão Internacional (2006), Mestrado em Economia e Administração de Empresas, Mestrado em Economia e Gestão da Inovação, Mestrado em Economia e Gestão do Ambiente, e Mestrado em Economia e Gestão de Recursos Humanos (estes quatro em 2008); no ISCTE, Mestrado em Economia Monetária e Financeira (2007), Mestrado em Economia da Empresa e da Concorrência (2007), Mestrado em Economia Portuguesa e Integração Internacional (2007) e Mestrado em Economia (2008); na FEUC, Mestrado em Economia Local (2007); na Universidade de Évora, Mestrado em Economia e Gestão Aplicadas (2010), Mestrado em Economia Monetária e Financeira (2010) e Mestrado em Políticas Públicas e Projetos (2011); na Universidade do Minho, Mestrado em Economia e Política das Telecomunicações, Mestrado em Economia e Política do Ambiente, Mestrado em Economia Social, Mestrado em Economia, Mercados e Políticas Públicas, Mestrado em Economia e Política da Saúde, Mestrado em Matemática Económica e Financeira (2007), Mestrado em Economia Monetária, Bancária e Financeira (2009) e Mestrado em Investigação em Economia (2011); na Universidade do Algarve, Mestrado em Economia (2007), Mestrado em Economia da Inovação e Empreendedorismo (2007), Mestrado em Economia do Turismo e Desenvolvimento Regional (2011) e Mestrado em Economia

Por exemplo, na FEUNL, desfez-se o antigo PDM e foi criado, paralelamente ao *master of science*, um mestrado específico para quem prosseguia estudos doutorais, apelidado de Mestrado em Investigação em Economia, inspirado num tipo de mestrado existente no Reino Unido, o *master of research*. Após a realização deste mestrado, seguiam-se exames gerais de acesso ao programa de doutoramento, cuja parte letiva incluía apenas algumas disciplinas de especialização. Este programa durou três anos, seguindo-se o modelo adotado nas restantes faculdades, composto pelo mestrado de Bolonha e um programa de doutoramento autónomo, sendo atualmente partilhado com o programa de Finanças. Tanto a FEUC como o ISEG criaram programas de doutoramento em Economia neste enquadramento. Na FEUC, o programa, criado em 2006, seguia a tendência existente de criação de cursos de doutoramento com o objetivo de aprofundar a formação dos alunos, para que estes dominassem os conceitos e as metodologias presentes na literatura, conforme refere Pedro Bação, um dos diretores do programa.

> Só queremos que os alunos, cada vez que leem um texto de Economia, reconheçam os conceitos que lá estão. É só isso que nos interessa. Portanto, o importante desse primeiro ano é garantir que eles aprenderam a gramática. Agora, se querem usar a gramática daquela forma ou usar a gramática de outra forma, isso depois é com eles e com o orientador, e com aquilo que eles estiverem a estudar em cada momento. (PB)

Mais tarde, foi reformulado num projeto conjunto de parceria com a Universidade do Minho, que não tinha programa curricular de doutoramento. A ideia de parceria partiu da experiência comum de dois colegas de doutoramento, Pedro Bação e Fernando Alexandre, no Birkbeck College,[36] e o programa que aí frequentaram serviu de modelo para a sua conceção,

Financeira (2015); na Universidade dos Açores, Mestrado em Ciências Económicas (2006); na UTAD, Mestrado em Ciências Económicas e Empresarias (2008); na Universidade de Aveiro, Mestrado em Economia (2007); na Universidade da Madeira, Mestrado em Economia (2007); na Universidade Católica Portuguesa (Lisboa), Mestrado em Economia (2006); na Universidade Católica Portuguesa (Porto), Mestrado em Economia Social (2009) e Mestrado em Integração Económica (2010).

[36] «O doutoramento [em Birkbeck] era em conjunto com a UCL, o que, aliás, foi outra ideia que esteve na base do doutoramento conjunto entre Coimbra e o Minho, foi replicar essa experiência da UCL com o Birkbeck» (PB).

também com o objetivo de atingir uma procura maior. A principal diferença deste programa em relação ao anterior resumia-se à inclusão de dois semestres adicionais: um com o objetivo de dar formação especializada em temáticas que se relacionassem com a tese, procurando acompanhar o trabalho de cada doutorando no desenvolvimento da dissertação,[37] o outro para aumentar a parte dedicada à tese.

> Trazíamos a nossa experiência lá de fora, naturalmente, mas depois fizemos cá a comparação direta com os [programas] que cá havia (pelo menos aqueles de que tínhamos conhecimento, conseguimos obter essa informação): na FEP, na Nova, no ISEG. E, na altura, se bem me lembro, fizemos algo que não fugia quase nada àquilo que era o habitual nesses programas. (PB)

No ISEG, o mestrado em Economia tem a mesma estrutura curricular desde 2009, mantendo a mesma orientação da versão anterior. O programa de doutoramento foi reformulado no ano seguinte, e é igualmente entendido como um prolongamento avançado do mestrado, assistindo-se por isso a uma grande semelhança disciplinar.[38] As referências internacionais do programa centraram-se mais a nível europeu, mas sempre de acordo com o padrão internacional. O objetivo deste *benchmarking* fundou-se na preocupação de que os alunos obtivessem competências que fossem reconhecidas a nível internacional.[39] Miguel St. Aubyn indica que o programa foi criado mais tarde do que na FEUNL ou na FEP porque existia uma tradição forte do regime tutorial, mas que foi necessário reformular para o aproximar de um tipo de investigação que tem como referência a publicação.

> A ideia foi precisamente tentar fazer algo que fosse mais ligado à investigação, mais internacionalizado, mais próximo da publicação em boas revistas,

[37] «[N]o segundo ano, dirigi-los mais, ter uma atitude mais proativa na direção do que vai ser depois o trabalho, através das cadeiras vocacionadas para os temas que eles depois vão desenvolver» (PB).

[38] «No ISEG, se formos do mestrado em Economia para o doutoramento em Economia, é um bocado mais do mesmo, mas mais aprofundado. É um desenvolvimento, uma sequência» (MSA).

[39] «Existe a ideia de que devemos fazer como as melhores práticas internacionais, interpretando essas práticas, enfim, à nossa maneira (claramente, como não poderá deixar de ser). Mas, de facto, é tentar que um tipo [que] faça ali o programa de doutoramento não fique a dever nada a um [outro]. Talvez, no caso do ISEG, seja mais europeu» (MSA).

> e, portanto, que estivesse ao nível internacional, e isso implicava que fosse uma coisa pós-mestrado. Foi essa a nossa ideia. (MSA)

No ISCTE, o mestrado e o doutoramento foram criados pouco depois do Processo de Bolonha. Catarina Roseta Palma, anterior diretora do mestrado, afirma que este procurava distanciar-se da ideia de ser o correspondente ao último ano da licenciatura, mas antes um regresso ao núcleo fundamental da teoria económica.[40]

> Têm que fazer outra vez a Microeconomia, a Macroeconomia, a Econometria, obrigatoriamente. E isto no sentido também de, se eles depois seguirem para um programa doutoral, terem uma boa base que lhes permitirá fazer o trabalho futuro. Não podemos fazer uma coisa só para quem segue para programa doutoral, porque também não temos assim tantos alunos que o queiram. (CRP)

A inspiração no caso do ISCTE foi o mestrado inglês, assim como referências que se procuraram a nível europeu[41] e nacional, principalmente na FEUNL e no ISEG. Devido à sua identidade, e procurando distinguir-se dos restantes mestrados na área da Economia da própria faculdade, por se entender que estes estão mais orientados para o mercado nacional, não existe qualquer interligação, como, por exemplo, por via da escolha mútua de disciplinas.

> Este mestrado em Economia tinha que ser distintivo. E não queríamos fazer dum Mestrado em Economia o saco onde entram os outros mestrados de especialização. Não era esse o objetivo, até porque os outros continuam a ser em português, porque são mais virados para o mercado nacional, pessoas que querem ter mais uma especialização e depois continuam a trabalhar. E o mestrado em Economia, não, era mesmo generalista e para seguir

[40] «O nosso objetivo principal [no mestrado] é dar uma formação base forte a um nível avançado, ou seja, cobrir as áreas que são as áreas *core* a um nível avançado» (CRP).

[41] Em algumas universidades de países como Inglaterra, França, Espanha, entre outros. Nos EUA, não, por o sistema aí ser diferente. «[Em Inglaterra] vimos três ou quatro: Warwick, Oxford, Cambridge; em França vimos Toulouse, Paris (a X, provavelmente); em Espanha a Pompeu Fabra, a Autònoma. Eu acho que também Oslo, Bergen, outras na Suécia, ou seja, também no Norte. Na Holanda também creio que sim, não me lembro que universidades. Ou seja, [...] fizemos esse estudo [em] 2006, 2007, antes de prepararmos o programa que depois abriu em 2008» (CRP).

da procura. A orientação para o núcleo fundamental já estava presente no plano anterior, mas foram de facto as recomendações produzidas pela A3ES que suscitaram a iniciativa da direção do programa doutoral em avançar com uma reformulação.[49]

> As cadeiras complementares, na verdade, não faziam um ano curricular de doutoramento e, portanto, com a A3ES empurrámos todo o programa para ser aquilo que seria um programa *standard* a nível nacional e a nível internacional. (SV)

Joaquim Ramalho, anterior diretor do programa, comparando com o que existe em Évora em parceria com a UBI, do qual também foi diretor, indica que ambos se encontram de acordo com as recomendações da avaliação da A3ES, pois «a lógica que está implementada nos dois é [a de] um doutoramento clássico: Macroeconomia, Microeconomia e Econometria, na parte [das] cadeiras obrigatórias». Dada a convergência com os restantes programas pós-graduados, Sofia Vale crê que a licenciatura será neste momento o curso «mais aberto, menos restrito ao *core*, àquilo que é o *mainstream*» e que o «mestrado já é muito mais *mainstream*, e o doutoramento ainda mais».[50]

Econometria Avançada II, *Asset Pricing*, Matemática e Métodos Numéricos para Economia e Finanças II, Seminário de Investigação em Economia I, Tópicos Avançados em Microeconomia II, Projecto de Tese em Economia, Seminário de Investigação em Economia II, Tópicos Avançados em Macroeconomia II, Optativa I, Optativa II (tradução nossa, a designação das cadeiras/unidades curriculares do programa está em inglês no original) <https://arquivo.pt/wayback/20161101085821/http://bru-unide.iscte-iul.pt/?pt=doctoralEconomics>.

49 «Nós é que nos chegámos com o formato que achávamos que a A3ES gostaria, para ser aprovado, e eles disseram que sim, e depois é que tratámos da parceria com Finanças. Eles não disseram nada, mas a forma como nós apresentámos garantiu que estava tudo ok. [Antes da A3ES] tínhamos era para a AACSB e outras» (SV). «Fora já tinha sido feito várias vezes, e creio que na altura olhámos para cá porque existia a A3ES. Mas, evidentemente, a London School of Economics, ou a Paris School of Economics, o MIT. [...] [E]u diria que é mais europeu porque de facto é um terceiro ciclo, insere-se dentro de Bolonha, é pressionado pela A3ES e a grande inspiração foi interna» (SV).

50 «O ISCTE sempre teve uma licenciatura um bocadinho diferente dos outros, mas havia divergência de opiniões em termos internos sobre aquilo que devia ser a licenciatura. Portanto, uma coisa é a identidade que ele acaba por ter, e outra coisa é o facto de isso ser discutido e de o final ser um compromisso» (HL). Sofia Vale resume esta transformação do programa de doutoramento ao longo do tempo, em que, no primeiro, «uma pessoa que viesse de Economia provavelmente ficaria liberta, faria só os seminários. Depois, o segundo programa é o tal programa do mestrado mais as cadeiras. E o terceiro programa é este que está agora em vigor.

Nas restantes universidades do país, desde 2009 foram criados programas de doutoramento em Economia que seguiram a mesma orientação. Além dos já citados programas conjuntos, entre a FEUC e a Universidade do Minho, e entre a Universidade de Évora e a Universidade da Beira Interior (precedidos, em todas, de um programa próprio), também a Universidade do Algarve, a Universidade dos Açores e a UTAD criaram programas de doutoramento em Economia (em alguns anos inseridos como área de especialização no programa de Ciências Económicas e Empresariais). Destaca-se, como alternativa, neste período, no ISEG, e paralelamente à reformulação do programa de Doutoramento em Economia, a criação dos programas de Doutoramento em Estudos em Desenvolvimento, de Doutoramento em História Económica e Social, e de Doutoramento em Matemática Aplicada à Economia e à Gestão, e, em Évora, a criação do programa de Doutoramento em Teoria Jurídico-Política e Relações Internacionais, sob a responsabilidade do Departamento de Economia.

4. A dinâmica atual

A evolução do ensino pós-graduado em Economia foi marcada pela convergência dos currículos dos vários programas, esbatendo-se a relativa heterogeneidade existente antes de Bolonha (ver Branco *et al.*, 2018). No presente, esta similitude dos programas de mestrado e de doutoramento, das suas estruturas curriculares e conteúdos programáticos repercute-se num estreitamento das temáticas e metodologias abordadas.

4.1. A convergência

Numa perspetiva histórica, João Ferreira do Amaral alega que foi a redução do tempo de licenciatura no âmbito de Bolonha que precipitou a fase final deste processo de convergência.

> Há uma fase, logo imediatamente a seguir ao 25 de Abril, em que houve muito marxismo pelo meio, etc., e, depois, o keynesianismo por necessidade

[N]a verdade, [...] o primeiro é a tal ausência de programa em si, só conferência de grau, tendo em conta que existia alguém que podia orientar. Portanto, na sua transformação, se calhar até ficou mais orientado para o *core*, a ideia era orientá-lo mais para o *core* na tal versão do mestrado, embora eu pense que não foi tão [bem-]sucedido. Portanto, provavelmente aquilo que o doutoramento tem estado a transformar-se é realmente numa coisa mais padronizada e mais *mainstream*».

em todo o lado passou a segundo plano. Manteve-se uma ou outra coisa, mas, de facto, o que começou a imperar foram os manuais *standard*, que é uma mistura de keynesianismo, neoclassicismo, monetarismo. Depois, a certa altura, nos anos 1990, então começou a imperar a Nova Economia Clássica. Isso, claramente. Eu, mesmo assim, apesar de tudo, fui professor de Política Económica entre 1989 e 1999, [e] dei o curso que quis, que não era a Nova Economia Clássica. Mas foi a redução do curso, o número de anos de curso [que] em grande parte precipitou depois a adoção de manuais comuns, enfim dos *curricula standard*. (JFA)

A convergência[51] dos cursos de pós-graduação em Economia ao nível da estrutura dos planos curriculares e dos conteúdos programáticos dificulta, no entender de Elvira Silva, a identificação dos elementos distintivos de cada instituição universitária:

[F]rancamente, não sei o que é que determina, dada a similaridade dos programas, um aluno escolher a FEP em vez de uma das outras, porque é uma coisa que está praticamente aceite, que unidades curriculares devem constar, por exemplo, do plano curricular do programa de doutoramento. Pode ter História do Pensamento Económico ou não, mas o *core* é [o mesmo]. (ES)

Na opinião de Miguel St. Aubyn, neste processo de convergência não é muito claro se o ISEG tomou a Nova como referência ou se ambas tomaram como referência o mesmo modelo. Contudo, considera que os cursos, em todos os graus, foram ficando mais próximos.

Talvez o ISEG tenha adotado o modelo da Nova ou então o ISEG e a Nova adotaram modelos que são parecidos. Estou a pensar um tanto nos doutoramentos e nas próprias licenciaturas. A partir de certa altura começam a utilizar-se manuais que são mais ou menos os mesmos, os modelos das aulas são mais ou menos os mesmos, o curso passa para três anos. E, também, em três anos, as pessoas acabam por fazer certas opções, e o que se obtém por

51 «Se olharmos para a estrutura, tem uma cadeira de Microeconomia, Macroeconomia, Econometria no primeiro semestre, se calhar a Economia Matemática, a chamada Microeconomia Avançada, a Macroeconomia Avançada, a Econometria Avançada, e depois tem [...], no segundo semestre, uns tópicos de Microeconomia, uns tópicos de Macroeconomia, uns tópicos de Econometria, se calhar uma ou duas optativas, e mais um seminário. Pronto, isso é no ISEG e eu acho que isto é mais ou menos uma estrutura semelhante» (MSA).

ser aquele tronco comum, ninguém vai querer deixar os seus alunos desasados e particularmente diferentes de outros. [...] E, portanto, isso foi fazendo com o que o ISEG fosse ficando mais parecido [com a Nova], mas também o Minho mais parecido com o ISEG, Coimbra, Porto, e por aí adiante. (MSA)

A convergência é também justificada pela preocupação com as saídas laborais, como expressa Sofia Vale:

> Não queríamos que um aluno nos deixasse de escolher por achar que não éramos capazes de oferecer as ferramentas que ele precisa para estar à altura de concorrer ao Banco Central Europeu ou ao FMI. Por exemplo, nós temos alunos que têm ido para a OCDE fazer uns estágios, e isso é colocado na porta de entrada do mestrado. (SV)

Para Ana Balcão Reis esta convergência dos programas de ensino em Economia tem paralelo na investigação desenvolvida no âmbito da disciplina. As várias correntes teóricas que constituíam o núcleo duro da investigação no domínio da macroeconomia aproximaram-se. Com esta aproximação torna-se mais difícil a identificação dos próprios contornos do que se constitui como dominante.

> [O]s neokeynesianos e os neoclássicos também se calhar já não são tão diferentes como eram. O modelo de base é o mesmo, a gente pega no modelo neoclássico e põe lá as limitações neokeynesianas, ou as restrições, as falhas de mercado. Portanto, se calhar as coisas também já não são tão extremadas como eram há alguns anos. (ABR)

Na mesma linha, Miguel St. Aubyn sublinha como o caráter distintivo da influência dos *Real Business Cycles* nos programas de ensino da FEUNL e da UCP se desvaneceu, porventura pela assimilação que ocorreu noutras instituições universitárias.

> Houve uma altura em Portugal em que havia influência dos chamados *Real Business Cycles*. O pessoal tinha estado de facto nos Estados Unidos, mais para os lados da *água doce*. Tenho impressão que isso agora esvaneceu-se um bocado, tudo isso se diluiu um bocado. E, se calhar, também havia umas diferenças mais marcadas entre o que era o ISEG e o que era a Nova do que há agora. (MSA)

A escolha do curso passou a residir noutros elementos qualitativos, como o prestígio, as condições, os alunos, os professores ou a localização da escola. Ana Balcão Reis crê que o caráter distintivo, a existir, encontra-se na forma como o programa é dado e no tipo de alunos.

> Uma das razões porque se escolhe a escola não tem que ver com o que é estudado, tem que ver com a forma como é estudado — exigência, profundidade —, o tema pode ser o mesmo. Basta os alunos serem diferentes. Eu até posso querer fazer o mesmo, mas, se os alunos forem diferentes, não vou conseguir. (ABR)[52]

4.2. A uniformização dos programas de mestrado e doutoramento em Economia

A similitude dos programas de mestrado e doutoramento em Economia produz um efeito de repetição exaustiva de conteúdos, tanto a nível metodológico como temático, que é percecionada pelos próprios alunos, conforme denota Ana Balcão Reis.

> Esse é um problema que os alunos muitas vezes põem até (e era uma das dificuldades que a gente tinha): «Nós andamos sempre a estudar o mesmo.» (ABR)

Esta repetição é justificada pela tentativa de satisfazer simultaneamente os seguintes objetivos: a) a necessidade de aprofundamento associada à sofisticação analítica do núcleo fundamental, e b) a necessidade de homogeneizar a formação dos alunos que provêm de áreas disciplinares que não a Economia.[53]

[52] MSA e JFA partilham a mesma opinião de ABR: «Eu acho que o doutoramento em Economia no ISEG, na sua estrutura, não é muito diferente dos outros. Entre o ISEG e a Nova, o Minho, Coimbra, o Porto, tende a ser um bocado parecido. Eu acho que a diferença depois pode ser quem está a dar aquelas aulas todas, como é que ele é preenchido, que eu acredito que até possa variar de ano para ano conforme os docentes» (MSA); «A [licenciatura] de Economia tenho dúvidas que se distinga das outras. Em três anos é muito pouco viável estar a fazer grandes distinções. Tem-se que ensinar o que se ensina, em três anos não há margem para muito mais. E, portanto, penso que a distinção se faz mais a nível individual do que propriamente a nível de escola» (JFA).

[53] «O curso de doutoramento tem estudantes da FEP, mas também estudantes provenientes de outras universidades, que tiraram licenciaturas e mestrados noutras universidades e, portanto, a primeira questão com que lidamos é a necessidade de homogeneizar a qualidade e os conhecimentos dos alunos. Isso obriga, às vezes, a ligeiras repetições» (AB).

Esta ideia de aprofundamento está presente, principalmente, no doutoramento, como assinala Ana Balcão Reis.

> Claramente, no doutoramento há uma diferença grande a nível do grau de formalização. É suposto ser mais teórico. Nos mestrados tentamos transmitir uma visão aplicada e que implicações é que isto tem (mesmo em Microeconomia) em termos de política económica no mundo real. No doutoramento, essa não é uma preocupação: são transmitidas as bases fundamentais, o que está na fronteira do que se anda a fazer. (ABR)[54]

A ênfase no aprofundamento e na sofisticação formal mostra como o objetivo de se oferecer uma panorâmica mais abrangente da investigação realizada em Economia é desvalorizado. Miguel St. Aubyn associa isso ao predomínio de um tipo de ensino muito centrado nas temáticas do núcleo fundamental com prejuízo da controvérsia interna existente na disciplina.

> Há duas coisas que eu acho que são diferentes. Uma coisa é a exposição dos vários assuntos da Microeconomia [e da] Macroeconomia. Outra coisa é a questão da conflitualidade interna que possa haver na disciplina, de escolas diferentes, perspetivas diferentes. Podíamos pensar numa exposição horizontal e vertical. O que tem predominado é essa exposição [horizontal] de temas. (MSA)

A inclusão de outras temáticas ou metodologias, como, por exemplo, as de Economia Comportamental ou Experimental, é remetida para a esfera da motivação individual ou do interesse dos alunos, no âmbito do desenvolvimento da sua tese, ou para possíveis seminários organizados pela faculdade. Neste sentido, a inovação curricular no âmbito dos mestrados e doutoramentos em Economia cinge-se a ajustamentos que possam ocorrer no contexto dos modelos já existentes. Outra fonte de inovação é a que provém do próprio corpo docente e da possibilidade da sua variação.

[54] ES e MSA descrevem no mesmo sentido: «A abordagem certamente é diferente. Mais formalização» (ES); «A sensação que eu tenho é que há uma preocupação no doutoramento de dar uma preparação que seja teórica, boa, profunda, etc. E, portanto, isso acaba por afastar um bocadinho da conjuntura. [...] Neste caso, [a crise] foi uma conjuntura de tal maneira dramática que teve consequências sobre a própria teoria económica. Mas, nesse caso, então isso aparecerá como teoria económica e não como a crise de 2008. Eu acho que é um bocadinho por aí que a coisa vai, na melhor das hipóteses» (MSA).

Este conservadorismo notado também por Catarina Roseta Palma contrasta com as críticas de que a disciplina foi alvo no contexto da crise económica e financeira que principiou em 2007–2008.

> Nós temos tentado refletir nas nossas aulas aquilo que se passou na crise de 2007–2008. [...] Mas não posso dizer que: «Houve aquele momento e depois mudámos tudo por causa disso.» Nós temos andado a seguir aquele processo do CORE em Inglaterra da restruturação do ensino, mas, por aquilo que eu vejo, é muito baseado nas licenciaturas para já. E, portanto, em termos de ensino pós-graduado, eu não vi ainda nenhuma alternativa aos nossos modelos formais, ao Mas-Colell, aos modelos de equilíbrio geral computacional. Eles têm que aprender isto, podem gostar mais ou gostar menos. A minha perceção — os meus colegas poderão pensar de outra forma — é que a teoria económica a nível pós-graduado não mudou radicalmente. [...]. O que está no programa continua a ser o modelo por detrás do consumidor para a procura, o modelo por detrás do lucro para a oferta. (CRP)

5. Perspetivas críticas

A uniformização das formações pós-graduadas em Economia em Portugal é uma realidade, mas, se este processo decorreu sem aparentemente encontrar grande resistência, tal não significa que tenha sido consensual, que não tenha havido posições críticas, ou que não tenham sido propostas alternativas, mas simplesmente que estas parecem não ter tido peso suficiente para contrariar o processo. A possibilidade de contrariar o estado atual de homogeneidade dos programas de mestrado e doutoramento em Economia e de afunilamento dos conteúdos programáticos, a partir de uma perspetiva inclusiva de outras temáticas e metodologias de investigação,[55] tem sido percecionada como uma opção arriscada no sentido de preservar o funcionamento dos próprios cursos. O afunilamento ao nível do ensino pós-graduado parece aliás contrastar com a diversidade que se encontra nas escolhas de investigação. No caso do ISCTE, Helena Lopes refere que os cursos são menos pluralistas do que a composição de pensamento económico dos docentes e da sua investigação.

[55] «Elas poder [ser incluídas], podem. Agora, não têm grande futuro. É uma análise, uma apreciação, uma avaliação que cada faculdade tem que fazer para sobreviver» (AF).

> Não me parece que o nosso doutoramento espelhe a investigação em Economia que se faz no ISCTE. Acho que a investigação é mais heterodoxa do que o doutoramento, hoje. (HL)

Existe um espartilho institucional que molda os percursos de aprendizagem, tornando saliente certas alternativas e limitando as escolhas. Esse espartilho é, em parte, criado pelos próprios cursos de pós-graduação em Economia, acabando por traduzir-se na reprodução dos conteúdos curriculares na investigação feita no âmbito da tese de doutoramento. Os custos de aprendizagem e a perceção de isolamento por se optar por uma via alternativa estão na base desta reprodução. Após a aquisição de competências no contexto da parte curricular de um doutoramento em Economia, que tem um tempo prolongado de aprendizagem, é improvável que se venha a escolher no âmbito da elaboração da tese de doutoramento abordagens teóricas muito distintas, as quais, de resto, gozam também, na maior parte dos casos, de pouca representatividade nas instituições. Em suma, o estudo mais abrangente e aprofundado de outras abordagens ocorre, muitas vezes, apenas numa fase pós-doutoramento. João Ferreira do Amaral mostra-se aliás favorável à manutenção da opção de um formato de doutoramento sem componente curricular, pois o que é para ele fundamental é que tenha a exigência de inovação. Por outro lado, os domínios em que as teses são realizadas revelarão o mesmo estreitamento que as formações.

> [H]á alunos que estão interessados na Economia Institucionalista, mas sabem que se quiserem fazer um percurso académico não podem escolher um institucionalista como orientador, e não podem fazer um doutoramento institucionalista. Portanto, fazem uma tese ortodoxa e, depois, passam a fazer investigação institucionalista. (HL)

Outra limitação da investigação em Economia com reflexo na natureza da investigação desenvolvida no âmbito do doutoramento é a falta de valorização de estudos que versem sobre a economia portuguesa na sua dimensão substantiva e de estudos com um teor multidisciplinar.

> Em Portugal, há dois aspetos que, [no âmbito d]a FCT, prejudicam fortemente a investigação económica. Um, é que olhar para revistas internacionais é muito bom, mas só se publica em revistas internacionais coisas que interessam internacionalmente. Portanto, estar a publicar um artigo, mesmo bom,

sobre coisas que sucedem em Portugal não tem grande chance de ser publicado. O segundo aspeto é a multidisciplinaridade. Hoje, qualquer artigo ou projeto de investigação multidisciplinar é penalizado pela FCT. A FCT dirigia isso para o painel de Economia e o painel de Economia dizia, na melhor das hipóteses, «Isto não é Economia...». (JFA)

João Ferreira do Amaral considera, por outro lado, que seria importante existir uma perspetiva crítica na abordagem que é feita aos conteúdos programáticos. Essa poderia ser a função da História do Pensamento Económico, ausente na maior parte dos programas pós-graduados, sobretudo nos de doutoramento.

O foco na modelização e nos estudos empíricos desenvolvidos nesse âmbito é concomitante de uma quase ausência, na investigação em Economia em Portugal, de estudos de natureza substantiva sobre a economia portuguesa que requerem abordagens alternativas que não constam dos programas de ensino pós-graduado.

Eu acho que é paradoxal, mas falta à Economia muito estudo empírico, porque a economia, antes do mais, é uma coisa que acontece por aí, não é assim propriamente uma especulação. E, portanto, tem uma componente de tecido económico que é óbvia, que se quantifica e que se estuda. Pode estudar-se de várias maneiras, também há várias abordagens que estão entre o qualitativo e o quantitativo. Tudo isso nos há de elucidar sobre o que se passa. Se nós quisermos, por exemplo, perceber o que se passa num certo setor industrial, havemos de não só ver o *input-output*, mas também falar com os agentes: com os empresários, com os trabalhadores, com os fornecedores, com os concorrentes. (MSA)

Miguel St. Aubyn sublinha ainda a impossibilidade de se compreender a realidade económica recorrendo apenas a um modelo econométrico. O conservadorismo que rejeita a inclusão de outras metodologias nos currículos de Economia, desde a licenciatura ao doutoramento, tem na base, para Miguel St. Aubyn, um conjunto de preconceções sobre o que os economistas fazem, ou devem fazer, e sobre o que devem aprender.

Por um lado, o pessoal de Economia normalmente desconfia muito quando se começa a fugir do método habitual. Há uns que [dizem]: «Isto começa a ser muito paleio, falta aqui disciplina, não se demonstra, cada um faz o que quer, não há um modelo.» Depois, há um certo complexo face às ciências duras, uma coisa antiga, mas eu acho que existe, que isso mantém-se, temos de ser um bocado como a Engenharia. Por outro lado, como há uma necessidade de matematizar e de quantificar, e há uma série de coisas, de facto, quantificadas em Economia, estas coisas conjugam-se de tal maneira que às vezes acaba-se por desprezar outros aspetos. (MSA)

Numa perspetiva mais alargada, João Ferreira do Amaral crê que a atenção aos problemas reais que já caracterizou o ensino da Economia está atualmente ausente dos programas. Esta ausência está para João Ferreira do Amaral associada à falência de uma conceção da formação do economista orientada para a transformação progressista da realidade social.

> [P]erdeu-se muito, a certa altura, por influência da globalização, da liberalização, a ideia do economista para melhorar a sociedade, que era a função tradicional dos economistas. [...]. O que sucedeu foi que, principalmente a partir da altura em que os mercados financeiros se liberalizaram, no início dos anos 1980 e depois 1990, as questões financeiras, os mercados financeiros começaram a esmagar tudo o resto nos *curricula* económicos. (JFA)

A estandardização do ensino pós-graduado em Economia em Portugal permitiu que este alcançasse os padrões internacionais, mas, além de não ter conseguido preservar uma diversidade formativa que permitisse acomodar os diferentes modos de fazer e investigar Economia, também não foi capaz de influenciar esses mesmos padrões.

> Nós seguimos. Somos, digamos, uns *followers*, inevitavelmente. A questão é a forma como se segue, pode seguir-se criticamente ou acriticamente. (JFA)

Por exemplo, na opinião de Elvira Silva, «em termos estruturais, o que determinou o antes e o depois foi Bolonha», na medida em que a redução do tempo da licenciatura empobreceu o curso,[56] fazendo desaparecer

[56] «Por exemplo, em relação à licenciatura, foi decisão da Faculdade e da própria Universidade reduzir para três anos, e eu, se fosse eu a decidir, não reduzia, mantinha em quatro anos, por exemplo. Porque nós tínhamos reduzido para quatro anos, tínhamos eliminado as gorduras que existiam, digamos assim, no plano de estudos de cinco anos, e estava ali um plano equilibrado — perfeito, diria. Mas, depois, quer dizer, é aquela ideia: "Os outros fazem e nós não vamos fazer. Então, como é?" Os alunos vão olhar para as outras instituições a oferecer

elementos imprescindíveis, e que também não se encontram representados na pós-graduação, como História Económica ou Investigação Operacional.[57] Deste modo, não ter seguido o Processo de Bolonha poderia ter sido distintivo.

> Eu acho que foi por efeito de imitação: «Se o vizinho faz eu também vou fazer.» [...] E eu às vezes acho que nós devemos fazer exatamente o oposto para nos distinguirmos. (ES)

Conclusão

Após uma experiência de quase quarenta anos, o ensino pós-graduado da Economia em Portugal sofreu profundas mudanças desde a sua criação em finais dos anos 1970. Neste período, foi clara a procura de modelos estrangeiros com o foco de modernizar o ensino numa perspetiva canónica com o modelo norte-americano e europeu, no qual a FEUNL foi precursora e as restantes faculdades procuraram emular, um fenómeno que se acentuou com o Processo de Bolonha. Os cursos estabilizaram nestes programas padrão e nas suas dinâmicas evolutivas, apenas passíveis de ajustamentos teóricos no interior do núcleo fundamental ou por motivos relacionados com a procura, tendo como pano de fundo uma ideia de internacionalização. Neste sentido, há um certo conservadorismo em círculo, que se autojustifica por aquilo que se espera que os alunos dominem quando terminam o curso, que por sua vez tem ligações às práticas da academia, à investigação e a outras saídas profissionais, públicas ou privadas. Assim, excetuam-se os poucos casos em que há ainda alguma tradição, ou pela simples presença de alguns docentes que contribuem para a permanência pela inclusão de um programa disciplinar que não se enquadra no padrão.

A implementação de um curso que se demarque, ainda que não substancialmente, deste curso típico convergente é percecionada como muito arriscada devido ao receio de quebra na procura. O surgimento de indicadores de contexto da concorrência que homogeneizaram os cursos — de

em três anos, mais rapidamente, e eles vão pensar: "Estou aqui a gastar mais um ano do meu tempo." Mas eu não sou nada favorável a isso. Eu mantinha» (ES).

57 «A questão é que a redução para três anos obrigou a cair alguma coisa. Numas, caiu História Económica, noutras, caíram outras coisas. Aqui, por exemplo, uma delas, que me está a surgir agora, é Investigação Operacional, que eu acho que é uma cadeira fundamental, porque nós temos que dar meios aos alunos para poder trabalhar, e a Investigação Operacional é um deles» (ES).

que são exemplo os vários *rankings*, as acreditações e as avaliações da A3ES, ou as avaliações no quadro da FCT — auxiliou todo o processo. Na verdade, o afunilamento começa no ensino, secundarizado com uma função instrumental para produzir estes efeitos. Deste modo, o centro dominante, salvo raras exceções, acaba por implicar a adoção de vários procedimentos de emulação por parte das restantes faculdades. Neste âmbito, o conjunto das publicações enquanto sinalizador do valor do percurso académico foi assumindo um peso crescente, dado que o reconhecimento curricular é valorizado não apenas pelo número de artigos produzidos e publicados, mas também onde são publicados. As revistas mais bem cotadas nos *rankings* obrigam ao cumprimento de certos critérios, nomeadamente metodológicos, e grande parte destes encontram-se ancorados na Economia padrão. Este sistema valorativo é uma forma importante de disseminação das ideias económicas para o ensino, dado que reforça a importância de um núcleo que se entende como imprescindível aprender para se poder investigar e publicar em conformidade com os critérios das revistas, secundarizando a autonomia académica.

Por último, os economistas que obtêm um maior reconhecimento no sentido acima exposto, produzem e protegem o tipo de modelos que lhes permite manter-se na posição que já ocupam, incluindo em instituições governamentais que mantêm os mesmos modelos. No fundo, a importação dos conteúdos foi acompanhada por importações organizacionais que reforçaram a sua proteção, e o que parece ser um meio de conferir legitimidade científica acaba por estabelecer uma hierarquia num campo disciplinar heterogéneo, remetendo para segundo plano outras abordagens e dificultando o debate aberto e crítico das ideias.

Referências bibliográficas

A3ES — Agência de Avaliação e Acreditação do Ensino Superior (2009), *Plano de actividades para 2009*. Lisboa: A3ES. Disponível em https://www.a3es.pt/pt/documentos/documentos/planos-de-atividades

Baccini, Alberto; Marcuzzo, Maria Cristina (2009), "I dottorati di ricerca in Italia: come si formano gli economisti?", *Economia Politica*, 16(2): 249–261.

Bastien, Carlos; Cardoso, José Luís (2018), "O ensino da macroeconomia no ISEG após 1974", *in* Jorge Braga de Macedo (coord.), *Macro de Economia Aberta: Ensino e Prática depois de Abril*. Lisboa: Academia das Ciências de Lisboa, 116–120.

Bowen, Howard R. (1953), "Graduate education in economics", *American Economic Review*, 43 (4, Part 2, supplement): ii–223. JSTOR: https://www.jstor.org/stable/1811119

Branco, Manuel C.; Costa, Ana; Marçal, Gonçalo (2018), "Evolução do Ensino Pós-graduado em Economia em Portugal", comunicação apresentada no seminário *Por Onde Vai o Ensino da Economia em Portugal*, ISCTE, Lisboa, 21 de junho de 2018.

Louçã, Francisco (1998), "Francisco Pereira de Moura (1925–1998) — the founder of modern economics in Portugal", *American Journal of Economics and Sociology*, 58(2): 361–364. DOI: https://doi.org/10.1111/j.1536-7150.1998.tb03477.x

Marçal Grilo, Eduardo (1994), "O sistema educativo", *in* António Reis (coord.), *Portugal — vinte anos de democracia*. Lisboa: Círculo de Leitores, 406–435.

Nunes, Manuel Jacinto (1968), "O ensino das ciências económicas e os objectivos da Universidade", *Análise Social*, 6: 22–24. Disponível em http://analisesocial.ics.ul.pt/documentos/1224253212J1fWP5hb1Pe10SB5.pdf

Nunes, Manuel Jacinto; Cardoso, José Luís; Porto, Manuel Lopes (2016), "Elementos para a história do ensino universitário de economia e finanças (1911–1974)", *Boletim de Ciências Económicas*, LIX: 329–391. Disponível em https://repositorio.ul.pt/bitstream/10451/26436/1/ICS_JLCardoso_Elementos_ARN.pdf

Oppenheimer, Jochen; Romão, António (1985), *O ensino e a investigação na ciência económica em Portugal — um contributo*. Lisboa: ISE, *mimeo*.

Valério, Nuno; Nunes, Ana Bela; Bastien, Carlos; Costa, Sandra; Barros, Vera (2011), *ISEG, 100 anos a pensar no futuro*. Lisboa: ISEG.

Capítulo 5

Ciência, valores e política: como os economistas têm vindo a pensar a Economia em Portugal*

Vítor Neves

A questão, ou complexo de questões, de até que ponto o conhecimento "objetivo", livre de pressupostos éticos ou políticos "subjetivos", enviesamentos ideológicos, ou "juízos de valor", do mundo social e económico é possível, pode parecer um daqueles velhos temas filosóficos perenes que nunca parecem alcançar, ou serem suscetíveis de alcançar, algo como uma resolução ou solução acordada. No entanto, mesmo os temas filosóficos perenes talvez devessem ser virados do avesso de vez em quando.[1]

T. W. Hutchison (1964)

* Este texto só foi possível graças à disponibilidade e amabilidade das e dos colegas que, presencialmente ou por escrito, aceitaram dar o seu testemunho para este trabalho, nomeadamente Alfredo Marvão Pereira (AMP), António Afonso (AA), Carlos Pimenta (CP), Isabel Horta Correia (IHC), João César das Neves (JCN), João Santos Silva (JSS), José Luís Cardoso (JLC), Luís Cabral (LC), Manuela Silva (MS), Nuno Garoupa (NG), Nuno Ornelas Martins (NOM), Pedro Pita Barros (PPB), Ricardo Reis (RR) e Vítor Castro (VC).
Uma palavra de agradecimento é ainda devida aos colegas Álvaro Garrido, Carlos Bastien, José Luís Cardoso e José Reis pelos comentários e sugestões que fizeram a uma versão anterior deste trabalho, sem os quais este teria sido muito diferente, para pior. A responsabilidade pelo texto final é, obviamente, minha.

[1] Original em inglês: *The question, or complex of questions, as to how far 'objective' knowledge, free of 'subjective' ethical or political presuppositions, ideological bias, or 'value-judgments', is possible of the social and economic world, may seem to be one those perennial philosophical chestnuts which never seem to reach, or likely to reach, anything like a settled or agreed solution. However, even perennial philosophical chestnuts should perhaps be turned over from time to time.*

Introdução

A ciência económica sempre manteve um forte vínculo com considerações e preocupações de natureza ética e política. O problema da "objetividade" e da "cientificidade" da Economia assim como a questão da natureza das recomendações de política que os economistas, enquanto peritos, põem à disposição da sociedade em que se inserem são, há muito, temas de reflexão e debate na Economia. Portugal não é exceção. A importância dos valores na Economia, a distinção entre economia "positiva" e economia "normativa", a questão da objetividade e as relações entre a ciência económica e a política são há muito temas presentes nas discussões portuguesas sobre a Economia.

É verdade que, salvo honrosas exceções, a literatura sobre estes temas é em Portugal relativamente pouco elaborada. As considerações produzidas não constituem, em geral, um domínio de reflexão epistemológica aprofundada. Como notou o Professor Manuel Jacinto Nunes: «Os economistas portugueses — e não só, mas em especial — preocupam-se pouco com os problemas da metodologia económica. Formados dentro de uma orientação, seguem-na, em geral, vida fora sem questionar os seus fundamentos» (M. J. Nunes, 2004: 7).[2]

António Afonso, professor do Instituto Superior de Economia e Gestão (ISEG), exprime bem o pensamento de muitos economistas acerca das questões filosóficas da Economia quando afirma: «o papel da Economia é procurar as melhores formas de resolver problemas de cariz económico na sociedade, e menos reflexões filosóficas sobre os ditos problemas» (AA, email de 13.7.2019).

Pela minha parte, dediquei ao assunto vários trabalhos (V. Neves, 2010; Caldas e Neves, 2012a, 2012b) e participei na organização, em Coimbra, em 2010, de um seminário sobre o tema "Factos, Valores e Objetividade", o qual reuniu vários economistas e outros cientistas sociais, nacionais e estrangeiros, e permitiu juntar um importante acervo de trabalhos (Caldas e Neves, 2012c).

José Luís Cardoso, por seu turno, dedicou ao tema das relações entre a Economia, a Ética e a Política a sua Lição de Agregação (Cardoso, 1994,

[2] O problema não será exclusivo da Economia. Em 2003, Boaventura de Sousa Santos escrevia: «o debate epistemológico tem estado quase totalmente ausente em Portugal e a nossa comunidade científica tem exígua participação nas discussões internacionais» (Santos, 2003: 24). Não há razões para acreditar que a situação se tenha alterado.

1995) e voltou ao assunto várias vezes desde então (Cardoso, 2001, 2017). Uma das teses mais desafiantes defendida por Cardoso é que este é «um dos temas de maior significado na caracterização da especificidade do pensamento económico português» (Cardoso, 2001: 17).

Não cabe aqui discutir a questão da "especificidade" do pensamento económico português neste domínio. O propósito neste capítulo é mapear as posições fundamentais sobre o tema. Para o efeito, foi entrevistado um número limitado de autores, com trabalho publicado sobre o assunto, e analisaram-se as suas publicações. Enviou-se também um pequeno questionário,[3] por email, a 20 economistas portugueses (13 atualmente afiliados em universidades portuguesas, 4 em universidades americanas e 3 em universidades do Reino Unido), situados nos lugares cimeiros do *ranking* por autores do CEF.UP+NIPE.[4] A taxa de resposta foi de 50% (4 afiliados em universidades portuguesas,[5] 6 em universidades estrangeiras[6]). O que aqui se apresenta será, no essencial, um inventário dessas posições em discurso direto.

Assim, depois de, na secção 1, se situarem as origens do pensamento económico moderno sobre o tema, será analisada, na secção seguinte, a questão da neutralidade dos valores na ciência económica. O problema

[3] Pedia-se neste questionário uma brevíssima nota sobre a distinção positivo-normativo na Economia e, especificamente, uma resposta às seguintes questões:
i) A ciência económica é, em seu entender, uma ciência independente dos valores morais que os economistas possam perfilhar?
ii) Partha Dasgupta, no seu texto "Facts and Values in Modern Economics", de 2009, defende que os valores podem condicionar ou determinar as perguntas mas não as respostas. Segundo Dasgupta, quando os economistas discutem sobre problemas como a pobreza ou justiça distributiva fazem-no argumentando sobre os meios mais eficazes para resolver um problema, sobre a sua magnitude ou sobre a distribuição de benefícios e custos entre as pessoas — argumentam sobre factos, raramente sobre valores (mesmo que as suas perceções sejam condicionadas pelos seus valores). Concorda?
iii) O economista, enquanto "consultor do Príncipe", dá pareceres técnicos ou faz política?
Num caso — Nuno Ornelas Martins —, o questionário incluía um conjunto mais alargado de questões.

[4] Centro de Economia e Finanças da Universidade do Porto (CEF.UP); Núcleo de Investigação em Políticas Económicas (NIPE) da Universidade do Minho.

[5] António Afonso (ISEG), Isabel Horta Correia (Católica, Lisboa), Nuno Ornelas Martins (Católica, Porto) e Pedro Pita Barros (Nova).

[6] Alfredo Marvão Pereira (The College of William and Mary: Williamsburg, VA, EUA), João Santos Silva (Surrey, Reino Unido), Luís Cabral (NYU Stern, EUA), Nuno Garoupa (Illinois, EUA), Ricardo Reis (LSE, Reino Unido) e Vítor Castro (Loughborough, Reino Unido).

aí tratado será a possibilidade, ou não, de uma ciência económica neutra (positiva) relativamente aos valores. Será considerada, em primeiro lugar, a tese da separação entre factos e valores, segundo a qual importa eliminar as considerações valorativas da esfera da Economia como ciência — a Economia como uma ciência positiva (subsecção 2.1). A seguir, irá passar-se em revista um conjunto de posições que assumem a natureza inevitavelmente valorativa da ciência económica (subsecção 2.2). Aí serão abordadas correntes de pensamento diversas, desde a defesa da "razoabilidade" da distinção positivo-normativo *apesar* dos valores até à impossibilidade de uma ciência positiva *independente* dos valores. Na secção 3, o foco incidirá na questão da relação entre a Economia e a Política (ou, mais especificamente, entre a teoria e a política económica), em particular na ideia da (im)possibilidade da separação do técnico relativamente ao político, no âmbito da qual se tratará a questão fundamental da discussão do lugar das finalidades do agir humano na ciência económica. Algumas notas finais concluirão o capítulo.

1. As raízes do pensamento moderno sobre a distinção positivo-normativo na ciência económica em Portugal

O pensamento moderno português sobre a relação entre as dimensões positiva e normativa da Economia tem as suas origens em Coimbra, na segunda metade da década de 1930, pela mão de Teixeira Ribeiro (1908–1997), na Faculdade de Direito da Universidade de Coimbra, e, mais tarde, em Lisboa, no então ISCEF, por Pinto Barbosa (1917–2006) — vejam-se as Lições de Economia Política ao 2º ano jurídico de 1941/42, de Teixeira Ribeiro (1942: 95–97), e Barbosa (2006 [1943], 1946, 1950).[7]

[7] A associação da renovação do pensamento económico português à importante reforma do ensino da Economia levada a cabo no ISCEF em 1949, dinamizada e liderada por António Manuel Pinto Barbosa, que introduz em Portugal o primeiro currículo em Economia como disciplina científica conforme aos cânones internacionais da época, é bem conhecida (mas veja-se, a propósito, J. C. Neves e Silva (1999: 17–65) e Bastien e Cardoso (2000). O ano de 1949 pode bem ser considerado um marco fundamental na institucionalização da economia moderna em Portugal. Ainda assim, como bem apontou Armando Castro, é com Teixeira Ribeiro, no contexto do ensino do Direito, que se inicia, a partir de 1936, «uma importante fractura relativamente às longas tradições pré-científicas ["pré-teóricas"] que permeavam todo o ensino da Ciência Económica em Portugal» (Castro, 1978: 249). Aliás, o próprio Teixeira Ribeiro virá, mais tarde, a reivindicar, fundamentadamente, que «tanto o novo ensino como o novo estudo das ciências económicas deste século em Portugal [refere-se naturalmente ao

Teixeira Ribeiro (TR), inspirado em François Perroux[8] (1936: 19–25; 1938: 31–33) — o seu «mestre post-universitário de Economia» (Ribeiro, 1954: 403) — e nos contactos que com este manteve em 1935 (ano em que Perroux foi chamado a lecionar a cadeira de Economia Política na Faculdade de Direito da Universidade de Coimbra), estabeleceu claras fronteiras entre os domínios da teoria, da doutrina e da política. *Teoria* seria o domínio da ciência, dos juízos de existência, do estabelecimento de relações entre fenómenos (ou "uniformidades"); a *doutrina*, o domínio dos juízos de valor acerca de como as coisas devem ser (o domínio dos "ideais"); a *política*, o domínio das regras para a realização de fins exogenamente determinados (uma "arte"). Como diria noutra ocasião, «[a] teoria diz o que é; a política, o que pode ser; a doutrina, o que deve ser» (Ribeiro, 1959: 19). A ciência económica, ensinava TR aos seus alunos, «não é política, não é doutrina, a ciência é, e toda a ciência é, teoria» (Ribeiro, 1942: 96). É uma posição que se inscreve numa linha de pensamento que remonta a, pelo menos, John Stuart Mill e Nassau Senior,[9] e que foi sistematizada por John Neville Keynes, nos finais do século XIX, segundo a qual é fundamental, no plano metodológico, distinguir a *ciência* da *arte* da Economia.[10]

O tema continuará a interessar TR ao longo de toda a sua vida e a questão da positividade *vs.* normatividade da ciência económica vai levá-lo,

século XX] ambos nasceram e se adultaram em Coimbra» (Ribeiro, 1995: 260). Mais recentemente, J. C. Neves e Silva não deixam também de destacar a importância do professor de Coimbra: «Teixeira Ribeiro era então [finais da década de 1930, inícios da de 1940], quase exclusivamente, o único professor que ensinava verdadeira teoria económica» (1999: 33). E não deixam passar em claro o papel relevante de Teixeira Ribeiro, não só como inspirador e incentivador do trabalho de Pinto Barbosa na área da Economia, mas também no apoio à institucionalização da reforma do ISCEF (1999: 34, 47); ver, também, Bastien e Cardoso (2000: 86).

[8] No seu Discurso no Doutoramento *Honoris Causa* de Perroux, Teixeira Ribeiro afirma: «Foi François Perroux, na verdade, que veio confirmar-me a importância decisiva do conhecimento teórico para a solução dos problemas económicos concretos, e a necessidade de despir a Economia Política de todas as roupagens doutrinais, isto é, de todos os juízos de valor com que, sobretudo nos países latinos, frequentemente mascaravam a ciência» (Ribeiro, 1954: 402).

[9] Sobre os detalhes desta história, ver Hutchison (1964: 23–50).

[10] A distinção tripartida teoria-doutrina-política, dirá mais tarde Ribeiro (1995: 158–159), tem as suas origens na distinção efetuada por John Neville Keynes, em 1890, entre a economia positiva (o domínio das "uniformidades económicas"), a economia normativa (o domínio claramente valorativo da determinação dos "ideais económicos") e a arte económica (o domínio da economia aplicada, da política económica, isto é, da definição de regras de ação tendo em vista um dado fim).

muitos anos mais tarde, a escrever um texto de crítica ao que designou de "normativismo radical" de Avelãs Nunes,[11] no qual a sua posição é expressa com clareza meridiana: «a teoria não pode, por definição, ser normativa, visto consistir em juízos de existência» (Ribeiro, 1995: 162). A teoria económica só podia ser positiva, pois que constituída por juízos de existência (ou juízos de facto). A doutrina económica, sendo constituída por juízos de valor, era claramente normativa e como tal excluída da ciência. TR não tinha dúvidas de que os juízos de valor não podiam ter lugar na ciência económica.

Neste mesmo texto, TR clarifica o seu pensamento relativamente à positividade/normatividade da Política Económica. Vale a pena citá-lo extensamente:

> [A Política Económica], em princípio, é normativa, pois que constituída por deveres-ser e, portanto, por juízos de valor. [...] Simplesmente, os deveres-ser da política económica não têm o mesmo significado que os deveres-ser da doutrina económica. Pois o dever-ser de quem preconiza, por exemplo, a política monetária de estabilização tem de ser demonstrado à face da teoria económica e está, portanto, sujeito a refutação por via argumentativa; mas o dever-ser de quem preconiza, ainda por exemplo, uma redistribuição dos rendimentos, por a considerar menos injusta do que a distribuição actual, não tem de ser, e não pode sequer ser, demonstrado, visto ser indemonstrável todo e qualquer critério de justiça.
>
> Há, assim, os juízos de valor que constituem a doutrina económica, e que são juízos resultantes da concepção que cada um tem do mundo e provindos, por isso, da sua opinião pessoal sobre matéria religiosa, moral, política, estética..., e há os juízos de valor que constituem a política económica, os quais resultam da aplicação das teorias ao conseguimento de fins. (Ribeiro, 1995: 160–161)

Fazendo apelo à distinção, que toma de empréstimo a autores como Nagel ou Blaug, entre juízos de valor *avaliadores* (os juízos de valor aos quais a doutrina económica apela) e juízos de valor *caracterizadores* ou *metodológicos* (os juízos considerados relevantes para a definição da política económica) Ribeiro argumenta:

[11] Este assunto voltará a ser abordado na subsecção 2.2.2.

> [O]s deveres-ser da doutrina económica não podem ser refutados, nem por observação nem por demonstração, e daí que a doutrina económica não seja ciência económica; mas os deveres-ser da política económica podem ser refutados por qualquer dos processos, e daí que a política económica seja ciência económica. (Ribeiro, 1995: 160–161)

Assim, a política económica, sendo considerada normativa — «mas de um tipo especial de normatividade, muito diferente do da doutrina económica» (Ribeiro, 1995: 165) —, é incluída na ciência económica. Esta última abrangerá então a teoria económica — que segundo TR é positiva, «embora susceptível de uma vez ou outra ter por válidas concepções que, à face dos conhecimentos irrefutados, em rigor são erróneas» (1995: 165) — e a política económica, que é normativa. Apresenta, assim, «aspectos de objectividade e de subjectividade» (1995: 162).

Na mesma linha de TR, Pinto Barbosa (PB), em Lisboa, publica em 1943 um texto — "A economia, do ponto de vista positivo e do ponto de vista teleológico" — que, nas suas próprias palavras, no currículo que apresentou em 1950 para o concurso a professor catedrático do ISCEF, «denota[va], a par de algumas indecisões, a preocupação de separar a Teoria, da Doutrina e Política Económica» (*apud* J. C. Neves e Silva, 1999: 61).[12] É um texto onde PB evidencia uma clara preocupação em afirmar a «especificidade do económico» enquanto «conhecimento que permita servir de guia para a conduta prática da vida, nomeadamente da vida social» (Barbosa, 2006 [1943]: 416). Um conhecimento que, envolvendo uma tripla dimensão — teoria, doutrina e política —, deve claramente distinguir a Economia Teórica (a ciência económica) dos aspetos doutrinários e políticos. José Luís Cardoso considerou este texto como o «manifesto de cidadania da economia enquanto disciplina em Portugal» (Cardoso, 2006: 397). Será, na minha perspetiva, um passo mais no esforço de autonomização da Economia como ciência em Portugal, nomeadamente em relação às peias doutrinárias do corporativismo então reinante no país (Bastien, 2014).

[12] A apresentação, em 1942, deste texto coincide com o encontro do jovem PB com TR e o início de uma longa relação de colaboração e amizade entre ambos, marcada de início pelo papel que TR desempenha como guia intelectual de PB no estudo "a sério" da Economia, nomeadamente através da sua orientação na "leitura dos clássicos" (J. C. Neves e Silva, 1999: 33–34).

A autonomização da dimensão positiva da Economia Política, assente numa clara distinção entre teoria, doutrina e política, defendida por TR e PB, representa uma rutura com o pensamento até então dominante em Portugal. Mário de Figueiredo, um destacado professor da Faculdade de Direito de Coimbra (e seu diretor à época), figura grada do regime salazarista, no prefácio às *Lições de Economia Política* de François Perroux, publicadas na sequência do curso que este último lecionou em Coimbra, escreveria:

> Numa coisa eu não partilho da crença do autor: é na possibilidade de se estudar Economia como se ela não servisse para nada. [...] eu creio que não é possível estudar as ciências do homem social sem tomar posição, explícita ou implícita, relativamente ao seu destino, quero dizer, sem postular uma certa concepção da vida. Não sei como se passa do *ser* para o *dever ser*; mas só me interessa o estudo do *ser* por causa do *dever ser*. No princípio era o normativo... (Figueiredo *apud* Perroux, 1936: viii)

Mais recentemente, merece especial destaque Francisco Pereira de Moura (1925–1998), um dos mais notáveis professores de Economia da universidade portuguesa na segunda metade do século XX — Francisco Louçã chamou-lhe «o fundador da Economia moderna em Portugal» (1999: 361). As suas obras influenciaram sucessivas gerações de estudantes de Economia (no atual ISEG, a sua escola de sempre, mas não só). Nas suas *Lições de Economia*, por exemplo, a questão da Economia como ciência positiva e como ciência normativa (e das relações entre a Economia e a Política), embora exposta de modo didático e simples, deixa transparecer a profundidade e densidade do seu pensamento. Atentem-se as suas palavras:

> Não é pacífica a solução que ficou dada para este problema [da distinção entre *ciência* (positiva), *doutrina* e *política*], dos mais difíceis dentro da filosofia da Ciência, havendo autores categorizados e actuais que dão à Economia a natureza de *ciência normativa*, abarcando, portanto, a par do conhecimento pelos métodos positivos, também o domínio das apreciações doutrinárias; e, só por si, esta razão seria suficiente para tirar todo o carácter "dogmático" à matéria deste parágrafo. (Moura, 1986: 178)

E mais abaixo acrescenta:

> Para formular uma política económica têm de propor-se *objectivos* ou *fins*, e têm de indicar-se *meios* para atingir tais fins. E transformou-se em costume afirmar que a indicação dos objectivos cai nos domínios da Ética, ao passo que a informação sobre os meios é da competência do economista; trata-se de uma solução apressada para o problema.
>
> Na indicação dos fins recorre-se tanto à Doutrina como à Ciência: pois é necessário, antes de mais nada, conhecer correctamente as situações de facto (Ciência), sobre as quais se formulam depois as apreciações (Doutrina), com vista a definir o sentido da actuação; na própria fundamentação doutrinária também intervêm conhecimentos científicos (de Economia e de outras ciências positivas), a par com uma concepção do mundo e da sociedade, que já é terreno da Filosofia (ou da Teologia, para as concepções espiritualistas); mas até para essas concepções do mundo contribuem os próprios conhecimentos e progressos das ciências positivas, designadamente da Economia. Portanto, depara-se-nos um intricado de relações entre vários domínios logo nesta definição dos objectivos da política.
>
> Ora acontece algo de semelhante no que respeita aos meios ou *instrumentos* da política. Em tese, cumpre colher nas informações científicas a indicação desses meios [...]. Simplesmente, acontece por vezes não serem doutrinariamente indiferentes os meios propostos pela ciência, levantando-se o problema de os seleccionar; e daqui se conclui que a indicação dos meios para a política económica não é apenas da alçada do economista, como tal, tendo também a ver com a moral e as concepções sociais. (Moura, 1986: 179)

Aqui já se está bem distante das distinções com claros contornos de Teixeira Ribeiro e Pinto Barbosa. O que se encontra em Pereira de Moura é um "intricado de relações" entre os domínios da ciência, da doutrina e da política.

O mapa das raízes do pensamento português sobre esta matéria ficaria sem dúvida incompleto sem uma referência, ainda que breve, a três outros autores que, em maior ou menor grau, influenciaram o pensamento dos economistas portugueses contemporâneos: Armando Castro (1918–1999), Adérito Sedas Nunes (1928–1991) e Boaventura de Sousa Santos (1940–).

Armando Castro, recorde-se, foi uma destacada personalidade marxista, professor e diretor da Faculdade de Economia da Universidade do Porto (depois do 25 de Abril de 1974, como se compreende), autor de uma vasta obra intelectual onde se incluem *A Evolução Económica de Portugal dos Séculos XII a XV* (11 volumes, sendo de destacar, no âmbito do tema de que aqui se trata, o volume VI) e *Teoria do Conhecimento Científico* (5 volumes publicados), a par de muitos outros trabalhos nas áreas da História Económica, da Economia (teórica e aplicada) e da Epistemologia. Entre os seus trabalhos merece menção especial uma profunda e cuidadosa reflexão sobre um conjunto de questões que muito o preocuparam, designadamente «sobre o que é preciso para fazer trabalho científico, sobre os critérios de triagem entre o científico e o não científico, seja ideológico, seja conhecimento corrente, ou até filosófico e sobre o que seja a construção científica» (Mendonça, Bastien e Ribeiro, 1988). Ao longo de centenas de páginas, Castro foi construindo uma vasta obra de reflexão epistemológica,[13] muito rara entre os economistas portugueses, tendo em vista o conhecimento do conhecimento científico,[14] isto é, do conhecimento dos «nexos reinantes na realidade objectiva» («sejam quais forem as implicações») (Castro, 1967: 286). Carlos Pimenta, cujo pensamento será analisado mais à frente, foi profundamente influenciado por Armando Castro.

Adérito Sedas Nunes, com as suas *Questões Preliminares sobre as Ciências Sociais* (A. S. Nunes, 1976) — a que se recorrerá na subsecção 2.2 — é, ainda hoje, uma referência imprescindível. Manuela Silva, cujo pensamento se analisará também neste capítulo, exprime em larga medida, no tempo presente, um pensamento construído e partilhado, ao longo de muitos anos, com Sedas Nunes e Pereira de Moura (juntamente com outros, como Mário Murteira ou António Simões Lopes), num riquíssimo processo de afirmação de uma Economia a que, como ficará claro em devido tempo, se poderá chamar de Economia humanista.

As aulas de Boaventura de Sousa Santos, na Faculdade de Economia da Universidade de Coimbra, marcaram também várias gerações de estudantes de Economia. Os seus livros desde o *Discurso sobre as ciências* (e.g. Santos, 1987, 1989, 2003)[15] merecem particular menção. Não cabe aqui analisar o complexo pensamento deste autor. Ainda assim, sublinhem-se,

[13] Sobre a obra epistemológica de Armando Castro, ver Pimenta (2000).

[14] A Epistemologia deveria, segundo Armando Castro, constituir-se como *ciência* do conhecimento científico.

[15] Este último livro é uma obra coletiva, juntando contributos de um conjunto variado de autores de diferentes países e áreas disciplinares.

no âmbito da sua argumentação em defesa da emergência de um novo paradigma pós-moderno de um «conhecimento prudente para uma vida decente» (2003), e para o que aqui nos interessa, as teses de que os valores «não estão antes nem depois da explicação científica» (1987: 52), fazem dela parte integrante, que o cientista está «existencial, ética e socialmente comprometido» (1989: 181) com a aplicação da ciência que produz, que todo o conhecimento científico visa constituir-se em senso comum — em saber prático — e que os "meios" e os "fins" fazem ambos parte do âmbito de aplicação da ciência, não são radicalmente separados como acontece no paradigma dominante da ciência moderna. O seu impacto entre os economistas, deve notar-se, tem sido bem menor do que noutras áreas do conhecimento — dos 34 capítulos incluídos em Santos (2003), por exemplo, apenas um provém da área disciplinar de Economia.

2. O problema da neutralidade dos valores na ciência económica

Para uma melhor compreensão das diferentes posições atualmente em presença entre os economistas portugueses, justifica-se distinguir duas questões. A primeira, mais genérica, diz respeito à *possibilidade, ou não, de uma ciência económica positiva, neutra relativamente aos valores.* Será o objeto desta secção. A segunda — a discutir na secção 3 — tem que ver com a questão do caráter *normativo* da Economia como ciência (uma ciência *explicativa* ou *prescritiva*) e da relação entre a *Economia e a Política* (ou, mais especificamente, entre a *teoria* e a *política económica*).

Começando pela primeira questão, várias posições podem ser identificadas na atualidade sobre a possibilidade de uma ciência económica neutra relativamente aos valores.

Considere-se, em primeiro lugar, a tese da separação entre factos e valores, segundo a qual é necessário eliminar as considerações valorativas da esfera da Economia como ciência. A *teoria* (ou *análise económica*) seria, de acordo com esta perspetiva, o último reduto para a pretendida neutralidade relativamente aos valores (objetividade), condição considerada indispensável à almejada cientificidade da Economia.

Ao passar em revista, a seguir, um conjunto de posições que assumem a natureza inevitavelmente valorativa da ciência económica, incluem-se autores e correntes de pensamento diversas. As correntes serão agrupadas em dois grupos: um primeiro, que considera que a distinção positivo-normativo faz ainda sentido *apesar* dos valores; (ii) um segundo grupo, mais radical, para quem a distinção positivo-normativo não tem fundamento, é irrelevante ou mesmo uma ideia perigosa.

2.1. A Economia como ciência positiva

O livro *Economia, Moral e Política*, de Vítor Bento, publicado em 2011 pela Fundação Francisco Manuel dos Santos, expressa bem a tese da necessidade de uma nítida separação entre o positivo e o normativo na ciência económica. A sua posição é clara:

> [A] Economia, enquanto estudo da realidade ou, mais propriamente, do comportamento humano relacionado com a actividade económica, é uma ciência positiva e, como tal, (praticamente) autónoma de considerações morais. (Bento, 2011: 10)

Embora reconheça que o comportamento humano «é sempre, e por natureza, moralmente orientado» (Bento, 2011: 15), porque assente numa dada escala de valores, e que «a economia, enquanto actividade humana, funciona sempre em contextos morais» (2011: 10), isso «não implica», em seu entender, «necessariamente que o quadro moral orientador do comportamento faça, ou deva fazer, parte da ciência económica, pelo menos com carácter normativo. Ou que a Economia, enquanto ciência, deva ser moralmente orientada» (2011: 18).

É verdade que se reconhece que

> toda a acção que visa influenciar o funcionamento da economia, ou mesmo os juízos formulados sobre esse funcionamento e os seus resultados, são, sempre e por natureza, moralmente orientados e dependentes da escala de valores morais de quem julga ou de quem age (ou quer agir). (Bento, 2011: 10–11)

Mas esse é o domínio da Política, nomeadamente da Política Económica, e essa transcende os limites da Teoria Económica. Envolve funções de preferência e escalas de valores, diz respeito à escolha dos fins e à adequação dos meios à consecução desses fins. Situa-se no domínio do "desejável", é valorativa. Tal como Robbins, Vítor Bento chama-lhe "Economia Política".

É um regresso à velha distinção, «menos contraditória do que possa parecer à primeira vista» (Bento, 2011: 22), entre a *ciência* («autónoma e independente dos valores morais» (21–22) e a *arte* da Economia (o lado «prático, de acção humana» da Economia, «inevitavelmente penetrada por valores morais») (2011: 22).

Em matéria de princípios, a tese não oferece dúvidas. O propósito do economista, enquanto cientista, deve ser procurar isolar a ciência económica, «no método e no objectivo», de considerações valorativas (Bento, 2011: 18).

Vítor Bento reproduz, no essencial, a perspetiva que Teixeira Ribeiro e Pinto Barbosa nos legaram e ilustra bem o pensamento mais convencional nesta matéria:

> O essencial do pensamento de Neville Keynes sobre o papel da Economia e da sua relação com a Moralidade mantém-se actual e contém praticamente tudo o que ainda hoje pode ser dito sobre o assunto, apesar de a explicitação do seu conteúdo poder ser actualizada. (Bento, 2011: 23)

Também para Nuno Garoupa, professor de Direito (área de *Law and Economics*) na George Mason University Antonin Scalia Law School, a distinção positivo-normativo é uma questão há muito resolvida:

> A análise positiva descreve, a análise normativa avalia. Logo é possível fazer análise positiva sem que os valores do analista influenciem — uma norma jurídica ou é ou não é eficiente (podemos, sim, ter divergências sobre se a descrição é correta, mas não sobre o conceito em si mesmo). Já fazer análise normativa reflete os valores do analista porque se uma norma jurídica deve ou não deve ser eficiente depende do posicionamento normativo de cada um. [...] Elencar custos e benefícios não me parece exigir valores morais ou ideológicos. Avaliar esses custos e benefícios, sim. E tudo será mais transparente quanto mais esses valores forem assumidos em vez de escondidos. (NG, email de 5.7.2019)

De modo similar, Pedro Pita Barros, professor na Nova School of Business and Economics (Lisboa), entende que a análise positiva é «em grande medida» independente dos valores morais do economista, ao contrário do que acontece na economia normativa, que indubitavelmente o não é («o "grande medida" tem a ver com se considerar agentes maximizadores ser visto como hipótese como valor») (PPB, email de 4.7.2019).

Por seu turno, Ricardo Reis, professor na London School of Economics, embora admita a interferência dos valores no trabalho do economista, considera que os «princípios básicos da economia», a crítica dos outros economistas e o «mercado das ideias», e os «dados que a realidade fornece» serão suficientes para garantir o caminho em direção à «verdade».

> Quando eu deixo os meus valores morais corromper a minha ciência, há outros economistas que apontam as falhas nos meus argumentos ou as inconsistências entre as minhas teorias e os dados. Individualmente, se os valores se sobrepõem à ciência com demasiada intensidade ou frequência, a minha reputação e influência nos meios científicos diminui. No conjunto, o mercado das ideias caminha na direção da verdade, se bem que muitas vezes não através do caminho mais curto. (RR, email de 10.7.2019)

Subscrevendo a ideia de Dasgupta (2009) de que os valores podem condicionar ou determinar as perguntas mas não as respostas e que os economistas argumentam em geral sobre factos, raramente sobre valores (mesmo que as suas perceções sejam condicionadas pelos seus valores), Ricardo Reis acrescenta:

> [M]uitas das questões da ciência económica são disciplinadas pelos factos na forma dos dados que a realidade fornece. (RR, email de 10.7.2019)

As ideias acima expressas fazem parte da cultura dominante dos economistas e são uma marca identitária da profissão económica. A questão dos valores é em geral considerada pela corrente dominante da Economia como resolvida (um não-assunto). A distinção positivo-normativo é brevemente apresentada logo nas primeiras páginas de praticamente todos os manuais de introdução à Economia (assim como de outras áreas mais especializadas, como a Economia Pública ou a *Law and Economics*) como uma dicotomia que é (deve ser) estruturante do pensamento de qualquer aprendiz da ciência económica. O manual *Análise Económica*, de Alfredo de Sousa, apesar dos seus mais de trinta anos, é a este respeito paradigmático. A Economia como ciência (*análise* económica) deve ser distinguida das doutrinas e das políticas económicas. As doutrinas, diz-se nesse texto, são «reflexões morais, formando valores referentes ao comportamento dos homens ou dos grupos sociais na actividade económica» (Sousa, 1987: 21) e esses valores

> são, em si, exteriores à Economia. [...] A Economia pode avaliar o significado económico de um dado valor (por exemplo: as consequências económicas

de não abater vacas para a alimentação) mas, em si, não o pode determinar nem o pode gerar. (Sousa, 1987: 21)

As decisões de política económica, por seu turno, «são fortemente inspiradas pela análise económica sobre uma situação, mas são tomadas para além da competência da Economia» (Sousa, 1987: 21). Elas podem apoiar-se nas conclusões da Economia (e numa dada doutrina económica), contudo «não são do domínio dos economistas, mas dos políticos» (1987: 21–22).

2.2. A impossível negação dos valores

A defesa de uma Economia como ciência positiva, em larga medida isenta de considerações morais, está, contudo, longe de ser consensual. Num texto sugestivamente intitulado "Economia e ética: a dimensão moral na análise económica", Cardoso (2001) passa em revista o pensamento económico português desde o período escolástico até ao corporativismo, mostrando «o vínculo estreito que a ciência económica em Portugal sempre manteve com reflexões, considerações, preocupações de natureza ética» (2001: 17) e que a explicação de problemas e fenómenos económicos pelos autores tratados «lida em permanência com pressupostos e hipóteses que implícita ou explicitamente radicam em princípios normativos» (2001: 21). Para Cardoso, não restam grandes dúvidas de que «os compromissos éticos, os empenhamentos valorativos e também os envolvimentos políticos são indissociáveis do labor do analista económico» (2001: 21).[16] Como escreverá em diversas ocasiões:

> A imagem de uma ciência económica pura, positiva e progressiva, verdadeira e universal, reveste carácter ilusório. Tal ilusão decorre do vício epistemológico que consiste em desvalorizar a presença de elementos normativos na análise económica, que se supõe imune a juízos de valor, no pressuposto de que essa interferência menoriza o estatuto da ciência e as suas capacidades heurísticas ou que contribui para instalar excessos relativistas. (Cardoso, 2017: 110)[17]

Na verdade, tinha já dito Sedas Nunes, acompanhando Manuel Castells, «não se encontram, nos domínios das Ciências do Homem,

[16] Ver também Cardoso (2017: 109).

[17] Cfr. também Cardoso (1995: 158–159; 2001: 36).

produtos exclusivamente científicos, mas tão-só produtos científico-ideológicos» (A. S. Nunes, 1976: 77), pelo que «[r]ecusar o *científico* pelo que, sob ele, haja *de ideológico*, levaria frequentemente a lançar fora o menino, juntamente com a água do banho» (1976: 103).

A questão da relação entre Economia e ideologia é de facto crucial. Schumpeter, cuja influência na profissão económica é inegável, considerava esta relação fundamental.[18] Em seu entender, a Economia como ciência não é concebível independentemente da ideologia.

Com efeito, como escreveu também entre nós Augusto Santos Silva:

> As ciências contêm sempre elementos ideológicos mais ou menos explícitos, repousam sobre certas pressuposições de valor. Ideologias e saberes práticos não são teorias pré-científicas, que o progresso científico se encarregaria de eliminar e em relação às quais os especialistas pudessem estabelecer fronteiras intransponíveis — são, antes, formas de racionalização do mundo, formas de classificar os factos, as pessoas e os objectos, instrumentos de coesão e de tensão social, e aí radica a sua eficácia. (A. S. Silva, 1986: 51)

Não entrando aqui pelos difíceis meandros da definição de ideologia — ou, melhor dizendo, de ideologias (no plural) — podem entender-se como tal as ideias e sistemas de ideias, formas de pensamento, prevalecentes num dado tempo e lugar,[19] «produtos culturais colectivos» (A. S. Nunes, 1976: 71) com origem nos grupos, nas classes sociais e nas sociedades como elementos fundamentais da prática social e que nelas se difundem e as moldam, que se constituem como estruturas "comuns" de pensamento — «objectos culturais *apercebidos-aceites-suportados*» (1976: 74) —, *modos de ler* e *valorar* o real, que não passam pela "consciência" mas que ainda assim estruturam essa consciência e permitem dar *sentido* ao mundo, como representação em geral *enviesada* da realidade,[20] *justificação* de um dado estado de coisas e/ou

[18] Dedicou-lhe o seu discurso inaugural, na qualidade de Presidente, no Encontro da *American Economic Association* (Schumpeter, 1949) e voltou ao assunto, com grande detalhe, na I Parte ("Introduction: Scope and Method") da sua bem conhecida *History of Economic Analysis* (Schumpeter, 2006).

[19] «Conjuntos de opiniões sobre assuntos económicos que, em qualquer momento e lugar, "pairam na opinião pública"» (Schumpeter, 2006: 38).

[20] Ainda assim, importa sublinhar que, para Schumpeter, as ideologias não são simplesmente "mentiras". As proposições de facto que as integram não são necessariamente erradas. Elas refletem a realidade que lhes subjaz, expressam o que as pessoas «pensam que veem», ainda

interesses específicos (cumprindo assim uma função de "ocultação" e também de "proteção" de determinadas posições e interesses), mas ao mesmo tempo também com uma importante capacidade de "desvendamento".[21]

Segundo Bergman, citado por A. S. Nunes, uma proposição terá um conteúdo ideológico sempre que um juízo de valor apareça disfarçado como afirmação de facto, ou como tal seja tomado, e um sistema de ideias terá uma "forma ideológica" quando contiver «declarações ideológicas em lugares logicamente cruciais» (1963: 31).[22]

Para Schumpeter a ideologia entra na Economia, desde logo, através da "visão" — um «ato cognitivo pré-analítico» — que subjaz ao início mesmo do processo da ciência como intuição de partida sobre os fenómenos objeto de atenção — sua natureza e relevância — e sobre o modo de os abordar, uma combinação de factos, perceções, opiniões, valores e teorias preexistentes que se constituem como matéria-prima sem a qual o processo analítico propriamente dito não pode ter lugar. A "visão" é, assim, um pré-requisito do trabalho científico. Ela cumpre a função necessária de dar ao cientista o material — o *quê* — sem o qual o trabalho propriamente científico não pode ser desenvolvido (trabalho científico onde o *como* analisar assume um papel central).[23] E como bem nota Schumpeter:

> É interessante notar que esta visão não só deve preceder historicamente o surgimento do esforço analítico em qualquer campo, como pode também reentrar na história de qualquer ciência estabelecida de cada vez que alguém nos ensina a *ver* as coisas de um modo cuja origem não se encontra nos factos, métodos e resultados da ciência preexistente. (Schumpeter, 2006: 39)

que o façam, muitas vezes, de modo enviesado. Como dirá este autor: «Assim como o cavaleiro medieval se via a si mesmo como se queria ver e o burocrata moderno faz o mesmo e ambos falharam e falham em ver o que quer que possa ser aduzido contra o verem-se como defensores dos fracos e inocentes ou os patrocinadores do Bem Comum, assim também todos os outros grupos sociais desenvolvem uma ideologia protetora que não é outra coisa senão sincera» (Schumpeter, 1949: 349).

21 Veja-se, a este propósito, A. S. Nunes (1963, 1976: 69–76), que aqui se segue de perto, na sua discussão das ideologias e da relação que as representações ideológicas mantêm com a ciência.

22 Importa, aqui, com Homa Katouzian (1980: 135), chamar a atenção para a diferença entre "ideologia" e "valores". Enquanto a primeira transcende, como se viu, o nível do consciente e se refere a uma visão *total* partilhada do mundo, os juízos de valor referem-se a normas objetivas *conscientes* e *fragmentadas* ou a preferências subjetivas (morais).

23 «Embora seja metafísica [a visão] cumpre a função necessária de dar ao cientista algo sobre o qual possa ser científico» (Chase, 1992: 32).

A posição de Schumpeter é bem clara sobre a influência da ideologia no trabalho científico:

> Existe um amplo portão para a ideologia entrar no processo científico. De facto, ela entra logo no rés-do-chão, no ato cognitivo pré-analítico [...]. O trabalho analítico começa com o material fornecido pela nossa visão das coisas, e esta visão é ideológica quase por definição. Ela incorpora a imagem das coisas tal como as vemos e, onde quer que haja algum possível motivo para desejar vê-las de um determinado modo em vez de outro, dificilmente o modo como vemos as coisas pode ser distinguido do modo como as desejamos ver. Quanto mais honesta e ingénua a nossa visão, mais perigosa ela é para a emergência de qualquer coisa relativamente à qual uma validade geral possa ser reivindicada. (Schumpeter, 2006: 40)

Ainda assim, para Schumpeter, uma vez que a ideologia é verificada ou infirmada pela análise científica, é suposto que desapareça *enquanto* ideologia.[24] Esse passo é assegurado pela aplicação de um conjunto de procedimentos e uma assumida ética de honestidade, seguindo as "regras do método científico", num vaivém ("*an endless chain of give and take*") Schumpeter, 1949: 350) entre o empírico e o teórico, tendo como propósito último «a explicação dos fenómenos da vida económica» (Schumpeter, 2006: 1106). A teoria económica, uma das ferramentas fundamentais da análise económica, é neste contexto, juntamente com a história e a estatística económicas, sobretudo uma "caixa de ferramentas".[25]

Na medida em que os "factos" e a "análise" tendem a destruir o que não resistir aos seus testes, defende Schumpeter, nenhuma ideologia económica poderá sobreviver indefinidamente (Schumpeter, 1949: 359). Mas como o economista austríaco também reconhece, «alguma ideologia irá sempre continuar connosco» e «se prosseguimos devagar por causa das nossas ideologias, de modo nenhum podemos prosseguir sem elas» (1949: 359).

2.2.1. A "razoabilidade" da distinção positivo-normativo apesar dos valores

A defesa da distinção positivo-normativo, embora uma marca identitária da cultura dominante dos economistas, apresenta nuances e não é redutível

[24] O que não exclui, segundo Schumpeter, a possibilidade do "erro honesto" ou a "falsificação desonesta" (1949: 351).

[25] Expressão que Schumpeter toma de empréstimo a Joan Robinson (1933: 1).

à perspetiva, anteriormente apresentada, de uma Economia como ciência positiva autónoma face aos valores.

Por exemplo, Isabel Horta Correia, professora na Universidade Católica (Católica Lisbon School of Business & Economics) e técnica do Departamento de Estudos Económicos do Banco de Portugal, defende que:

> Os valores morais (ou a ausência deles) estão subjacentes a toda a atividade humana. Assim sendo a ciência, e a ciência económica, ou os seus avanços derivados do esforço e escolhas humanas, não me parece possível que estes desenvolvimentos ou a evolução da nossa compreensão dos fenómenos económicos complexos possa ser separável daqueles valores. A própria seleção das questões a estudar ou objeto de investigação serão sempre contaminados por eles. Isto será assim quer na análise positiva, quer na normativa. (IHC, email de 23.7.2019)

E quando questionada acerca da posição de Dasgupta segundo a qual os valores podem condicionar ou determinar as perguntas mas não as respostas e de que quando os economistas discutem sobre problemas como a pobreza ou justiça distributiva o fazem argumentando sobre factos, raramente sobre valores (ver, mais atrás, nota 3, questão ii), a mesma economista afirma:

> A escolha é claramente contaminada pelos valores. Mas o mesmo acontecerá com as respostas. Pois não é só na questão estrito senso que os valores interagem mas nas opções que se propõem e sobre as quais incide a escolha e a resposta. Assim, o meio mais eficaz será escolhido entre os que se consideram aceitáveis perante as instituições existentes ou as que poderão existir. Claramente na descrição do que poderá existir, para resolver por exemplo os problemas referidos de pobreza ou justiça, os valores não só condicionam como são muitas vezes revelados. Ainda uma questão prévia é a de a própria definição da questão, o que é pobreza ou o que é uma distribuição justa, passa necessariamente por uma interação forte entre a realidade e os valores do analista. (IHC, email de 23.7.2019)

Do mesmo modo, João César das Neves (JCN), igualmente professor na Universidade Católica, entende que não há factos isentos de valores.

> [N]ão se pode nunca dizer que é possível fazer um julgamento de facto sem nenhum valor. Aliás, o simples facto de se procurar a verdade, já é um elemento de valor. (JCN, entrevista em 14.11.2018)

Por isso conclui:

> que seja possível separar dentro da Economia uma área mais de Economia positiva e uma outra mais de Economia normativa, eu acho que é razoável e, nesse sentido, digamos, prático, eu aceito a distinção. Agora, não posso aceitar no sentido lógico, profundo, porque isso não existe. (JCN, entrevista em 14.11.2018)

Qual é então o papel dos valores? Segundo JCN estes são elementos "perturbadores" no processo de construção do conhecimento científico. Como se pode ler no seu manual de *Introdução à Economia*:

> A ciência, na sua busca de conhecimento rigoroso e definitivo, é perturbada por uma multiplicidade de doutrinas, opiniões, visões particulares, que fazem parte integrante da Economia, mas que podem falsear os resultados científicos. (J. C. Neves, 2013: 553)

Ciência e doutrina, defende JCN, estão sempre presentes mas têm papéis diferentes:

> A ciência [...] descreve factos, estuda relações de forma o mais rigorosa e neutra possível, para evitar ser enviesada por erros ou confusões. Mas quando esses factos e as relações estudadas têm influência sobre a vida das pessoas, para além do fenómeno em si, aparece a forma particular como cada pessoa o encara: a sua opinião, a ideologia ou doutrina que perfilha, deduzida a partir de uma visão particular do mundo. Estas envolvem ética e julgamentos particulares, que são diferentes de pessoa para pessoa. [...] ciência e doutrina são essenciais para enfrentar um problema económico particular, mas têm papéis diferentes. A doutrina define os objectivos e a linha de conduta, a ciência garante o rigor da análise e a exactidão das conclusões.[26] [...] Estes dois elementos estão sempre presentes, são ambos muito importantes, mas são diferentes e como tal devem ser tratados. (J. C. Neves, 2013: 26–27)

É um entendimento da ciência em linha com o pensamento schumpeteriano que se apresentou anteriormente[27] — a "visão" e a doutrina a

[26] No livro *O que é a Economia?*, JCN escreveu: «A opinião, a doutrina, aponta o objectivo; a ciência ilumina o caminho a seguir» (J. C. Neves, 2003: 197).

[27] Na entrevista já referida, por mais do que uma vez se declarou "discípulo" ou "servidor" de Schumpeter e do seu "Science and Ideology". Por exemplo, quando perguntado sobre a

definirem o *quê* (o objeto de estudo, os problemas) e o *propósito* (os fins) da Economia, a ciência a definir os procedimentos, o *como* analisar os problemas. «Não há», diz este economista da Católica, «teoria científica sem uma doutrina que a condiciona» (JCN, entrevista em 14.11.2018). Mas, defende JCN, fazendo apelo, também aqui, a Schumpeter: «o carácter científico de uma dada peça de análise é independente do motivo que lhe deu causa» (Schumpeter, 1954, *apud* J. C. Neves, 2003: 198).

Como é que, neste quadro, se garante uma tal independência e a objetividade na Economia, a razão profunda das preocupações dos fundadores da distinção positivo-normativo? Segundo JCN,

> tem que se ser honesto, quer dizer, esta imparcialidade, esta neutralidade filosófica, ideológica é um elemento ético, portanto, obriga-me a um elemento ético na obtenção das conclusões. Portanto, não distorcer os meus resultados, não distorcer os meus trabalhos para facilitar a minha visão. E ser capaz de conseguir até provar o contrário daquilo que eu estou convencido inicialmente. [...] Eu não posso garantir sair de mim próprio, porque serei sempre eu próprio. [...] Agora, o que eu posso garantir é que não vou inquinar as minhas experiências, não vou inquinar as minhas análises, não vou distorcer, descartar, porque isso seria desonesto, seria... seria falta de ciência, não é? É mais o método científico que garante essa neutralidade. Tem que ser a esse nível, com a certeza de que, primeiro, eu devo-me apaixonar pelos meus dados e nunca me apaixonar pelos meus modelos. Portanto, dar à realidade a sua precedência,[28] porque, exatamente, o grande problema que hoje

que Economia se refere — a "ciência económica" ou a "política económica" — quando diz que as doutrinas e opiniões fazem parte integrante da Economia, JCN foi perentório: «As duas, as duas, e, mais uma vez, aí sou completamente servidor do Schumpeter, que mostra, claramente, que a doutrina que está por trás do Smith ou do David Ricardo ou do Marshall ou do Friedman ou do Lucas... é absolutamente decisiva para compreender a obra científica deles. Quer dizer, não se pode tratar os Princípios de Economia Política e de Tributação do David Ricardo como se fosse uma coisa neutra, um pedaço de ciência que está completamente a pairar por cima da realidade» (JCN, entrevista em 14.11.2018).

[28] Noutro momento da entrevista, JCN usa a expressão «deixar falar a realidade», «fazer um esforço — que, obviamente, é sempre um esforço e que nunca é perfeito — de deixar falar aquela parte que não encaixa, que não me agrada, que não é necessariamente aquela que eu gostaria. Portanto, estar aberto para o que acontece» e esclarece que, «quando nós estamos a falar da realidade [humana], não estamos a falar numa realidade no sentido objetivo [como a existência das árvores]; aliás, toda a realidade é sempre subjetiva, porque toda a realidade é sempre uma compreensão, uma apreensão... uma captação nossa». Nesse sentido, dirá também JCN, «uma

acontece — que aconteceu na história da Economia muitas vezes e que hoje está a acontecer cada vez mais e eu acho que ainda vai aumentar — é a gente impor os modelos à realidade, forçar a realidade a encaixar nos nossos modelos. Isso é que é a tal desonestidade. (JCN, entrevista em 14.11.2018)

A objetividade é assim fundamentalmente uma exigência ética, decorre do *ethos* da ciência económica. Ela é garantida pela assunção de uma ética de "honestidade" na investigação e pelo recurso ao chamado "método científico". Este método e a assunção de um conjunto de princípios básicos — como a "racionalidade" e o "equilíbrio" — parecem ser a resposta para o problema da inevitável interferência das considerações valorativas no trabalho dos economistas.

2.2.2. A impossibilidade de uma ciência positiva independente dos valores

Deu-se conta, até agora, de um conjunto de posições onde, com maior ou menor reconhecimento da importância das considerações éticas no trabalho dos economistas, a distinção positivo-normativo é considerada relevante (quanto mais não seja como um *princípio metodológico prático*, como defende João César das Neves). Vários economistas, porém, minimizam ou questionam mesmo a significância de tal distinção.

Nuno Ornelas Martins (NOM), por exemplo, um dos mais produtivos economistas da nova geração, doutorado pela Universidade de Cambridge (Reino Unido) sob a orientação de Tony Lawson e atualmente professor na Católica Porto Business School, partindo da assunção, desenvolvida por Vivian Walsh e Hilary Putnam, de um inevitável entrelaçamento entre factos, valores e convenções, e fortemente influenciado pelo chamado "naturalismo ético crítico" de Lawson, defende que a distinção entre economia "positiva" e economia "normativa" é irrelevante. Para este economista, os pressupostos éticos estão na base das várias teorias económicas e influenciam-nas mesmo ao nível das suas estruturas analíticas (Martins, 2019).

> Os valores éticos e políticos ocupam um valor central no próprio trabalho teórico, dado que não é possível compreender os processos de produção,

crise económica não é uma realidade objetiva, é uma realidade subjetiva — está na cabeça das pessoas. A Economia, toda ela, é uma questão subjetiva» e «um número estatístico é uma abstração nossa, que nós tiramos das coisas, mas é uma... digamos, uma atitude de submissão à realidade e não uma atitude de soberania sobre a realidade» (JCN, entrevista em 14.11.2018).

distribuição e consumo sem compreender o contexto ético e político no qual a ação humana tem lugar. Conceitos como escassez, excedente, trabalho, são todos definidos com pressupostos éticos e políticos, que, se não forem reconhecidos de forma explícita, permanecerão implícitos na análise. (NOM, email de 8.7.2019)[29]

De facto, como sublinha Martins:

A própria linguagem que usamos quando descrevemos a ação humana, incluindo aquela sobre a qual incide a análise económica, recorre a palavras que têm uma dimensão descritiva, mas também uma dimensão normativa. A própria formulação da distinção entre economia positiva e normativa tem contornos éticos e políticos. Quando Lionel Robbins argumentou que não era possível fazer comparações interpessoais de utilidade, o alvo era a "velha" economia do bem-estar inspirada em Henry Sidgwick, Alfred Marshall e Arthur Cecil Pigou, segundo a qual uma maior igualdade na distribuição do rendimento aumenta a utilidade total, dado que quem tem menos rendimento tem uma utilidade marginal do rendimento superior. A posição de Robbins, tal como a de Pigou, tem pressupostos éticos e implicações políticas: ambas foram desenhadas com base numa determinada interpretação de uma posição ética, o utilitarismo, e com vista a retirar conclusões políticas sobre o que se deve ou não fazer em termos de tributação e acerca da distribuição do rendimento. (NOM, email de 8.7.2019)

Carlos Pimenta (CP), professor catedrático emérito da Faculdade de Economia do Porto, "marxista bachelardiano",[30] mas sobretudo um discípulo de Armando Castro,[31] deu um importante contributo para este debate

[29] Nuno Martins tem o cuidado de, imediatamente, chamar a atenção para a necessidade de distinguir os valores éticos e políticos como objeto de estudo (os valores presentes na ação humana que estudamos) e os valores éticos e políticos de quem faz a análise.

[30] Entrevista realizada na Faculdade de Economia do Porto, 6.11.2018.

[31] «Quando faço a psicanálise dos meus conhecimentos, quando me interrogo sobre os conhecimentos correntes, científico e filosófico, quando transmito aos meus alunos a preocupação da luta contra as evidências, quando refiro a imensa preocupação pelas questões epistemológicas, quando coloco publicamente dúvidas sobre o que não sei, quando "procuro aproveitar de todas as tendências aquilo que considero válido", quando insisto na importância de penetrar a complexidade, enfim, quando me aproximo daquilo que gostaria de ser e fazer, estou a transportar os alertas, as preocupações, os textos, a alegria da descoberta que Armando

com a consideração de que o "económico" — o objeto de estudo da Economia — é uma realidade construída, epistemológica, um concreto pensado — uma *realidade-para-o-economista* (ou *realidade para si*) — e não a *realidade em si* (ontológica) que em última análise queremos conhecer (Pimenta, 2010, 2013). A realidade em si é incognoscível (2013: 124). Os "factos" fazem parte desta realidade em si e «só podem ser apreendidos através do filtro da teoria que comanda a observação» (Lecourt *apud* Pimenta, 2013: 32). Não há factos "puros". Como escreveu mais recentemente: «Há sempre a aplicação de filtros, interpretações e metodologias à leitura da realidade-em-si. E se há uma relação entre esses dois "níveis" da realidade, nunca é directo [*sic*], muitas vezes é difuso [*sic*], tão difuso que quase não existe» (Pimenta, 2017: 134–135). A ciência é, neste quadro, pensada como o conhecimento que resulta de «um processo sistemático de aproximação da *realidade para si* em relação à *realidade em si*» (2013: 66). Mas a identidade entre a realidade em si e a realidade para si é apenas «o limite, inalcançável, para o qual as ciências caminham» (2013: 30).

A subjetividade e as diferentes "visões" (ideologias) e "consciências possíveis" dos economistas — consideradas como « "inimigos" da cientificidade» (Pimenta, 1997a: 11) — são neste contexto inevitáveis e marcam inexoravelmente a seleção e interpretação dos "factos" e, de um modo geral, todo o trabalho científico. Contudo, a impossível negação da subjetividade e dos valores não invalida a possibilidade do conhecimento objetivo. Este decorre do método científico, de as teorias estarem abertas à *crítica* — um processo dialético de «redução das subjectividades inerentes às diversas "consciências possíveis" que o social molda» (1995: 97) — e à possibilidade de *refutação*.[32] Mas, como dirá também:

> há sempre um certo grau de subjetividade, sempre, em qualquer análise, mais que não seja porque o objeto científico resulta da realidade para si, não da realidade em si, que é impossível de captar. [...] O método científico nunca elimina os valores, porque eles estão lá e por isso eu digo sempre que a

Castro me ensinou, deliberada ou espontaneamente, penetrando-me tão profundamente que hoje não sei viver sem esse legado ímpar» (Pimenta, 1997b: 7).

[32] Sobre esta matéria, e na mesma linha, escreverá também Jacinto Nunes: «todas as hipóteses científicas têm subjacentes aspectos filosóficos, sociais e políticos que produzem enviesamentos nas avaliações dos cientistas das hipóteses em presença. Estes enviesamentos são uma característica geral do trabalho científico, *cujo único remédio é a crítica dos outros cientistas*» (M. J. Nunes, 1998: 19; itálico acrescentado).

análise científica tem sempre um grau de subjetividade, nunca é 100% objetiva como pretende a Economia positiva. [...] A Economia tem sempre valores por detrás, inevitavelmente, mas procura filtrá-los por dois processos: pelo confronto entre diversos valores e por uma análise objetiva da realidade. (CP, entrevista em 6.11.2018)

E como escreveu noutro lugar:

> [O]s economistas ao estudarem a realidade económica transportam uma determinada maneira de ver o mundo, uma certa concepção filosófica da nossa existência. Esta diversidade de posturas epistemológicas manifesta-se na concepção do corte epistemológico inerente à construção científica, na adopção espontânea de determinadas hipóteses de partida e quadros conceptuais de referência, na metodologia de investigação adoptada, na terminologia utilizada, para apenas referir alguns aspectos. (Pimenta, 1997a: 6)

O resultado é a coexistência na Economia de diferentes paradigmas, o que justifica, como vem defendendo Pimenta, o *pluralismo teórico*[33] (e, naturalmente, académico, institucional) e o exercício da *crítica interparadigmática*, o debate aberto de ideias entre posições conflituantes.

Também para Manuela Silva (MS),[34] a ciência económica não é pensável separadamente dos valores éticos e políticos. Em seu entender:

> As distinções [entre Teoria, Doutrina e Política, ou mais simplesmente entre economia "positiva" e economia "normativa"] poderão ser interessantes, mas a meu ver são perigosas porque facilmente deslizam para a hipótese de dois corpos de conhecimento distintos e sem a devida interligação. Assumir

[33] Uma posição que contrasta com a ideia de João César das Neves, acima expressa, de uma ciência *una*.

[34] A Professora Manuela Silva licenciou-se em Economia em 1954 (o ano em que concluíram a sua licenciatura os primeiros diplomados formados na sequência da grande reforma do ensino da Economia do ISCEF de 1949, dinamizada por Pinto Barbosa). Iniciou funções docentes no ISCEF em 1970 (até essa data o poder universitário masculino reinante impediu--a de o fazer). De forma consistente tem vindo a combinar a investigação, o ensino e a ação, designadamente nos domínios do planeamento e da gestão pública, tendo a seu crédito, neste âmbito, uma importante experiência governativa (como Secretária de Estado do Planeamento do I Governo Constitucional, em 1976–77), onde procurou levar a cabo um plano de desenvolvimento — o Plano de Médio Prazo 1977–80 — assente numa estratégia de satisfação de necessidades básicas. Manuela Silva é, indiscutivelmente, uma referência no panorama da ciência económica em Portugal.

a hipótese de que tudo está interligado afigura-se-me, heuristicamente, bem mais enriquecedor, quer do ponto de vista do progresso no conhecimento, quer na fundamentação e na elaboração das políticas concretas. (MS, entrevista por escrito em 21.1.2019)

Segundo MS, uma tal interligação, no caso da ciência económica, manifesta-se aos mais diversos níveis. Inclui as "problemáticas" de investigação escolhidas (ou ignoradas/ocultadas), as «lógicas de construção científica», os «critérios de cientificidade» e a «definição de estratégias e medidas de política» que, na sua ótica, devem «viabiliz[ar] e promov[er] um desenvolvimento sustentável ao serviço do bem-estar colectivo e da qualidade de vida das pessoas, da coesão e da paz social, finalidades indissociáveis de uma democracia autêntica» (M. Silva, 2013).

A Economia tem, para MS, um caráter ético.[35] Este é, além de uma *exigência de vida*, uma exigência *prática* para uma outra Economia, centrada nas pessoas e nas suas necessidades por contraposição às lógicas de construção científica, problemáticas e abstrações dominantes na atual Economia, que considera «desvinculada da ética».[36]

Cabe referir aqui também, na tradição do pensamento marxista, o chamado "normativismo radical" de António Avelãs Nunes. Para este jurista, professor catedrático jubilado da Faculdade de Direito da Universidade de Coimbra:

> a ciência económica não está isenta de valores e é influenciada por determinadas *conceções filosóficas* acerca do homem e por determinadas *conceções políticas* acerca da organização da sociedade e da economia. (A. A. Nunes, 2014: 195)

A "Economia Política" — a designação que, na tradição da Faculdade de Direito, Nunes prefere utilizar — é uma *ciência normativa*, baseada em juízos de valor, o que não a impede, em sua opinião, de adotar «os cânones do procedimento científico» e de respeitar as exigências da «ética da investigação» (nomeadamente a «honestidade intelectual»), indispensáveis à persecução do ideal de objetividade («que, por certo, dificilmente poderá ser alcançado») (A. A. Nunes, 2014: 195).

[35] Veja-se o texto "A economia é uma ciência ética" (M. Silva, 2005).

[36] Um exemplo que aponta a este respeito é a teorização, realizada no âmbito da Economia convencional, do trabalho como pura mercadoria, despido da sua dimensão antropológica.

Não sendo possível eliminar os valores do trabalho científico, sejam os valores do próprio cientista, sejam os valores dominantes, os economistas devem «tanto quanto possível», como recomendava Myrdal, «tornar claros os pressupostos filosóficos de que partem» (A. A. Nunes, 2014: 195). Assim sendo, Nunes conclui:

> O facto de as teorias económicas serem elaboradas tendo em vista determinados fins e serem utilizadas ao serviço de determinados objetivos de natureza político-ideológica não lhes retira, só por si, o seu carácter científico. (A. A. Nunes, 2014: 196)

A posição de Avelãs Nunes, desenvolvida originalmente no âmbito das suas provas de agregação, em 1994, merece especial menção neste trabalho já que, como referido anteriormente (secção 1), suscitou um interessante "debate" com o Prof. Teixeira Ribeiro sobre a natureza da ciência económica e a distinção positivo-normativo.[37]

3. A Economia e a Política. A dicotomia "ser"/"dever ser" e meios/fins na ciência económica

Até agora, debateu-se a questão da possibilidade de uma ciência económica independente dos valores. Importa agora analisar a questão mais específica da relação entre a Economia como ciência e a Política, a qual traz para o primeiro plano a questão da dicotomia "ser"/"dever ser" e a discussão da Economia como "ciência de meios" *vs.* "ciência de fins". Também aqui se podem distinguir várias posições entre os economistas portugueses, muito em linha com o que cada um defende acerca da relevância da distinção positivo-normativo na Economia.

3.1. O economista como "técnico"

A posição dominante entre os economistas inquiridos acerca da questão de saber se o economista enquanto "consultor do Príncipe" dá pareceres técnicos ou faz política aponta, sem qualquer dúvida, no sentido da separação entre a Economia como ciência e a Política. A ideia é que a decisão sobre os fins é política, mas a escolha dos meios é técnica.

[37] Veja-se, a este propósito, além de Ribeiro (1995) e A. A. Nunes (2014), já referidos, a conferência "Reflexões sobre a Economia Política: Homenagem ao Doutor José Joaquim Teixeira Ribeiro", proferida na Faculdade de Direito de Coimbra, no dia 25.2.2015 (A. A. Nunes, 2015).

Esta posição é expressa com toda a clareza por Alfredo Marvão Pereira (AMP) quando afirma:

> um economista aplicado tem dois chapéus. Como economista, o seu papel é o de oferecer evidência e opiniões técnicas que permitam decisões políticas informadas e mesmo ajudar a guiar o pensamento dos políticos. Neste sentido, oferece um menu de opções com os seus prós e contras sabendo que a decisão é dos políticos. Como cidadão, pode e deve oferecer as suas opiniões mas sempre assumindo que são opiniões bem fundamentadas mas mesmo assim opiniões. Acho, portanto, que um economista aplicado tem de saber separar entre o positivo — estabelecimento dos factos — e o normativo — como lidar com os problemas. (AMP, email de 5.7.2019)

E ilustra a sua posição com o exemplo da sustentabilidade da segurança social:

> A obrigação de um economista aplicado é estabelecer os parâmetros da sustentabilidade do sistema e o menu de políticas para abordar os possíveis problemas. A decisão é sempre política. Depois o economista-cidadão pode ter uma preferência sobre o caminho a seguir. (AMP, email de 5.7.2019)

Segundo AMP, o economista (aplicado) é um técnico, mas, curiosamente, tal não o impede de reconhecer que o economista *qua* economista tem valores (nas questões que coloca, nas abordagens e métodos que escolhe):

> Nada no modo como praticamos a ciência económica é independente dos valores morais do economista. As questões que colocamos refletem tais preocupações. [...] Os métodos que usamos também refletem visões de como o mundo funciona — paradigmas de racionalidade, otimização, análise marginal... Tudo dito, os enviesamentos são inerentes, a grande questão é saber assumi-los e perceber as limitações que trazem. [...] As perguntas e a abordagem adotadas limitam muitas vezes as respostas que podem ser consideradas e analisadas. [...] Os factos com que lidamos não são muitas vezes factos no sentido científico estrito da palavra mas, sim, construções técnicas. [...] O que é importante é cada economista ter noção dos enviesamentos para os tentar minimizar ou reconhecer na sua postura. (AMP, email de 5.7.2019)

A ideia de separar o técnico e o político é secundada por vários outros economistas:

> O economista quando descreve, é meramente técnico. Quando avalia, faz política. (NG, email de 5.7.2019)
>
> A vasta maioria (90%) do trabalho [do economista] como "consultor de príncipes" consiste em evitar que muitas das ideias que os príncipes têm sejam aplicadas, porque são péssimas ideias que violam princípios básicos da economia, como o poder dos incentivos ou as restrições orçamentais. Para isso, basta conhecimento técnico. (RR, email de 10.7.2019)
>
> O economista dá pareceres técnicos para os políticos decidirem. (JSS, email de 4.7.2019)
>
> Enquanto consultor, [o economista] dá parecer. Quando faz política, deixa de ser consultor e passa a político. (LC, email de 22.7.2019)[38]
>
> Nas análises mais ou menos técnicas [do economista], há frequentemente um conjunto de implicações políticas. Em certa medida, conduzem os *policy makers*. (VC, email de 15.7.2019)

Na mesma linha de raciocínio, dirá João César das Neves sobre o seu envolvimento como assessor do então primeiro-ministro Cavaco Silva:

> o nosso trabalho era um trabalho técnico, onde nós estávamos a fazer análise da economia portuguesa. É verdade que era análise da economia portuguesa para, depois, olharmos para os diplomas e vermos as políticas, etc., mas era análise da economia portuguesa desde o princípio. [...] foi uma tarefa eminentemente técnica. Foi muito interessante para mim, porque estive a ver a política muito de perto, mas nunca me envolvi na política em coisa nenhuma, nunca tive contactos com coisas nenhumas políticas, foram sempre questões muito objetivas e concretas. (JCN, entrevista em 14.11.2018)

[38] Na verdade, lembra ainda Luís Cabral, «mesmo a resposta supostamente objetiva a perguntas determinadas é frequentemente impregnada de muito subjetivismo». É o que acontece no caso dos *experts* em casos de tribunal, onde «muitas vezes temos dois economistas representando as partes opostas, tudo o que dizem é realmente verdade, mas a escolha do que dizem é altamente seletiva, permitindo que cheguem a conclusões quase opostas» (LC, email de 22.7.2019).

Mas será defensável a assunção de uma natureza estritamente "técnica" do trabalho do economista como cientista e *expert* quando se assume, ao mesmo tempo, a inevitabilidade da intrusão dos valores na própria *análise* económica?

Um primeiro esboço de racionalização de um tal posicionamento pode encontrar-se nas palavras seguintes de Isabel Horta Correia:

> O economista enquanto investigador não prossegue normalmente uma determinada situação concreta, ou seja, não é confundido com o conselheiro político. Este último utiliza (ou deveria utilizar) todo o tipo de avanços da ciência económica para responder a uma questão concreta. Para isso, deve desenvolver a necessária adaptação à realidade concreta a que pretende responder, ser capaz de não deixar de usar todo o conhecimento existente. Aqui claramente a seleção dos avanços existentes é contaminada por "gostos", os quais podemos dizer que derivam de valores ou de valorizações do agente em causa. (IHC, email de 23.7.2019)

A interferência dos juízos de valor e da política no trabalho técnico do economista parece inevitável.

3.2. A Economia como ciência ética e política

Para Nuno Martins, como se viu (subsecção 2.2.2), os valores éticos e políticos entram, implícita ou explicitamente, na própria conceptualização dos processos de produção, distribuição e consumo. Por isso, a ideia de que é possível uma separação radical entre o técnico e o político será necessariamente falsa. A partir do momento em que o economista aceita o papel de "consultor do Príncipe" — e ao contrário do que defende João César das Neves —, «dificilmente conseguirá evitar fazer política»[39] (NOM, email de 8.7.2019). Na realidade, as próprias decisões sobre, por exemplo, a construção de funções de utilidade social ou acerca da sua forma funcional têm implicações normativas implícitas. Como sublinha Martins a este propósito:

[39] «Se o faz conscientemente ou inconscientemente», acrescenta Martins, «dependerá do seu grau de ingenuidade relativamente às questões políticas. Ingenuidade que não deve ser subestimada, dado que já há algumas gerações que os economistas são treinados para pensar que o que fazem é meramente técnico» (NOM, email de 8.7.2019).

> Podemos tratar as propriedades matemáticas ignorando estas implicações éticas e políticas, como muitos economistas fazem acreditando estar a fazer uma análise meramente técnica, mas elas não deixam de estar implícitas na função [de utilidade social]. (NOM, email de 8.07.2019)

Mais, a Economia não pode ser pensada apenas como uma "ciência de meios", uma análise técnica dos meios considerados mais adequados para a consecução de objetivos exogenamente determinados. Segundo Martins:

> Não há bom vento para quem não sabe para onde quer ir. Não é possível pensar adequadamente os meios sem saber qual é o objetivo. Novamente, após gerações treinadas para pensar que o economista é um mero técnico, poderá ser mais difícil perceber isto. (NOM, email de 8.07.2019)

Também para Manuela Silva a ciência económica está intrinsecamente ligada à Ética e à Política e não pode ser reduzida a uma mera "ciência de meios". No discurso que proferiu por ocasião do Doutoramento *Honoris Causa* que lhe foi atribuído, em 2013, pelo Instituto Superior de Economia e Gestão, de Lisboa, a sua Escola de sempre, MS afirmou:

> [R]eputo do maior interesse que a Ciência Económica se reconcilie com a Ética e aceite explicitar — sem pudor — os seus princípios básicos e os valores daí decorrentes, integrando-os nos seus raciocínios, nos pressupostos das lógicas dos modelos que constrói e, sobretudo, no desenho das políticas que neles fundamenta. (M. Silva, 2013)

Não pode deixar de ser aqui notado o paralelismo entre esta afirmação de Manuela Silva e o bem conhecido "sonho" de Albert Hirschman de uma «ciência social para os nossos netos» na qual

> as considerações morais não são reprimidas ou mantidas à parte, mas se mesclam sistematicamente com a argumentação analítica, sem sentimentos de culpa relativamente a uma qualquer falta de integração; onde a transição da prescrição para a prova e de novo desta para a primeira ocorre com frequência e sem dificuldade; e onde as considerações morais não precisam mais de ser sub-repticiamente introduzidas como se de contrabando se tratasse, nem expressas de modo inconsciente, mas se revelam aberta e francamente. (Hirschman, 1981: 305–306)

Na verdade, os trabalhos de MS trazem para o centro do debate a questão fundamental do lugar das *finalidades* do agir humano na ciência económica. Em seu entender:

> Ao privilegiar a lógica do mercado e o interesse do capital financeiro, como seus objectivos últimos, a ciência económica deixou de fora as finalidades básicas do agir económico, ou seja: a produção e a repartição dos bens, a satisfação das necessidades e o emprego dos recursos materiais e humanos. (M. Silva, 2005: 19)

E, ao assumir-se como uma ciência de meios, a Economia «não raro se dispensa de explicitar os objectivos visados e, menos ainda, se preocupa em os avaliar criticamente, à luz de critérios de Ética e de Justiça social» (M. Silva, 2013). Ao fazê-lo, e ao assentar as suas análises numa racionalidade meramente formal, «desvinculada das finalidades do Humano», a Economia acaba a «considerar como "racionais" decisões que são a negação dos direitos humanos mais elementares, o direito à subsistência, ao trabalho digno e justamente remunerado, à não pobreza e exclusão social, à destruição do equilíbrio ecológico» (M. Silva, 2005: 20). Contudo, a verdade é que «a avaliação do desempenho económico, tanto ao nível micro como macro, não pode limitar-se a critérios de eficácia, devendo integrar critérios amplos de bem comum universal» (2005: 20). E se, no que respeita aos meios,

> nada obsta a que se procurem, entre os disponíveis, os mais eficazes, também [eles] não podem fugir ao crivo dos valores. Não seria aceitável que, para eliminar a pobreza, se providenciassem meios de extermínio dos mais velhos, doentes ou marginalizados... (MS, entrevista por escrito em 21.1.2019)

É por isso necessário, defende MS, o «retorno à Ética». Os fins não podem ser tratados como «variáveis exógenas» ou questões «extraeconómicas». Eles são parte integrante da Economia. Esta não é uma mera ciência de meios onde estes se equivalem (desde que produzam os mesmos resultados em termos de eficácia) e se confundem com os fins que na realidade os transcendem (M. Silva, 1995). A Economia, conclui Manuela Silva, deve procurar na Ética os seus fundamentos e critérios de cientificidade e de avaliação do sistema económico.

3.3. "A Política é outro mundo". Da Economia como ciência normativa à não-normatividade radical da ciência económica

A questão da relação entre a Economia como ciência e a Política tem também ocupado a atenção de Carlos Pimenta (CP). Lendo os seus textos dos anos 1990, encontra-se um CP assumidamente influenciado por Homa Katouzian (1980), numa clara defesa da ideia de que «a Ciência Económica é uma ciência normativa» (Pimenta, 1990: 263),[40] prescritiva, que é "falsa" a ideia positivista de que o cientista, enquanto tal, deve dedicar-se ao que *há* e não ao que *deve haver* (1990: 263), que «[a] visão filosófica da construção científica revela a *indissociabilidade entre meios e fins* na construção científica, a inseparabilidade dos problemas sociais e económicos» (1990: 264–265) e que «[a] Economia Política estuda o que é problema *porque traz uma proposta política de solução*» (1995: 99; itálicos acrescentados).[41] Daqui decorre uma crítica vigorosa à Economia convencional (neoclássica), que, pretendendo ser positiva, é afinal normativa, descrevendo não o que a sociedade é, mas o que deveria ser se os indivíduos se comportassem como prescreve a teoria:

> A Economia Positiva ao julgar que é possível o economista — não se dando sequer ao cuidado de perceber que existem muitas posturas diferentes deste — se dedicar exclusivamente ao que há e não ao que deve haver, ao separar profundamente a Economia Política da Política Económica, reservando para aquela a estrita escolha técnica do melhor caminho para se atingir os objectivos definidos pelos políticos, pretende desideologizar a Ciência Económica. Seria um esforço louvável se tal não fosse o pretexto para considerar como ideológico o que se afasta dos seus princípios positivistas ou neoclássicos. E, por essa via, a desideologização assume-se como uma ideologia. (Pimenta, 1995: 98)

Mais recentemente — veja-se, nomeadamente, Pimenta (2017) —, encontra-se neste autor um entendimento substancialmente diferente

[40] Uma ideia que repete: «Tal como a Medicina, a Economia é, em grande medida, uma ciência normativa. Tal como a Medicina, um mau diagnóstico ou uma terapêutica errada atinge pessoas, pode matá-las. A grande diferença é que o economista age no anonimato e, frequentemente, sem consciência desses impactos» (Pimenta, 1995: 104).

[41] Mas Pimenta é aqui cuidadoso, distinguindo, com Katouzian, os juízos de valor *morais* (os enunciados éticos, inconfrontáveis com a realidade) dos juízos de valor *políticos* (enunciados prescritivos, abertos à possibilidade de refutação) (ver Pimenta, 1995: 99).

sobre estas matérias, com uma clara rejeição do caráter *normativo* da Economia enquanto ciência e em defesa da separação radical entre a Economia e a Política.

Na verdade, afirma taxativamente: «*a normatividade não tem lugar no edifício científico*» (Pimenta, 1995: 104; itálico acrescentado). Ao fazer afirmações prescritivas sobre como a economia deveria ser, defende agora Pimenta, o economista age como "político", não como "cientista". Mas a Política Económica,[42] embora tenha continuidades com a ciência económica — «se, e só se, se aplicarem conhecimentos de Economia na Política Económica, o que muitas vezes não acontece» (2017: 78) — tem também, ou pode ter, ruturas. Desde logo porque: i) «a Política Económica faz apelo a uma forte interdisciplinaridade entre ciências sociais e é restritivo falar de uma ligação exclusiva à Economia»[43], e ii) «[o] fundamental da Política Económica é definir um interesse geral», sendo as técnicas trazidas da Economia «um parente pobre da Política Económica» (2017: 79–80). E conclui:

> [A] contribuição da Economia é a de apenas alguns dos seus paradigmas, os que se ajustam ao que é considerado o "interesse geral" e à interpretação política do que deve ser feito. Há uma tendência para a ideologização da Economia aplicada à Política Económica. (Pimenta, 2017: 80)

Na entrevista concedida, a *descontinuidade* no pensamento deste autor fica evidente. Em primeiro lugar, relativamente à questão da normatividade da Economia como ciência:

> Não pode haver uma ciência normativa.[44] Uma ciência normativa não faz sentido.[45] [...] A Economia normativa não é uma ciência [...] deixa de ser ciência e passa a ser um discurso ideológico. [...] não há uma Economia normativa,

[42] Política Económica (com letra maiúscula), isto é, enquanto teoria da ação, distinta da política económica (com minúscula, referida à ação propriamente dita).

[43] «A Política pode ter a designação de Económica pelas variáveis objectivo e variáveis instrumento que manipula, mas é sempre Política Social» (Pimenta, 2017: 79)

[44] Em email de 17 de março de 2019, tendo em vista esclarecer o sentido desta sua afirmação, escreveu: «o que distingue o conhecimento científico é a aproximação à realidade em si. Nessa medida o "dever ser" não faz parte da ciência. Significaria isso que o paradigma da "escolha racional" (Pimenta, 2017) em vez de aproximar da realidade em si não o faz, antes pelo contrário, ao admitir que a realidade do comportamento dos "agentes económicos" é serem racionais tomando como referência a eficácia. Logo este paradigma não é científico. Não há Economia Normativa».

há uma Economia que se baseia num conjunto de princípios que são considerados válidos e que foram considerados válidos e que se mostraram válidos perante determinado tipo de análise e de observações e de interpretações da realidade, mas isso não tem nada que ver com as minhas regras normativas... éticas... (CP, entrevista em 6.11.2018)

Por outro lado, embora continue a assumir a existência de uma relação inevitável entre a ciência e os valores éticos, o mesmo não se passa relativamente à relação entre a Economia como ciência e a Política. A este propósito afirmou:

> Eu acho que há uma relação entre a Ciência e a Ética ou, se quiseres, o conjunto de valores que se referem, mas que não têm que ver com a Política. A Política tem valores, mas é outro mundo. [...] eu, quando estou a falar na Política Económica, já tenho determinados princípios éticos ou de poder, vou definir determinados objetivos e vou ver como é que defino o melhor caminho de atingir aqueles objetivos. Isto é outro mundo.
>
> [...]
>
> Os economistas têm a mania de salvar o mundo, por isso é que isto está tão mal. [...] Eu tenho que defender uma teoria correta, que possa servir de suporte a quem queira fazer política. Se ele adota determinados valores, pode ser que aquele modelo seja útil... ou aquela teoria... se adotar outros valores, provavelmente aquela teoria é para ser combatida. (CP, entrevista em 6.11.2018)

É, uma vez mais, o regresso à ideia da separação entre Economia e Política.

Notas finais

O mapeamento das posições sobre as relações entre o "teórico", o "doutrinário" e o "político" no pensamento económico português recente está concluído. Passaram-se em revista quer as posições contrastantes sobre a possibilidade de uma ciência económica neutra relativamente aos valores, quer aquelas onde a normatividade da ciência económica e as ligações entre o científico, o doutrinário e o político são a questão essencial. Partiu-se das raízes do pensamento moderno em Portugal sobre a distinção

[45] A isto acrescentaria de imediato: «E o positivo também não faz muito sentido, porque o positivo, normalmente, é identificado como sendo absolutamente certo, correto, adaptado, ligado à economia ou, se quisermos, à realidade em si.»

positivo-normativo na ciência económica (nomeadamente com Teixeira Ribeiro, António Pinto Barbosa e Francisco Pereira de Moura) para delinear os caminhos do pensamento económico português contemporâneo sobre o assunto. Encontraram-se posições diversas, quer no que respeita à questão da possibilidade, ou não, de uma ciência económica positiva, quer sobre a relação entre a Economia como ciência e a Política. Muitos contributos, cambiantes e subtilezas da reflexão sobre o tema ficaram certamente de fora do que ficou explicitado atrás. Ainda assim, ter-se-á coberto o essencial da discussão e, sobretudo, ter-se-ão identificado as principais linhas de força do debate.

Uma nota final, ainda que muito breve, importa fazer sobre os processos de produção e circulação das ideias económicas. O mapeamento que se acabou de fazer deixa antever a variedade e complexidade de tais processos. Os canais de circulação das ideias são múltiplos e diversos (à escala nacional e internacional). Uma coisa é certa: os atores contam, como contam os seus percursos pessoais e os contextos institucionais em que atuam. O discurso destes atores, não sendo suficiente, é uma componente fundamental para a compreensão daqueles processos.

No que respeita à questão da distinção entre o positivo e o normativo, a discussão, como sabiamente notava Hutchison na citação em epígrafe no início do capítulo, irá continuar a marcar o panorama da ciência económica. Em Portugal também. A Economia está longe de ser uma ciência monolítica. A pluralidade de pontos de vista e o debate vão continuar connosco.

Referências bibliográficas

Barbosa, António Manuel Pinto (1946), *Economia Política, 9.ª cadeira. Segundo as lições do Exmo. Sr. Professor Doutor Pinto Barbosa*. Lisboa: Universidade Técnica de Lisboa — Instituto Superior de Ciências Económicas e Financeiras.

Barbosa, António Manuel Pinto (1950), *Economia I. Apontamentos baseados nas lições do Ex.mo Sr. Professor Doutor Manoel Pinto Barbosa, coligidos e publicados por Virgílio Mendes e Gustavo Matta*. 4ª ed. Lisboa: Universidade Técnica de Lisboa — Instituto Superior de Ciências Económicas e Financeiras.

Barbosa, António Manuel Pinto (2006 [1943]), "A economia, do ponto de vista positivo e do ponto de vista teleológico", *in* José Luís Cardoso (org.), *Portugal como problema. A economia como solução: 1821–1974. Da Revolução Liberal à Revolução Democrática*. Lisboa: Fundação Luso-Americana e *Público*, 400–416.

Bastien, Carlos (2014), "A universidade portuguesa e o corporativismo: o caso do Instituto Superior de Ciências Económicas e Financeiras", *Boletim de Ciências Económicas*

(Homenagem Ao Prof. Doutor António José Avelãs Nunes), *LVII* (Tomo I), 671–702. DOI: https://doi.org/10.14195/0870-4260_57-1_16

Bastien, Carlos; Cardoso, José Luís (2000), "Pinto Barbosa: Arejar o ensino da Economia", *Economia Pura*: 84–87.

Bento, Vítor (2011), *Economia, Moral e Política*. Lisboa: Fundação Francisco Manuel dos Santos.

Caldas, José Castro; Neves, Vítor (2012a), "Introduction: The issues at stake", *in* José Castro Caldas e Vítor Neves (orgs.), *Facts, Values and Objectivity in Economics*. London: Routledge, 1–16.

Caldas, José Castro; Neves, Vítor (2012b), "The meaning of objectivity: What can we learn from Robbins and Myrdal?" *in* José Castro Caldas e Vítor Neves (orgs.), *Facts, Values and Objectivity in Economics*. London: Routledge, 47–63.

Caldas, José Castro; Neves, Vítor (orgs.) (2012c), *Facts, Values and Objectivity in Economics*. London: Routledge. DOI: https://doi.org/10.4324/9780203121658

Cardoso, José Luís (1994), *Economia, Ética e Política na História do Pensamento Económico*. Provas de Agregação em Economia, Instituto Superior de Economia e Gestão, Universidade Técnica de Lisboa. Disponível em http://hdl.handle.net/10400.5/15043

Cardoso, José Luís (1995), "Economia, Ética e Política na História do Pensamento Económico", in *Ensaios de Homenagem a Francisco Pereira de Moura*. Lisboa: Instituto Superior de Economia e Gestão, Universidade Técnica de Lisboa, 151–159.

Cardoso, José Luís (2001), *História do Pensamento Económico Português: Temas e Problemas*. Lisboa: Livros Horizonte.

Cardoso, José Luís (2006), "O ponto de vista da ciência económica", *in* José Luís Cardoso (org.), *Portugal como problema. A economia como solução: 1821–1974. Da Revolução Liberal à Revolução Democrática*. Fundação Luso-Americana e *Público*, 397–400.

Cardoso, José Luís (2017), "Ciência económica e filosofia moral", *in* Maria do Céu Patrão Esteves e João César das Neves (orgs.), *Ética Aplicada: Economia*. Lisboa: Edições 70, 97–111.

Castro, Armando (1967), *A Evolução Económica de Portugal dos Séculos XII a XV*, vol. VI. Lisboa: Portugália Editora.

Castro, Armando (1978), "O ensino da ciência económica na segunda metade dos anos trinta e a acção pedagógica do Professor Doutor Teixeira Ribeiro", in *Estudos em Homenagem ao Prof. Doutor J.J. Teixeira Ribeiro*, vol. 1. Coimbra: Universidade de Coimbra — Boletim da Faculdade de Direito (Número Especial), 245–253.

Chase, Richard (1992), "The Meaning and Purposes of Political Economy: A Schumpeterian Framework", *Methodus* (June): 31–34.

Dasgupta: (2009), "Facts and Values in Modern Economics", *in* Harold Kincaid e Don Ross (orgs.), *The Oxford Handbook of Philosophy of Economics*. Oxford: Oxford University Press, 580–640.

Hirschman, Albert (1981), *Essays in Trespassing: Economics to politics and beyond*. Cambridge: Cambridge University Press.

Hutchison, Terence W. (1964), *'Positive' Economics and Policy Objectives*. London: George Allen & Unwin.

Katouzian, Homa (1980), *Ideology and Method in Economics*. London: The Macmillan Press.

Louçã, Francisco (1999), "Francisco Pereira de Moura (1925–1998): The Founder of Modern Economics in Portugal", *The American Journal of Economics and Sociology*, 58(2), 361–364. DOI: https://doi.org/10.1111/j.1536-7150.1998.tb03477.x

Martins, Nuno (2019), "Ética e Economia no Mundo Contemporâneo", in *Economia e Sociedade: Pensar o Futuro*. Lisboa: Grupo Economia e Sociedade, 190–197.

Mendonça, António; Bastien, Carlos; Ribeiro, Elivan (1988), "Entrevista com Armando Castro", *Vértice*, II série (4): 93–105. Disponível em http://hdl.handle.net/10400.5/822

Moura, Francisco Pereira (1986), *Lições de Economia*. 4ª ed. Coimbra: Livraria Almedina.

Neves, João César (2003), *O Que é a Economia?* Lisboa: Principia.

Neves, João César (2013), *Introdução à Economia*. 10ª ed. Lisboa: Babel.

Neves, João César; Silva, Francisco Azevedo (1999), *António Manuel Pinto Barbosa: uma biografia económica*. Lisboa: Editorial Verbo.

Neves, Vítor (2010), "O que é afinal o 'económico'? A Economia como ciência moral e política", *in* Vítor Neves e José Castro Caldas (orgs.), *A Economia sem Muros*. Coimbra: Almedina, 31–44.

Nunes, Adérito Sedas (1963), "Introdução ao estudo das ideologias", *Análise Social*, 1(1), 5–32.

Nunes, Adérito Sedas (1976), *Questões Preliminares sobre as Ciências Sociais*. 4ª ed. Lisboa: Gabinete de Investigações Sociais.

Nunes, António Avelãs (2014), *Noção e Objeto da Economia Política*. 3ª ed. Coimbra: Almedina.

Nunes, António Avelãs (2015), "Reflexões sobre a Economia Política. Homenagem ao Doutor José Joaquim Teixeira Ribeiro". Conferência proferida na Faculdade de Direito de Coimbra, no dia 25.2.2015, no Ciclo comemorativo do centenário do *Boletim da Faculdade de Direito de Coimbra*. Disponível em https://www.fd.uc.pt/~anunes/arquivo.html

Nunes, Manuel Jacinto (1998), *O Pensamento de Keynes: Aspectos Epistemológicos e Metodológicos*. Lisboa: INCM — Imprensa Nacional Casa da Moeda.

Nunes, Manuel Jacinto (2004), *Epistemologia e Metodologia Económica*. Lisboa: INCM — Imprensa Nacional Casa da Moeda.

Perroux, François (1936), *Lições de Economia Política*. Coimbra: Coimbra Editora.

Perroux, François (1938), *Leçons d'Economie Politique*. Paris: Éditions Domat-Montchrestien.

Pimenta, Carlos (1990), "Para um renascimento da Economia Política (a propósito de Katouzian)", *Cadernos de Ciências Sociais*, 8/9: 255–267.

Pimenta, Carlos (1995), "Ciência e Pedagogia. Racionalidade e Imaginação Hoje", in *Ensaios de Homenagem a Francisco Pereira de Moura*. Lisboa: Instituto Superior de Economia e Gestão — Universidade Técnica de Lisboa, 91–114.

Pimenta, Carlos (1997a), "Pluralismo Teórico nas Ciências Sociais: Espaço de Democracia, Crítica e Ciência", comunicação apresentada ao II ENEP, Brasil. Disponível em https://www.fep.up.pt/docentes/cpimenta/textos/pdf/aagm0037.pdf

Pimenta, Carlos (1997b), "Bom dia, Amigo! Em Homenagem de Armando Castro", *Diagonal — Edição do Sector Intelectual do Porto do PCP*, 2: 7–11.

Pimenta, Carlos (2000), "Crítica e Epistemologia", *Vértice*, 93, 87–96.

Pimenta, Carlos (2010), "Facetas da heterodoxia: da orto-negação à hetero-afirmação. Espaços de diálogo e de reconstrução", *in* Vítor Neves e José Castro Caldas (orgs.), *A Economia sem Muros*. Coimbra: 59–74.

Pimenta, Carlos (2013), *Interdisciplinaridade nas ciências sociais*. V. N. Famalicão: Edições Humus.

Pimenta, Carlos (2017), *Racionalidade, Ética e Economia*. Coimbra: Almedina.

Ribeiro, José Joaquim Teixeira (1942), *Lições de economia política (segundo as prelecções do Exmº. Professor Senhor Doutor José Joaquim Teixeira Ribeiro ao 2º ano jurídico de 1941–42.*

Comp. Armando Moreira Silva, Frederico Monteiro Lopes, Joaquim Carvalhal). Coimbra: Universidade de Coimbra.

Ribeiro, José Joaquim Teixeira (1954), "Discurso no Doutoramento Solene *Honoris Causa* do Prof. François Perroux, *Boletim da Faculdade de Direito, XXX*: 400–404.

Ribeiro, José Joaquim Teixeira (1959), *Economia Política (de harmonia com as prelecções ao 2.º ano jurídico de 1958–1959 pelo Prof. Dr. Teixeira Ribeiro)*. Coimbra: Universidade de Coimbra.

Ribeiro, José Joaquim Teixeira (1995), "Reflexões sobre a Objectividade na Economia Política", *Boletim de Ciências Económicas*, XXXVIII: 157–165. Disponível em http://hdl.handle.net/10316.2/25992

Robinson, Joan (1933), *The Economics of Imperfect Competition*. London: Macmillan.

Santos, Boaventura de Sousa (1987), *Um Discurso sobre as Ciências*. Porto: Afrontamento.

Santos, Boaventura de Sousa (1989), *Introdução a uma Ciência Pós-Moderna*. Porto: Afrontamento.

Santos, Boaventura de Sousa (org.) (2003), *Conhecimento prudente para uma vida decente: Um discurso sobre as ciências revisitado*. Porto: Afrontamento.

Schumpeter, Joseph A. (1949), "Science and Ideology", *The American Economic Review*, 39(2): 346–359.

Schumpeter, Joseph A. (2006), *History of Economic Analysis*, vol. 22. Taylor & Francis e-Library.

Silva, Augusto Santos (1986), "A ruptura com o senso comum nas ciências sociais", *in* Augusto Santos Silva e José Madureira Pinto (orgs.), *Metodologia das Ciências Sociais*. Porto: Afrontamento, 29–53.

Silva, Manuela (1995), "Desenvolvimento e equidade: uma perspectiva ética", in *Ensaios de homenagem a Francisco Pereira de Moura*. Lisboa: Instituto Superior de Economia e Gestão — Universidade Técnica de Lisboa, 161–167.

Silva, Manuela (2005), "A economia é uma ciência ética", *Cadernos de Economia* (Outubro/Dezembro): 18–20.

Silva, Manuela (2013), *Doutoramento Honoris Causa. Discurso da laureada*. Lisboa: ISEG. Disponível em https://www.iseg.ulisboa.pt/aquila/getFile.do?method=getFile&fileId=375285&_request_checksum_=85d3d604371ff0433f53a7b93d4a5d1f85bb707b

Sousa, Alfredo (1987), *Análise Económica*. Lisboa: Universidade Nova de Lisboa — Faculdade de Economia.

NOTAS BIOGRÁFICAS DOS AUTORES

Ana Costa é docente no Departamento de Economia Política do ISCTE–IUL e investigadora do Centro de Estudos sobre a Mudança Socioeconómica e o Território (DINÂMIA'CET). Doutorada em Economia. Membro do Observatório sobre as Crises e as Alternativas. Com atividade científica nas áreas da história das ideias económicas, da economia política da austeridade e do conflito de valores, incomensurabilidade e valoração na tomada de decisão pública, tem publicado artigos em revistas científicas, como a *Cambridge Journal of Economics, Ecological Economics, Environmental Values, Journal of Economic Issues* e a *Revista Crítica de Ciências Sociais*, e participado em diversos livros.

Gonçalo Marçal é investigador júnior do Centro de Estudos Sociais (CES) da Universidade de Coimbra e investigador integrado do DINÂMIA'CET-IUL. Licenciado e mestre em Economia, frequenta atualmente o programa de doutoramento em Economia Política — uma parceria entre o ISCTE-IUL, a Faculdade de Economia da Universidade de Coimbra e o Instituto Superior de Economia e Gestão da Universidade de Lisboa. A sua investigação tem incidido na história recente do pensamento económico português.

João Rodrigues é Professor Auxiliar da Faculdade de Economia da Universidade de Coimbra (FEUC) e investigador do Centro de Estudos Sociais. Doutorado pela Universidade de Manchester, a sua investigação tem-se debruçado sobre temas de economia política, da história do neoliberalismo à financeirização do capitalismo em Portugal e à crise do Euro, sendo autor de diversas publicações nestas áreas, incluindo em revistas académicas, como a *Cambridge Journal of Economics* ou a *Review of International Political Economy*.

José Reis é Professor Catedrático da Faculdade de Economia da Universidade de Coimbra (FEUC) e investigador do Centro de Estudos Sociais, cocoordenador do Doutoramento em Governação, Conhecimento e Inovação, Presidente da Associação Portuguesa de Economia Política e membro do Conselho Nacional do Ambiente e do Desenvolvimento Sustentável. Foi Secretário de Estado do Ensino Superior, Presidente da Comissão de Coordenação da Região Centro, Presidente do Conselho Científico e Diretor da FEUC. Tem investigado e escrito sobre Estado, instituições e institucionalismo, territórios e articulação territorial das economias e sobre as economias portuguesa e europeia.

Manuel Couret Branco é Professor Catedrático de Economia na Universidade de Évora, onde ensina sobretudo Economia do Desenvolvimento, História do Pensamento Económico e Economia Política dos Direitos Humanos. Doutorou-se em Economia pela École des Hautes Études en Sciences Sociales de Paris e os seus interesses de investigação incidem sobre vários domínios da economia política, especialmente sobre a interação entre os fatores económicos e não económicos no processo de desenvolvimento das sociedades. Publicou recentemente os livros *Political Economy for Human Rights, Economia Política dos Direitos Humanos* e *Economics versus Human Rights*, além de vários artigos em revistas académicas.

Vítor Neves é doutorado em Economia pela Universidade de Coimbra, Professor Auxiliar da Faculdade de Economia da Universidade de Coimbra (FEUC) e investigador do Centro de Estudos Sociais (CES). Tem-se dedicado ao estudo dos fundamentos, natureza e dinâmicas da Economia como ciência, com diversas publicações nesta área. Coordena atualmente o projeto de investigação "Que ciência económica se faz em Portugal? Um estudo da investigação portuguesa recente em Economia (1980 à atualidade)", financiado pela FCT. É membro do Conselho Científico da FEUC e Vice-Presidente do Conselho Científico do CES.

ÍNDICE